ミネルヴァ日本評伝選

「色彩建築」の達人

ブルーノ・タウト

北村昌史著

ミネルヴァ書房

刊行の趣意

「学問は歴史に極まり候ことに候」とは、先哲荻生徂徠のことばである。

歴史のなかにこそ人間の智恵は宿されている。人間の愚かさもそこにはあらわだ。この歴史を探り、歴史に学んでこそ、人間はようやくみずからの正体を知り、いくらかは賢くなることができる。新しい勇気を得て未来に向かうことができる。徂徠はそう言いたかったのだろう。

「ミネルヴァ日本評伝選」は、私たちの直接の先人について、この人間知を学びなおそうという試みである。日本列島の過去に生きた人々の言行を、深く、くわしく探って、そこに現代への批判を聴きとろうとする試みである。日本人ばかりではない。列島の歴史にかかわった多くの異国の人々の声にも耳を傾けよう。

先人たちの書き残した文章をそのひだにまで立ち入って読み、彼らの旅した跡をたどりなおし、彼らのなしとげた事業を広い文脈のなかで注意深く観察しなおす――そのとき、はじめて先人たちはいまの私たちのかたわらによみがえってくる。彼らのなまの声で歴史の智恵を、また人間であることのよろこびと苦しみを、私たちに伝えてくれもするだろう。

この「評伝選」のつらなりのなかから、列島の歴史はおのずからその複雑さと奥ゆきの深さをもって浮かび上がってくるはずだ。これを読むとき、私たちのなかに新たな自信と勇気が湧いてきて、その矜持と勇気をもって「グローバリゼーション」の世紀に立ち向かってゆくことができる――そのような「ミネルヴァ日本評伝選」にしたいと、私たちは願っている。

平成十五年（二〇〇三）九月

上横手雅敬
芳賀　徹

ブルーノ・タウト（1933年）

ファルケンベルク・連接住宅

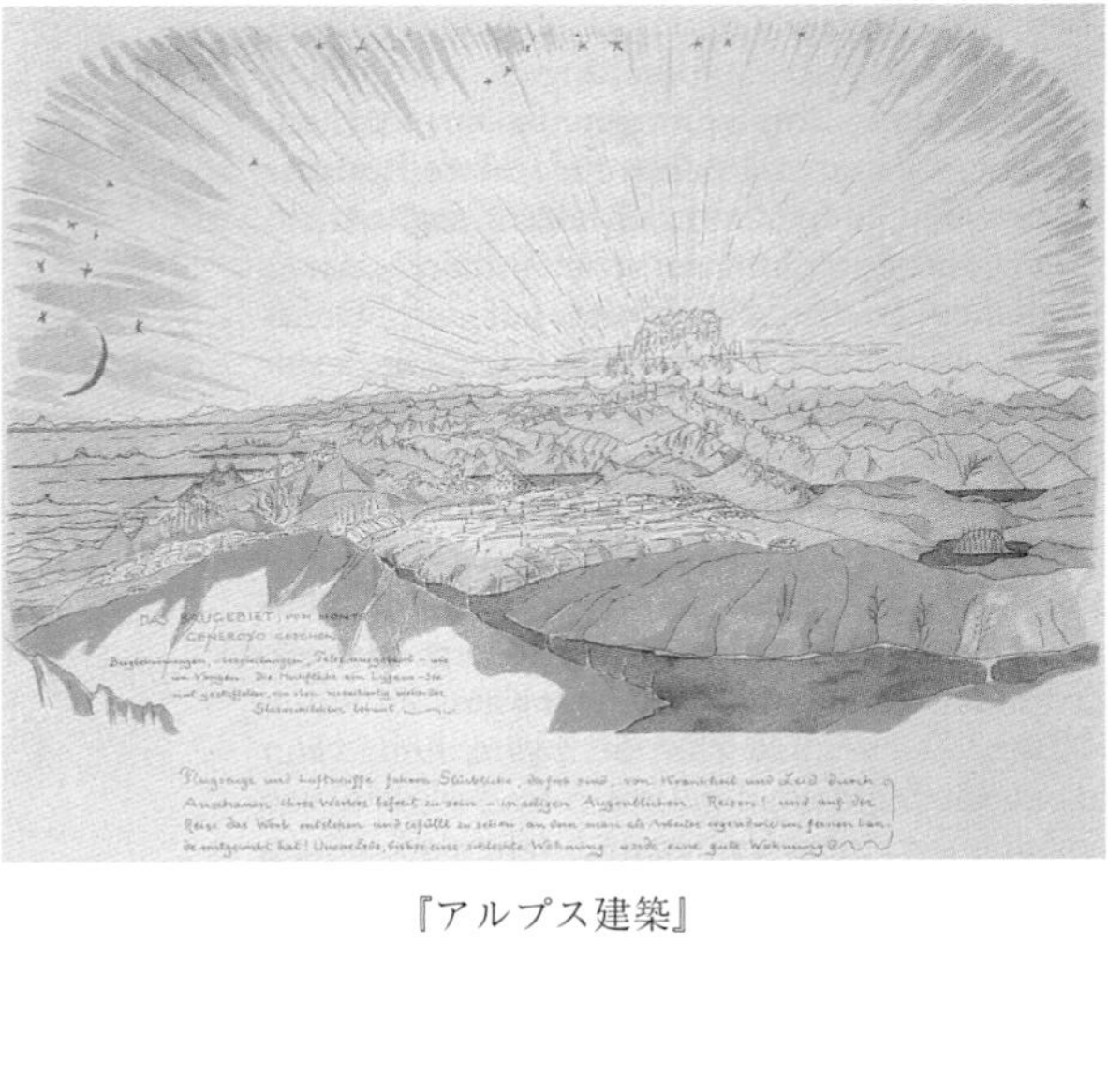

『アルプス建築』

シェーンランク通り・集合住宅

敦賀到着時の（左から）エリカ，タウト，上野伊三郎，中尾保，中西六郎（1933年）

勝平得之「冬の秋田」（版画）

日向邸（居間と日本間の後ろの段）

はじめに

ドイツの建築家ブルーノ・タウトに関心をもって本書を手にとってくださった方の多くは、一九三三年から三年半の滞在中、桂離宮、伊勢神宮、白川郷の民家などを高く評価し、「日本文化の再発見」を試みた人物として彼を認識しているかと思う。たしかに、岩波新書の『日本美の再発見』をはじめとする彼の日本文化論は、短期間の滞在ながら自分のふれた日本文化について独自の視点で小気味よく分析しており、読んでいて楽しい。タウトが日本文化を扱った書物は、様々な形で発行され続け、ロングセラーとなったのも不思議ではない。

ところが、大きな書店に行くと、建築家の棚にタウトと同世代のル・コルビュジエやミース・ファン・デル・ローエの分類があり、そこにそれなりの冊数の書籍が並べてある。それに対して、タウトに関する書物が分類されて並べられるようになったのは、実はここ数年のことである。建築家タウトへの関心は、比較的新しいものといえる。

こうした状況は、ドイツ本国でも変わりない。一九三二年からの一年間のソ連滞在ののち、一九三三年に日本に亡命し、一九三八年にトルコで客死したタウトは、ナチス政権のもとではその存在は忘れられた。タウトだけではなく、ヴァイマル共和国で大きな流れとなった「モダニズム建築」は、ナチス政権では嫌悪されていたからである。一九六〇年代までタウトはドイツの人々からほぼ完全に忘れられていた。設計した建物に様々な彩色を施すのが、タウトの一貫した特徴であったが、彩色はあせるにまかされ、建物には様々な改変が加えられることが多かった。

「モダニズム建築」は、一九二〇年代から七〇年代まで影響力をもった建築上の潮流である。ル・コルビュジエ、ライト、ミース・ファン・デル・ローエを代表とするこの動きは、コンクリート、鉄、ガラスを多用し、直線的なデザインの住宅建設を行った。

鉄筋コンクリートのモダニズム建築の特徴の一つは、標準化した建て方ができる点にある。それまではその土地で入手できる建材（木材、石、レンガなど）や建築技術で、地域ごとの多様性をもって建てられていた建築物が、セメント、砂利、水、鉄筋を運んで、木の枠に流し込んで建てることにより、国際的に規格化された住宅を建てることが可能になった。タウト自身は、一九二〇年代後半にはモダニズムの建築家として国際的に評判をとっていた。

タウトの浩瀚な伝記が公表された一九七〇年頃からタウトへの関心は復活する。一九七〇年代後半には、タウトの代表的なジードルングである馬蹄形ジードルングと森のジードルングにおいて建物の構造と彩色ともにタウトの設計通りに戻そうという動きが生じた。「ジードルング」とは、もともと「居住地」を示す言葉であったが、一九二〇年代のドイツでは新しい傾向のもとに建てられた住宅地の呼称となった。

本格的なタウト再検討の動きが生じたのは、東西ドイツが統一した一九九〇年代以降である。タウトの設計した住宅は、ベルリンとマクデブルクに集中している。ベルリンは東西に分裂し、マクデブルクは東ドイツに位置していた。統一により、東西に散在していたタウト建築の訪問が容易になり、また東西に分かれていた関連資料も以前より参照が容易になったことが、研究の進展の背景である。ドイツに建てられたタウトの建築については、資料に基づいた研究が進んだ。最近では、日本語でだけ出版されていた日本文化論の文章について、手稿史料に基づいたドイツ語版が刊行され、ソ連におけるタウトについても、当時の彼の思索の手掛かりとなる資料集が刊行されている。

こうしたタウトへの関心の盛り上がりの頂点が、二〇〇八年にユネスコの世界文化遺産に「ベルリンのモダニズム集合住宅群」が登録されたことであろう。一九一〇年代から二〇年代にかけて建設された六カ所の住宅街が登録されたが、そのうち四カ所がタウトの手になるファルケンベルク、シラーパルク、馬蹄形ジードルング、そしてカール・レギーンである。

本書は、近年のタウト研究の成果を参照しながらドイツ、ソ連、日本、そしてトルコと様々な文化を渡り歩いた人物であったことを強く意識して彼の人生を辿りたい。

ブルーノ・タウト——「色彩建築」の達人　目次

はじめに

第一章　修業時代……1

1　故郷ケーニヒスベルク……1
タウトの生まれた時代　タウトの両親　タウト兄弟

2　「遍歴」修業の開始……6
アルトナとヴィースバーデン　ブルーノ・メーリング
コリーン・サークル

3　シュトゥットガルトからベルリンへ……10
テオドーア・フィッシャー　結婚　独立に向けて

第二章　第一次世界大戦まで……17

1　タウト・ホフマン建築事務所……17
開業　開業当初の仕事

2　第一次世界大戦前の「成功」……22
田園都市　ファルケンベルク　レフォルム　色彩建築の背景
表現主義　博覧会建築

目　次

3　第一次世界大戦……30
総力戦　ユートピア著作群の構想　エリカ・ヴィッティヒ

第三章　マクデブルク……35
1　第一次世界大戦直後の状況……35
「ガラスの鎖」　『宇宙建築家』と『都市の解体』　二つの家族
2　マクデブルクの都市建築顧問官……39
マクデブルク市長バイムス　彩色実験　MIAMA
展示ホール「農村と都市」　キオスクと未完の計画
3　ベルリン復帰へ……46
『新しい住居』　都市建築顧問官退職

第四章　モダニズム建築家としてのタウト……51
1　建築家としての活動の再開……51
積極的な住宅建設の背景　建築家の群雄割拠
2　ダーレヴィッツの自宅……55
『一住宅』　タウトのジードルング

3　小規模なジードルング……59
アイヒヴァルデ　トレビーン　アイヒカンプ
4　街の中心に近い集合住宅……62
ノイ・ケルン　シェーンランク通り
5　集合住宅による大規模ジードルング……65
シラーパルク　カール・レギーン
フリードリヒ・エーベルト・ジードルング
6　馬蹄形ジードルング……70
馬蹄形の集合住宅　菱形のフーズンク　「赤い前線」
7　森のジードルング……74
ジードルングの集大成　建設過程　嫌われたジードルング　屋根戦争
ヴァイセンホーフ・ジードルング　フィシュタールのジードルング
屋根戦争の決着　住民による祭り　屋根戦争の設計への影響

第五章　モスクワ……87
1　モスクワのタウト……87
世界恐慌　モスクワへ

2　未完の計画……91
モスクワ労働組合劇場　ホテルの設計　集合住宅建設
3　帰国、そして日本へ……94
帰国へ　ナチス政権　文化的ボルシェビキスト　国外脱出

第六章　日本社会との出合い……101
1　日本到着……101
上野伊三郎　下村正太郎　桂離宮　都をどりとの対比
関西の文化と建築家との接触
2　東　京……109
To-kio（Kio-to）　日光東照宮　蔵田周忠　吉田鐵郎
葉山の久米の別荘　著書刊行の話と人間関係の苦労
3　仙台の国立工芸指導所と伊勢神宮……115
祇園祭　夏の葉山滞在　国立工芸指導所の展覧会　工芸指導所の顧問
工芸の世界への接近　伊勢神宮

第七章　仙台・大倉陶園……125
1　仙台およびその周辺の見学……125
仙台到着　若い所員たちとの小旅行　仙台周辺の農村の探索
七木田村・仙台南郊の村　斎川村　平泉　盛岡
2　国立工芸指導所での活動……133
工芸指導所顧問としての工芸品探究　「プログラム」　行き違い
退所へ　「質の問題」　わだかまり
3　大倉陶園……141
大倉陶園顧問就任　顧問としての活動　井上房一郎
4　日本文化論の成果……147
『ニッポン』　桂離宮再訪と「桂のアルバム」　日本文化との関わり
柳宗悦　東京帝国大学での講演
5　生駒山上住宅地……152
大軌による依頼　設計の完了　不可解な結末　軍事演習

第八章　高崎での生活……157
1　高崎で置かれた環境……157
洗心亭　自然環境　住職一家と教師たち　節分の豆まき
2　浦野芳雄『ブルーノ・タウトの回想』……162
浦野芳雄　タウトの食事　生活面の行き違い
日本文化をめぐるすれ違い
3　タウトの工芸指導を支える人たち……166
高崎の最初の頃　水原徳言　井上房一郎との関係　タウトの生計
4　工芸品制作……172
工芸品制作の苦労　タウトの工芸品制作の方針　制作された作品
ミラテス　ミラテスの商品の評判
5　著述活動と日本海側旅行……180
『日本文化私観』　*Houses and People of Japan*　日本海側旅行
白川郷　秋田　秋田再訪　下呂・新潟・鶴岡・弘前　旅行の終了
不快

第九章　日本との別れ……193

1　日本における建築活動……193
有島生馬からの依頼　二軒の川崎邸　等々力ジードルング計画
大倉邸

2　日向邸……200
日向利兵衛　宮大工佐々木嘉平　地下室　友人たちへのお披露目
評価

3　体調の悪化……206
ぜんそくの悪化　浅間山の噴火
一九三五年九月二四日から二六日の台風　軍国主義の高まり

4　離日へ……210
マルティーン・ヴァーグナーの手紙　京都府庁からの話
コロンビアからの打診　高崎での別れ　東京での別れ
京都、そして日本との別れ

5　日本人やドイツ本国の人々との関係……216
日本人との関係　レーモンドとヴォーリズ　本国に残した家族への思い
建築事務所設立記念日　本国の家族の置かれた状況

第一〇章　トルコ……223
1　タウトの置かれたトルコ社会……223
ドイツ時代のタウトの知り合い　モダニズム建築　住居　スタッフ
2　トルコにおけるタウトの建築……227
言語・歴史・地理学校の校舎　トルコからの影響　日本からの影響
自邸　棺台
3　建築教育改革と教科書……237
建築教育の改革　教科書　急死
終　章　日本文化の中のタウト……243
1　日本文化の再発見者……243
篠田英雄訳の問題　タウトの『日記』
ライフラインの未整備　タウト批判
2　タウトが日本に残したもの……246
タウトと関わったモダニズム建築家　工芸
地方社会の中の亡命者タウト

参考文献　253
おわりに　263
ブルーノ・タウト略年譜　269
人名・事項索引

図版一覧

ブルーノ・タウト（マグデブルク時代）（Nerdinger, Winfried, ... [et al.]（Hg.）, Bruno *Taut, 1880-1938. Architekt zwischen Tradition und Avantgarde*, Stuttgart 2001, S. 114）……カバー図版

ブルーノ・タウト（日本、一九三三年）（Junghanns, Kurt, *Bruno Taut, 1880-1938. Architektur und sozialer Gedanke*, 3., überarbeitete und erg. Aufl., Berlin 1998, S. 123）……口絵1頁

ファルケンベルク・連接住宅（著者撮影）……口絵2頁

『アルプス建築』（Nerdinger, Winfried, ... [et al.]（Hg.）, Bruno *Taut, 1880-1938. Architekt zwischen Tradition und Avantgarde*, Stuttgart 2001, S. 73）……口絵2頁

シェーンランク通り・集合住宅（著者撮影）……口絵3頁

敦賀到着時のエリカ、タウト、上野伊三郎、中尾保、中西六郎（一九三三年）（*Bruno Taut in Japan. Das Tagebuch*, herausgegeben und mit einem Vorwort versehen von Manfred Speidel, 1. Bd.: 1933, 2013, S. 18）……口絵3頁

勝平得之「冬の秋田」（版画）（Taut, Bruno, *Houses and People of Japan*, Tokyo 1937, frontispiece）……口絵4頁

日向邸（居間と日本間の後ろの段）（『ブルーノ・タウト　一八八〇―一九三八　Nature and fantasy』トレヴィル、一九九四年、二六頁）……口絵4頁

弟マックスの生まれた頃のタウト一家（Hörner, Unda, *Die Architekten Bruno und Max Taut. Zwei Brüder — zwei Lebenswege*, Berlin 2012, S. 12）……5
新婚当時のタウトとヘートヴィッヒ（Hörner, Unda, *Die Architekten Bruno und Max Taut. Zwei Brüder — zwei Lebenswege*, Berlin 2012, S. 25）……12
タウトとハインリヒ（*Symposium Bruno Taut. Werk und Lebensstadien. Würdigung und kritische Betrachtung*, Hrsg. vom Stadtplanungsamt Magdeburg, Magdeburg 1995, S. 34）…12
コットブサーダム（著者撮影）……20
ファルケンベルクの実現した部分の鳥瞰図（Nerdinger, Winfried, ... [et al.]（Hg.）, Bruno *Taut, 1880-1938. Architekt zwischen Tradition und Avantgarde*, Stuttgart 2001, S. 142）……23
ファルケンベルクの集合住宅（著者撮影）……25
鉄のモニュメント（『ブルーノ・タウト　一八八〇―一九三八　Nature and fantasy』トレヴィル、一九九四年、一二七頁）……28
ガラスの家（『ブルーノ・タウト　一八八〇―一九三八　Nature and fantasy』トレヴィル、一九九四年、一二九頁）……28
マクデブルク中心部の彩色実験（Nerdinger, Winfried, ... [et al.]（Hg.）, Bruno *Taut, 1880-1938. Architekt zwischen Tradition und Avantgarde*, Stuttgart 2001. S. 119）……41
ケーゼグロッケ（著者撮影）……43
展示ホール「都市と農村」初期構想（Nerdinger, Winfried, ... [et al.]（Hg.）, Bruno *Taut, 1880-1938. Architekt zwischen Tradition und Avantgarde*, Stuttgart 2001, S. 127）……44

ホテル「ケルン市」（Nerdinger, Winfried, ... [et al.]（Hg.）, Bruno *Taut, 1880-1938. Architekt zwischen Tradition und Avantgarde*, Stuttgart 2001, S. 126）…… 45
ダーレヴィッツの自宅（正面・庭側）（Nerdinger, Winfried, ... [et al.]（Hg.）, Bruno *Taut, 1880-1938. Architekt zwischen Tradition und Avantgarde*, Stuttgart 2001, S. 277, 278）… 56
ダーレヴィッツの自宅平面図（一階・二階）（ブルーノ・タウト『一住宅』斉藤理訳、中央公論美術出版、二〇〇四年、二六、二九頁、一部修正）…… 57
トレビーンのフライエ・ショレ（著者撮影）…… 60
ライネ通り（著者撮影）…… 63
シラーパルク（著者撮影）…… 66
カール・レギーンの見取り図（Deutscher Werkbund Berlin e. V.（Hg.）, Bruno *Taut. Meister des farbigen Bauens in Berlin*, Berlin 2005, S. 140）…… 67
カール・レギーン（庭側・道路側）（著者撮影）…… 68
馬蹄形ジードルング配置図（*Vier Berliner Siedlungen der Weimarer Republik. Britz, Onkel Toms Hütte, Siemensstadt, Weiße Stadt. Eine Ausstellung vom 24. 10. 1984-7. 1. 1985 im Bauhaus-Archiv*, Museum für Gestaltung, Berlin 1987, S. 111）…… 71
馬蹄形ジードルング（馬蹄部分・「赤い前線」）（著者撮影）…… 72
森のジードルング（*Vier Berliner Siedlungen der Weimarer Republik. Britz, Onkel Toms Hütte, Siemensstadt, Weiße Stadt. Eine Ausstellung vom 24. 10. 1984-7. 1. 1985 im Bauhaus-Archiv*, Museum für Gestaltung, Berlin 1987, S. 137）…… 75

森のジードルング（第一期・第二期・第五期）（著者撮影）……76

フィシュタールのジードルングと森のジードルング（著者撮影）……80

ダーレヴィッツの自宅の庭のフランツ・ホフマン、エリーザベト、クラリッサ、マックス（Hörner, Unda, *Die Architekten Bruno und Max Taut. Zwei Brüder — zwei Lebenswege*, Berlin 2012, S. 61）……84

モスクワの集合住宅案（Ders., *Moskauer Briefe 1932–1933. Schönheit, Sachlichkeit und Sozialismus*, Berlin 2007, S. 198）……93

桂離宮（Taut, Bruno, *Ich liebe die japanische Kultur. Kleine Schriften über Japan*, herausgegeben und mit einer Einleitung versehen von Manfred Speidel, 2. Aufl., Berlin 2004, S. 95）……104

東京中央郵便局（Taut, Bruno, *Ich liebe die japanische Kultur. Kleine Schriften über Japan*, herausgegeben und mit einer Einleitung versehen von Manfred Speidel, 2. Aufl., Berlin 2004, S. 15）……112

国立工芸指導所の所員たちとの集合写真（*Bruno Taut in Japan. Das Tagebuch*, herausgegeben und mit einem Vorwort versehen von Manfred Speidel, 1. Bd.: 1933, 2013, S. 180）……126

五城園から見た仙台市街と太白山のスケッチ（*Bruno Taut in Japan. Das Tagebuch*, herausgegeben und mit einem Vorwort versehen von Manfred Speidel, 1. Bd.: 1933, 2013, S. 194）……128

斎川村の神社のスケッチ（*Bruno Taut in Japan. Das Tagebuch*, herausgegeben und mit

einem Vorwort versehen von Manfred Speidel, 2. Bd.: 1934, 2015, S. 77) …… 130
『画帖　桂離宮』第一一葉（ブルーノ・タウト『画帖桂離宮』篠田英雄訳、岩波書店、一九八一年）…… 149
生駒山上住宅地（Taut, Bruno, *Ich liebe die japanische Kultur. Kleine Schriften über Japan*, herausgegeben und mit einer Einleitung versehen von Manfred Speidel, 2. Aufl., Berlin 2004, S. 161) …… 154
洗心亭（著者撮影）…… 158
木製伸縮自在本立て（『ブルーノ・タウトの世界』群馬県立歴史博物館、二〇二一年、一三頁）…… 176
螺鈿（『ブルーノ・タウトの世界』群馬県立歴史博物館、二〇二一年、三三頁）…… 176
ヤーンバスケット（『ブルーノ・タウトの世界』群馬県立歴史博物館、二〇二一年、二六頁）…… 176
白川郷（*Bruno Taut in Japan. Das Tagebuch*, herausgegeben und mit einem Vorwort versehen von Manfred Speidel, 3. Bd.: 1935-6, 2016, S. 79) …… 183
タウト設計の等々力ジードルングの住宅（*Bruno Taut in Japan. Das Tagebuch*, herausgegeben und mit einem Vorwort versehen von Manfred Speidel, 3. Bd.: 1935-6, 2016, S. 43) …… 197
大倉邸（Taut, Bruno, *Ich liebe die japanische Kultur. Kleine Schriften über Japan*, herausgegeben und mit einer Einleitung versehen von Manfred Speidel, 2. Aufl., Berlin 2004, S. 166) …… 199
日向邸（平面図）（Taut, Bruno, *Ich liebe die japanische Kultur. Kleine Schriften über Japan*, herausgegeben und mit einer Einleitung versehen von Manfred Speidel, 2. Aufl., Berlin

2004. S. 172）……… 202
日向邸（社交室）（『ブルーノ・タウト　一八八〇―一九三八　Nature and fantasy』トレヴィル、一九九四年、二六五頁）……… 203
少林山での別れの宴（*Bruno Taut in Japan. Das Tagebuch*, herausgegeben und mit einem Vorwort versehen von Manfred Speidel, 3. Bd.: 1935-6, 2016, S. 253）……… 212
高崎駅での別れ（*Bruno Taut in Japan. Das Tagebuch*, herausgegeben und mit einem Vorwort versehen von Manfred Speidel, 3. Bd.: 1935-6, 2016, S. 253）……… 213
エリカとタウト、下村正太郎、上野リチ、上野伊三郎（*Bruno Taut in Japan. Das Tagebuch*, herausgegeben und mit einem Vorwort versehen von Manfred Speidel, 2. Bd.: 1934, 2015, S. 51）……… 215
タウトとフランツ・ホフマン（Nerdinger, Winfried, ... [et al.]（Hg.), Bruno *Taut, 1880-1938. Architekt zwischen Tradition und Avantgarde*, Stuttgart 2001, S. 53）……… 220
アンカラ大学の平面図（中二階）（*Faculty of Languages and History-Geography and Bruno Taut: Creating the Modern Turkish Architecture, Symposium Book* by Sevim Burulday, Ankara: Ankara University Press, 2018, p. 133）……… 229
アンカラ大学（正面）（『ブルーノ・タウト　一八八〇―一九三八　Nature and fantasy』トレヴィル、一九九四年、三二四頁）……… 230
アンカラ大学（手すりの下の端の支柱）（『ブルーノ・タウト　一八八〇―一九三八　Nature and fantasy』トレヴィル、一九九四年、三四四頁）……… 232

イスタンブルの自邸（Junghanns, Kurt, *Bruno Taut, 1880-1938. Architektur und sozialer Gedanke*, 3., überarbeitete und erg. Aufl., Berlin 1998, S. 270）……233
アタチュルクの棺台（Wilson, Christopher S., *Beyond Anitkabir. The funerary architecture of Atatürk. The construction and maintenance of national memory*, Routledge, 2016, p. 45）……236

関係系図

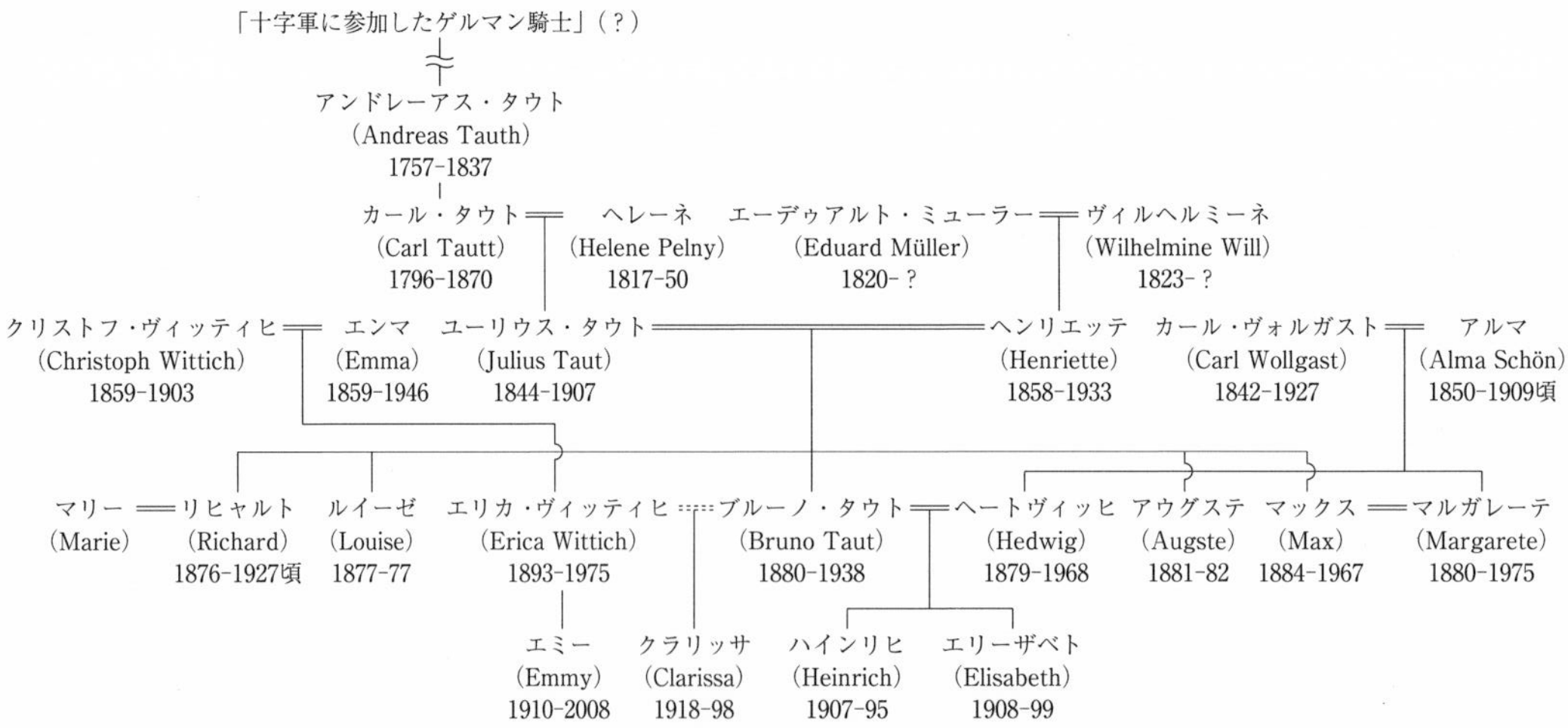
「十字軍に参加したゲルマン騎士」（？）
アンドレーアス・タウト
(Andreas Tauth)
1757-1837
カール・タウト
(Carl Tautt)
1796-1870
ヘレーネ
(Helene Pelny)
1817-50
エーデゥアルト・ミューラー
(Eduard Müller)
1820-？
ヴィルヘルミーネ
(Wilhelmine Will)
1823-？
クリストフ・ヴィッティヒ
(Christoph Wittich)
1859-1903
エンマ
(Emma)
1859-1946
ユーリウス・タウト
(Julius Taut)
1844-1907
ヘンリエッテ
(Henriette)
1858-1933
カール・ヴォルガスト
(Carl Wollgast)
1842-1927
アルマ
(Alma Schön)
1850-1909頃
マリー
(Marie)
リヒャルト
(Richard)
1876-1927頃
ルイーゼ
(Louise)
1877-77
エリカ・ヴィッティヒ
(Erica Wittich)
1893-1975
ブルーノ・タウト
(Bruno Taut)
1880-1938
ヘートヴィッヒ
(Hedwig)
1879-1968
アウグステ
(Augste)
1881-82
マックス
(Max)
1884-1967
マルガレーテ
(Margarete)
1880-1975
エミー
(Emmy)
1910-2008
クラリッサ
(Clarissa)
1918-98
ハインリヒ
(Heinrich)
1907-95
エリーザベト
(Elisabeth)
1908-99

関係地図
ケーニヒスベルク
アルトナ
ブレーメン
ドイツ帝国
ベルリン
ワルシャワ
マクデブルク
ポーランド王国
(ロシア支配下)
ベルギッシュ・グラートバッハ
ライプツィヒ
ドレースデン
ケルン
ヴィースバーデン
ヴァイマル
ブレスラウ
フランクフルト
プラハ
クラカウ
カールスルーエ
フランス
シュトゥットガルト
ハプスブルク帝国
ミュンヘン
ウィーン
ドイツ帝国の国境

第一章　修業時代

1　故郷ケーニヒスベルク

タウトの生まれた時代

本書の主人公ブルーノ・タウトは、一八八〇年五月四日にケーニヒスベルクに生まれた。

モダニズム建築の潮流に位置付けられる建築家たちの多くは、彼とほぼ同世代である。二〇世紀の三大建築家とも四大建築家とも称される人のうち、フランク・ロイド・ライトは一八六七年生まれと、タウトよりも一三年年長であるが、ル・コルビュジエは一八八七年、ミース・ファン・デル・ローエは一八八六年、グロピウスは一八八三年生まれとタウトより若干若い。彼らは、一九世紀の末から教育を受け始め二〇世紀になって開業した。その後二〇代後半から三〇代前半にかけて第一次世界大戦を経験し、大戦後に一気にモダニズム建築を開花させる。

彼らが生まれた一九世紀後半のヨーロッパの都市は、大きな変動を被った。

一九世紀になると、ヨーロッパの大都市の人口が急速に増加する。一九世紀初頭から二〇世紀にロンドンは一〇〇万人から五〇〇万人に、パリが五〇万人から二五〇万人に増加し、ドイツ語圏でもウィーンとベルリンがそれぞれ二〇万人と一七万人から二〇〇万人を超えるに至る。ケーニヒスベルクの人口もこの時期六万三八〇〇人から一八万八〇〇〇人に増加している。こうした人口増加がもたらしたものでタウトの理解にとって重要なのは、住宅用の建物の大きな変化である。

これは、まず住居用の建物の巨大化に現れる。一九世紀のヨーロッパ大陸では集合住宅が住居の様式として主流であった。人口増加に対応するために、タウトがその後活躍するベルリンでは、従来からの都市空間に接した地域に今までより大きな集合住宅を建てるようになった。道路に面した部分だけではなく、敷地の奥のほうにも住宅用の建物が、しかも五階建て、六階建てで建てられるようになった。武骨で巨大な当時の集合住宅を、まるで兵舎のようだということから「賃貸兵舎」と呼んだ。賃貸兵舎が目立ち始めた一八六〇年代からこうした建物が、通風採光が滞るため衛生面で問題があり、多人数が密集して生活をするために防犯面でも難ありと認識された。

巨大な建物の誕生と並行して、ライフラインが整備されていく。ベルリンでは、上水道が一八五六年、下水道は一八七六年に導入され、一八九〇年代には全市に上下水道網が張り巡らされた。他にも、ベルリンではガスが一八二五年に、電気が一八八四年に導入される。

住環境の整備を考える上で欠かせないのは、公共交通機関の整備である。ベルリンでは一九世紀中葉に、長距離鉄道の終着駅が市域の周辺部に設けられ、市内では乗合馬車や鉄道馬車網の整備が始まった。世紀転換期に向けて環状鉄道や市の中心を貫く鉄道も建設されていくが、本格的に公共交通機関が都市内交通の手段として確立するようになるのは、二〇世紀にはいってからである。路面電車と地下・高架鉄道網の充実および定期など、割引運賃の拡充により公共交通機関が都市内の日常的な交通手段として定着したのである。こうした背景があって、二〇世紀になってベルリンでも郊外での住宅地建設が始まる。タウトも関わった南東郊外のファルケンベルクが大戦前の代表例である。

タウトの両親

タウトの母ヘンリエッテ・アウグステ・ベルタ・タウトは、一八五八年にケーニヒスベルクから東にあるヴェーラウ郡の一村落ニッケルスドルフの農地所有者エーデゥアルト・ミューラーの娘として生まれた。ここは当時この地域に存在した何の変哲もない村落にすぎなかった。

彼女が一八七五年に一七歳で結婚した相手は、ユーリウス・ヨーゼフ・タウトというロシア支配下ポーランド王国のペンザという小さな村落に一八四四年に生まれた人物であった。彼の父、すなわちブルーノの祖父は、この村の粉ひきであり、その父もそこから少し離れたラジウフ（Radziłów）の粉ひきであった。この粉ひきの家系に生まれたユーリウス・タウトが、国境を越えてケーニヒスベルクに来た事情や時期は定かではないものの、二〇代の末にはケーニヒスベルクに居を構えていた。

この地域は、一八世紀末の分割までポーランド・リトアニア共和国に属していた。もともとヨーロッパ東部のこの一帯は、ポーランド人のみならず、ドイツ人、ロシア人、リトアニア人などが混在していた。「タウト」という名字の語源も、リトアニア語の「民衆」という意味の語が想定されている。タウト自身も自分の名字をそのように認識している。三度にわたる分割をきっかけに、タウトの父の生まれた地域は、プロイセン領になったのち、ナポレオン時代にはワルシャワ大公国となり、その後はポーランド王国となった。

ユーリウス・タウトは、住所録によれば、「見習い」として、ケーニヒスベルクの南部の、鉄道施設や軍隊の施設に近い地域に住居を構えた。酒類の製造・販売業のもとで独立に必要な技能を身に付けたのであろう。

その後彼は一、二年単位で転居を繰り返す。七五年に結婚したとき、タウトの父は三一歳、母は一七歳である。ケーニヒスベルクの住所録には、結婚の翌年七六年に初めて「商人」として記載されるようになっている。酒類を取り扱っていた。この年、長兄のリヒャルトが誕生している。一九二七年まで生きていたらしいこの兄についてはよくわからない。

この夫婦は、一八七九年、市の東部に集合住宅を購入してそこに転居する。集合住宅といっても、彼らの他の住民は三世帯で、当時ベルリンではびこっていた賃貸兵舎とは趣が異なる。この年の二月五日に女児が生まれているが、半年たたない七月一六日に亡くなる。

タウト兄弟

その翌年の一八八〇年五月四日午後一〇時半に次男ブルーノ・ユーリウス・フローリアーン・タウトが誕生した。八一年一一月五日には妹が生まれているが、翌八二年八月九日に亡くなっている。一歳になる三カ月前のことであった。結局、タウトには女きょうだいは残らなかった。妹が亡くなって二年近くがたった八四年五月一五日に弟のマックスが誕生しているが、この頃になると、父親の生業が傾き「破産」した。一八八四年には購入した集合住宅からケーニヒスベルクで最初に入居した住居にほど近い地域に戻ってきた。

タウトの父は、酢を製造する工場の販売代理人として収入を得ることになった。酒類の製造販売を営んでいた経験が生かされたのであろう。ヴィープリッツという業者が亡くなった後に、寡婦になり替わって商売を引き受けていた。住居は、その寡婦が所有している集合住宅の一住居を借りている。実際の業務や収入は不明だが、それ相応の安定した生活を営めたようである。商人として修業したと思しき長男のリヒャルトは別として、タウトもマックスも、大学までは通えなかったものの、十分な教育を受けることができたのである。

弟マックスの生まれた頃のタウト一家

タウトは街の中心部にある、東プロイセン地域最古のクナイプホーフ・ギムナジウムに通った。タウトは、アビトゥーア（大学入学資格）を取得したが、彼の天分は数学にあった。マックスは、住居からほど近い市立第二中等学校に通っていた。彼の成績証明書（一九〇〇年四月二一日）によれば、数学・計算が「可」で、製図が「優」ときょうだいで数学的資質が微妙に異なった。

アビトゥーア取得後タウトは、日の長い間は、鉄筋コンクリートのような最新技術も扱う建築業者のもとで左官として修業し、日が短くなると街の北側の建築専門学校（一八二一年設立）に通った。この学校は、大工や石工のための技量を身に付けるためのものである。マックスの方は、建築業ということで兄に続き、一八九九年五月一五日、木材業に就職した。この会社を一九〇二年一〇月一一日に退社したのち、兄同様建築専門学校に通った。タウトは、この学校を一九〇一年に終え、マックスは建築業フリードリヒ・ハイトマン社で夏季に仕事をしつつ、一九〇四年に終えた。

2 「遍歴」修業の開始

アルトナとヴィースバーデン

弟が独り立ちしたときに、タウトはすでにケーニヒスベルクを離れ、建築家としての「遍歴」修業を始めていた。マックスがハイトマン社で働きながら、兄に送金した。この頃から、マックスの名前が、市の中心部に近いリツェンル駅のすぐ脇に位置する、父と同じ住所で「技術者」として住所録に載るようになっている。父親は齢六〇も過ぎ、隠居してもはや工場地帯に住む必要がなくなったのであろう。隠居した父親や兄タウトを実質的に支え、一家の大黒柱となったのが、未だ二〇代前半のマックスということになる。

タウトは、建築専門学校修了後、一九〇二年からまず短期間ハンブルクに隣接するアルトナの建築事務所フリッツ・ノイゲバウアー（一八六九〜一九五一年）に勤めた。ユーゲントシュティールの影響をうけた、タウトより一一年年長のこの建築家は、住宅建設で名をあげた。次の修業先は、フランクフルト・アム・マインにほど近い、ヘッセンのヴィースバーデンの建築家フランツ・ファーブリィ（一八六〇〜一九二二年）であった。一九〇二年の三月から一二月までタウヌス山地の温泉町で仕事をしていた。

たぶんこの二カ所では、現場での作業以上のものは任されなかったであろう。ヴィースバーデンの次にタウトが修業の地としたのは、ドイツ帝国の首都ベルリンである。ここも一年程度と短い滞在であったが、その後のタウトの人生に大きく関わる出来事が起こる。

ブルーノ・メーリング

同郷のケーニヒスベルク出身の建築家ブルーノ・メーリング（一八六三〜一九二九年）のもとで修業するようになったのである。メーリングは、ユーゲントシュティールの影響のもと建築家として活動をしていたが、特徴の一つは橋や高架の鉄道駅など鉄骨を巧みに使った造りの建造物の設計に長けていたことであろう。鉄骨建築は、それまでは建築家の仕事とは考えられていなかった。すでにボンのライン川にかかる鉄橋（一八九八〜九九年）やヴッパータールのモノレールのデッパースベルク駅（現 中央駅）（一九〇二年）などを設計していたが、ベルリン市内でも、一九〇二年に地下鉄・高架鉄道のビューロー通り駅（高架駅）を設計している。ブルーノ・タウトはすでにケーニヒスベルクで鉄筋コンクリートも扱う業者で仕事をしていたが、ここでも鉄骨という当時の新しい建材による建築にふれることになる。タウトが在籍した当時でも、メーリングの事務所は、ベルリン北部のゲズントブルンネンのスヴィーネミュンダー橋（一九〇二～〇五年）の建設に従事しており、関連する設計や施工の現場にタウトがふれることは可能であっただろう。

メーリングは博覧会建築への関心が強かった点でもタウトに影響を与えたと考えられる。メーリングは、一九〇〇年のパリ万国博覧会でドイツのワイン業のための展示場とレストランを設計している。その後もメーリングは着実に建築家としての仕事を続け、一九〇七年に「教授」の称号を得、一九一四年にはパリに設置された国際建築家常任委員会（一八六七年設立）の一員に、そして一九二〇年からプロイセン建築アカデミーのメンバーになる。ドイツ工作連盟の創設メンバーにもなっている。ドイツ工作連盟は、建築家、芸術家、評論家など幅広い人材の関与のもと、一九〇七年に工業製品の質向上を目指して設立され、ドイツの近代デザインの発展に貢献した。メーリングとタウトとの関係も、一九二〇年から雑誌『都市計画』の編集を共同でするなど、続いていった。

当時のメーリングの事務所の主任建築家であるジョン・マルテンス（一八七五～一九三六年）は、帝政ロシアのリーバウ（リエパーヤ）出身で、ベルリン郊外のシャルロッテンブルク工科大学とシュトゥットガルト工科大学で学んだ後メーリングのもとで働いていた。彼は、その後一九〇八年からベルリンのリックスドルフの都市計画部門に勤めたが、そのさいタウト兄弟やミース・ファン・デル・ローエといった若手の建築家に仕事をさせていた。

コリーン・サークル

タウトの人生にとって重要であったのは、マルテンスがコリーンの鍛冶屋兼居酒屋のヴォルガスト家の店にタウトを連れて行ったことである。ベルリンから鉄道で一時間強の距離のコリーンは、崩壊していた中世以来のシトー派の修道院が、一九世紀に修復され、二〇世紀初頭には、周辺の森と湖の環境も合わせて、ベルリン住民の憩いの場の一つとなっていた。

居酒屋では、近くにあった高等林業教育機関の学生・卒業生と並んで、二〇代前半の芸術家たちが、風光明媚な環境の中で様々な議論を交わしていた。彼らを「コリーン・サークル」と呼ぶことがあるが、居酒屋で集っただけの緩やかな人間関係である。その中には、タウトやマルテンスに加え、後に名をなした人だけをあげても、画家マックス・ベックマン（一八八四～一九五〇年）、彫刻家ルードルフ・ベリンク（一八八六～一九七二年）、建築評論家アードルフ・ベーネ（一八八五～一九四八年）、作家エーミール・ルートヴィヒ（一八八一～一九四八年）といった人たちがおり、後に弟マックスがベルリンに呼ばれたときには、彼もその一員となる。タウトも後年「建築家になるか画家になるか」迷ったと述べているが、それはこのコリーンの地で自ら絵筆をとっていたこととともに、芸術家の卵たちと議論を交わしたことがその背景にあるのであろう。

彼ら「コリーン・サークル」の人たちは、その後のヴァイマル文化の勃興の中、相互に交流しながら活動を続けた。タウトの関連でいえば、弟マックスは共同で建築事務所を経営するのはもちろん、ベリンクは、第一次世界大戦後にタウトが主唱して結成される労働評議会に参加し、一九三〇年代初めにはタウトとほぼ同時にプロイセン芸術アカデミーの会員となる。とくにタウトがトルコに亡命したとき、ベリングも亡命してきており、そこで両者は旧交を温めることになる。ベーネは、タウト兄弟の建築作品を肯定的に評価する文章を執筆する。

彼らのたまり場の居酒屋を営むヴォルガストには七人の娘と息子が一人がおり、二〇代の彼らの中には彼女たちをお目当てに通うものがいた。タウトが、一九〇三年のイースターのときに見初めたのは、上から三番目のヘートヴィッヒであった。

3　シュトゥットガルトからベルリンへ

テオドーア・フィッシャー

メーリングの建築事務所は、人員の規模にあった注文がなかったために、事務所の縮小を余儀なくされた。勤めてまだ間がない職員を中心に人員整理が行われ、タウトもその憂き目にあったのである。タウトの次の修業先はシュトゥットガルト工科大学教授のテオドーア・フィッシャー（一八六二〜一九三八年）のもとであった。フィッシャーは、過去の建築様式を参照するような、一九世紀に主流であった建築の歴史主義から袂を分かち、生活条件や環境をより考慮に入れた建築を目指した建築家・都市計画家であった。二〇世紀のドイツ建築の基礎を作った建築家の一人といえ、ドイツ工作連盟の設立メンバーの一人であり、ドイツ田園都市運動にも関わった。シュトゥットガルト工科大学に引き続き、ミュンヘン大学でも教授として長く教鞭を執った。建築事務所を開設し多くの建築家を雇用した彼のもとでは、タウトだけではなく、その後のドイツ建築を担う多くの建築家が育った。タウトと同じ時期にフィッシャーのもとにいた建築家をあげると、パウル・

ボーナツとマルティーン・エルゼサーがいた。エルゼサーは、一九二〇年代のエルンスト・マイ（一八八八〜一九七〇年）の招聘をうけて、フランクフルト・アム・マインの「新しいフランクフルト」プロジェクトの一翼を担うことになる。

ボーナツは、一九〇八年にフィッシャーの後任としてシュトゥットガルト工科大学の教授となり、同大学を基盤とする「シュトゥットガルト学派」と呼ばれた建築家集団の中心となった。この学派は「伝統主義」と呼ばれる潮流の中に位置付けられる。彼の代表的建築はシュトゥットガルト中央駅であるが、大仰で装飾的なボーナツの建築は、後のタウトがとるモダニズム建築とは対極的なものであり、実際ボーナツはモダニズム建築に批判的なスタンスをとる。

フィッシャーのもとでタウトに仕事が任されるようになるのは、フィッシャーの主要業績の一つであるイエーナ大学の本部棟の設計の作業が始まってからのようである。ただ、この設計にタウトがどのように関わったのかは不明であるが、一九〇六年にタウトは初めてこの事務所で本格的に仕事を任される。シュトゥットガルト北郊のウンターリーシンゲンの古い村の教会の内装の改修である。ハンブルク出身の画家フランツ・ムッツェンバッハー（一八八〇〜一九六八年）とともに、この作業に取り組むが、細部の装飾と色彩に対するこだわりというタウトの作品の特徴がすでにここに現れている。同い年のムッツェンバッハーとは、その後も関係が続く。ムッツェンバッハーは、一九一二年にベルリンに居を移すが、彼もまたコリーンに出入りする。それにとどまらず、戦前のタウトが新しい建材の重要性を表現した「鉄のモニュメント」と「ガラスの家」においても建物の装飾を手掛けている。

結婚

タウトは、ヘートヴィッヒと一九〇六年四月二七日にコリーンを管轄するザントクルークの登記所で結婚する。新郎は、間もなく二六歳になるところであり、新婦は二七歳であった。ヘートヴィッヒは、すでに実家から独立し、まずコリーンの近くのエーベルスヴァルデ、それからベルリンで家事奉公人として働いたが、彼らはシュトゥットガルトとベルリンの間で頻繁に文通していた。鍛冶屋でもあった岳父のグスタフ・ヴォルガストは、新郎に幸運のお守りとして馬の蹄鉄を贈った。

タウトとヘートヴィッヒは、シュトゥットガルトの南の邸宅地域に住居を構える。結婚後ほぼ一年たった一九〇七年二月二五日に息子のハインリヒが誕生する。姉のエリーザベトが手伝いに来てくれ

新婚当時のタウトとヘートヴィッヒ

タウトとハインリヒ

たが、ヘートヴィッヒにとっては生まれ故郷と異なる南独のシュトゥットガルトの環境にはなじめなかったようである。またハインリヒが生まれた頃からタウトも独立を考えるようになっていた。一九〇八年にフィッシャーがミュンヘン工科大学から招聘されたことを最終的なきっかけとしてタウト夫妻はベルリンに戻ることにした。

独立に向けて

タウトは、シュトゥットガルト時代、建築家として次第にその立場を固めつつあるといえた。実現しなかったものの、カール・ボーナツ（パウル・ボーナツの弟）やゲオルク・マルティーンらと作製したダルムシュタット中央駅のコンペで三等を受賞し、他方でルール地方のヴェッターにあるハルコルト工場の水力発電所の設計を実現させた。これが、彼にとって初めての独立した作品といえる。

タウトがシュトゥットガルトにいた頃、一九〇五年から弟のマックスも、ベルリン南郊リックスドルフの建築局に仕事を得ていた。リックスドルフは、ベルリンに併合されていなかったが、賃貸兵舎の立ち並ぶノイ・ケルン地区のすぐ南に接し、当時人口が着実に増加していた。マックスは、都市計画の責任者ラインホルト・キールのもと、そこで学校建設の仕事に従事する。キールは、ベルリン西部のシャルロッテンブルクの市庁舎など、当時にあっては比較的高さのある建物の専門家といえる。リックスドルフの都市計画部門では、兄がメーリングの事務所で一緒に仕事をしたマルテンスが主任であり、兄弟そろってベルリンに出てきたときにはこの人物と関わることになる。

マルテンスに導かれたのであろう、マックスもコリーンに立ち入ることになる。彼も兄と同様ヴォルガスト姉妹から伴侶を選ぶ。ヘートヴィッヒの一つ下の妹のマルガレーテがその相手であるが、兄と同じ年である彼女はマックスよりも四年年長である。結婚は一九一四年まで待つことになる。

マックスは、コンペにも出品しており、一九〇六年にドレースデンの芸術博覧会において労働者住宅の作品で金メダルを受賞している。テオドーア・フィッシャーも弟にも関心を示したようであるが、ミュンヘンに移るフィッシャーには事務所を拡大する余裕はなく、その代わりというわけではないだろうが、一九〇七年からはカールスルーエのヘルマン・ビリンク（一八六七～一九四六年）のもとで修業をする。ビリンクは、ユーゲントシュティールの潮流の中に位置付けられる建築家・芸術家である。ビリンクのもとでマックスはキールの市庁舎などの設計に関わる。

一九〇七年頃には兄弟ともに、南ドイツで建築家としての道のりを着実に歩んでいたが、郷里では一九〇四年以来結核で療養していた父が、一九〇七年一一月一〇日に亡くなる。六三歳であった。彼らの兄リヒャルトはこの当時ほぼ失業状態にあった。結局、タウトとマックスは寡婦となった母を支えるのみならず、兄リヒャルトの一家の生活にも配慮しなければならなかった。

一九〇八年九月一二日には長女のエリーザベトが、コリーンで誕生している。二人目が生まれる予定であるということも、タウトにベルリンに戻ることを決意させたのであろう。タウトはベルリン南西部のツェーレンドルフに居を構えることになる。ツェーレンドルフは、帝政期からベルリンとポツダムを結ぶ街道沿いに比較的裕福な階層の居住地として発展した地域であった。彼の新しい住居は、ツェーレンドルフの中心から遠からぬところにあり、シュヴァイツァーホーフ公園という大きな公園に隣接していた。その集合住宅の二階を賃借したのである。

ベルリンに居を構えるのと同時に、シャルロッテンブルクの工科大学でテオドーア・ゲッケ（一八五〇～一九一九年）のもと修業を続ける。ゲッケは、都市計画の専門家であり、当時工科大学の員外教授を務めていた。

第二章　第一次世界大戦まで

1　タウト・ホフマン建築事務所

開業

一九〇九年、タウトはフランツ・ホフマンと建築事務所を開業する。ホフマンも建築家であるが、タウト兄弟ほどの評価を、同時代においても後世においても得ているわけではない。自分の設計よりも、タウト兄弟の設計に対して改善点を指摘するなど、事務所としての仕事に最終的なバランスを与えるのがホフマンの役割である。

ホフマンは、一八八四年にベルリン西部のシャルロッテンブルクに生まれた。ブルーノよりも四歳若く、マックスと同い年である。父親は建築関係の仕事をしていたが、ベルリン市内に多くの家屋をもっており、裕福であった。高等小学校や高等市民学校を経て一九〇二年にベルリンの建築専門学校に通い、一九〇五年に修了した。その後二年間、シャルロッテンブルク工科大学で学ぶが、修了せず、建築事務所に勤める。タウト兄弟のように「遍歴」することなく、ベルリン市内にとどまるが、一九〇七年から〇九年にかけてハインツ・ラッセン（一八六四～一九五三年）の事務所で働く。その機会にブルーノ・タウトと深く関わることになったのであろう。タウトは、ハインツ・ラッセンとはフィッシャー経由で知り合っていた。

ホフマンには姉が二人おり、そのうちエリーザベトは彼らの事務所で長い間会計として働いていた。もう一人のアンナは、スチームランドリー所有者のエルヴィーン・ライベダンツと結婚していた。ブルーノ・タウトは、ライベダンツのスチームランドリーと自宅を設計し、弟のマックスが、一九一九年に亡くなったエルヴィーンの墓石を設計している。

タウト・ホフマン建築事務所は、ポツダム広場からほど近いリンク通り二〇番地にある。ベルリンのポツダム広場は、市内・市外交通の重要な結節点の一つとなっていた。一九二四年にドイツ最初の交通信号機が設けられたのがこの広場である。ベルリン市内の王宮や官庁街も近くにあり、タウトが事務所を開設した頃は、ポツダム広場とその周辺は、ベルリンのみならず、ドイツ全体の経済、文化、商業の中心として発展していた。

ペーター・ベーレンス（一八六八～一九四〇年）や、少し遅れてミース・ファン・デル・ローエも近所に事務所を開設した。ベーレンスは、工業建築やモダニズム建築に大きな功績を残した建築家で、工業建築の代表作としてはベルリンのAEGタービン工場（一九〇九～一〇年）がある。この工場を設計した頃には、ベーレンスの事務所には、のち二〇世紀の四大建築家と称されるうち、ル・コルビュジエ、ミース・ファン・デル・ローエ、そしてグロピウスが所属していた。もっとも、ル・コルビュジエは半年程度の所属であった。

一九一三年になると、ブルーノ・タウトの弟のマックスがタウト・ホフマン事務所に所属するようになる。マックスは、南独を離れて、一九一一年以降はベルリンのいくつかの建築事務所で働いていた。マックスは、フィンスターヴァルデの男子校の設計のコンペにも勝利し、それは一九一一年と一九一三年の間に建てられた。一九一三年にはベルリン西郊のナウエンの実科ギムナジウムの校舎を設計している。「遍歴」の間、マックスは学校建築や公共建築に関わることが多かった。こうした事情もあるのだろう、タウト兄弟は一緒に建築事務所で活動するようになってからは、兄が主に住宅建築を担当し、弟が公共建築を担当している。

開業当初の仕事

世界文化遺産となっているファルケンベルクの田園都市やライベダンツの自宅とスチームランドリーなどが郊外に位置しているのはともかくとして、第一次世界大戦前にタウトが依頼された仕事の多くは、第二次世界大戦のさいに爆撃で壊滅的打撃を受けるティーアガルテン周辺など市の中心部にほど近いところに位置しており、現存していない。

市中心部の仕事は、ほぼ他の建築家との共同作業である。とくに重要なのが、アルトゥル・フォークトという建築家であり、彼は設計だけではなく、施工主として集合住宅の開発にも従事していた。とくに、ベルリン西部のシャルロッテンブルクの、現在エルンスト・ロイター広場と呼ばれている、アム・クニー近辺でフォークトは三軒の集合住宅の建設を企画し、自らは建物の本体を設計し、外装

コットブサーダム

の設計などをタウトに依頼している。このフォークトが、若い二人の建築家に仕事を回して、建築事務所の仕事が立ち行くように配慮してくれていたのであろう。シャルロッテンブルクは、一九世紀後半から裕福な階層の住宅地として発展していた。

タウトとホフマンの関係のきっかけをつくったと思われるラッセンとは、タウトはベルリンのニコラゼーにあったシャルロッテンブルク工科大学教授フラムの住居の設計を共同で行っている。基本的な部分はラッセン好みの新古典主義でデザインされており、タウトの役割は副次的なものであった。

この頃の外装にはタウトの独自性がすでに十分に表れている。建物が現存している、コットブサーダムの二つの建物のうち一つを例に説明しよう。両方とも、フォークトが建物の企画から設計を担当し、タウトとホフマンに外装を任せたものである。二番地と三番地にまたがる建物は、上階が集合住宅であるが、一階に商店が入り、二階の一部に映画館も備えた商業施設である。映画館の内装もタウトが担当している。商店と映画館の入った一・二階は外側が褐色に塗られ、三階から五階は白く塗られ、対照的である。二階の窓も上部が丸くかたどられ、工夫がこらされているが、外装で特徴的なのは三階から五階の部分であろう。ベランダで引っ込んだ部分、出窓で前に出ている部分、そして、平らな部分が組み合わされ、全体が波打っているかのような動きのあるデザインとなっている。そうした効果は、細かい横線が入れられることで強化されている。五階の部分と上の褐色の部分の接続にも丸い部分が組み込まれている。屋根にも瀟洒な出窓が配されている。

帝政ベルリンに特徴的な賃貸兵舎では、似たような石材を組み合わせて壁面が構成されることが多く、タウトはそうした壁面からなる街並みの単調さを打破しようとしたのであろう。こうした試みが可能であったのは、市の中心部に近い地域に建てられ、収益の上がる建物としてフォークトがこれらの建物を企画していたので、外装にも比較的予算を回せたからではないかと思われる。

これに対して、フォークトが施工主となっていない、市の中心部から離れたベルリン北西部のノンダムアレーに建てられた集合住宅では、デザインはより簡素である。施工主はキッセ兄弟という人物で、タウトとホフマンが共同で設計にあたった。予算の点でコットブサーダムの二つの建物よりもお金のかかり方が少ないようである。とはいえ、バルコニーを木製でかごのような形にしている点、および正面の両脇の部分が中央の部分よりも前に出している点が、タウトの工夫といえる。

彼らは数多くの建築コンペにも参加し自分たちの世界を広げようとした。うち一一は入賞している。たとえば、事務所開設の一九〇九年に行われたヴェルトハイム百貨店の拡張のためのコンペでは、入賞作品の六つのうちの一つとなっている。そうした努力が実ったのであろう。開業後数年たってブルーノ・タウトの運命は大きく開ける。

2　第一次世界大戦前の「成功」

田園都市

まず何よりも語るべきは、ベルリン南東部郊外の田園都市ファルケンベルクとマクデブルク郊外のジードルング、レフォルムであろう。ファルケンベルクは、世界文化遺産ともなっている。これらは、タウトが依頼された初の大型プロジェクトといえ、設計はほぼ彼の手になる。両方とも、イングランドに由来する田園都市運動の流れの中で建てられたものである。田園都市は、イギリスの社会改革者エベネザ・ハワードが一九世紀末に構想したもので、大都市の生活環境の悪化に対処するために、大都市から独立した場所に、住居と職場が一体化した緑の都市を建設しようというものである。

ハワードの構想に基づいて、ロンドン北郊のレッチワースが建設されたのをはじめ、その影響のもと多くの都市が建設された。実際に「田園都市」と銘打って建設された都市も、その多くは、都市近郊に建設され、ハワードの構想のようなそれだけで完結した都市とはいいがたかったが、世界的に都市計画に影響を与えた。

ドイツにも田園都市運動の影響は見られ、一九〇二年にはドイツ田園都市協会が設立され、ドレースデン郊外のヘレラウをはじめ、ドイツ各地で田園都市が建設された。ベルリンでは、ファルケンベルクとほぼ同時期に、西郊のシュターケンや北郊のフローナウなどの田園都市建設の試みが見られた。

ファルケンベルク

ファルケンベルクは、ベルリンの南東部のボーンズドルフという地域に設けられた。施工主は、ドイツ田園都市協会のイニシアティヴで設立された公益的大ベルリン田園郊外都市建築協同組合であった。この団体の名称中「郊外（Vorstadt）」は既存の都市空間のすぐ外に建設される部分を指す言葉で、「田園郊外都市」という言葉が用いられているのは、大都市との関連のもとファルケンベルクがつくられた状況を示している。現在、ベルリンの中心部から最寄りのグリューナウ駅まで一時間程度で到達できる。タウトは、一九一二年にそこの七五ヘクタールの土地に七五〇〇人が住める田園都市の設計を任された。一九一四年に第一次世界大戦が勃発したために、完成したのは、アカーツィエンホーフという広場（袋小路）を取り囲む形で配置された第一期（一九一三年）とガルテンシュタットヴェーク沿いの第二期（一九一四～一五年）の二カ所のみである。全部で一三〇戸弱と構想の一部しか実現しなか

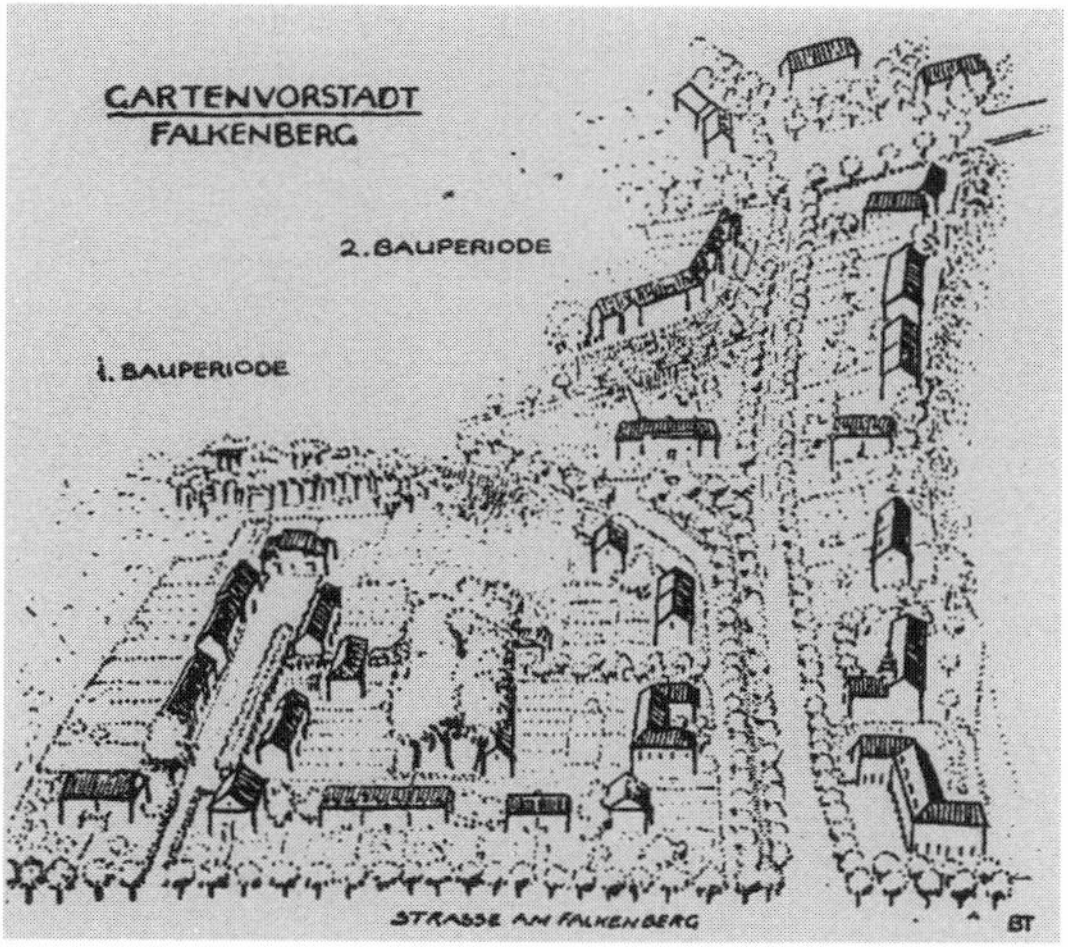

ファルケンベルクの実現した部分の鳥瞰図

ったが、それでも特徴的な田園都市が誕生した。第一期では、広場の入り口に位置する一戸建てだけはハインリヒ・テッセノウ（一八七六〜一九五〇年）の設計によるが、残りの二戸一（独立した二つの家屋が、壁を共有してつながっている建物）、連接住宅、集合住宅はタウトが設計している。

二戸一や連接住宅の設計自体は、その頃の田園都市によく用いられていたような、イングランドのコテージタイプの建物である。すなわち、四角い一階があり、屋根裏に設けられた二階の窓は、屋根の傾斜から飛び出した形の出窓となっている。二階建ての集合住宅もそれと調和するような設計となっている。

独自性が表れているとしたら、それは建物の多様な彩色である。ファルケンベルクは、別名「絵具箱ジードルング」と呼ばれている。たとえば、アカーツィエンホーフに面した五軒の連接住宅では、一戸ごとに茶、青、クリーム色で塗り分けられ、各戸の独自性が浮き立つようになっている（口絵2頁参照）。その向かいの建物は、クリーム色と茶色で塗り分けられている。両側がそのような色合いなので、白で塗られた少しデザインも凝った、突き当りの建物が目立つようになっている。

ガルテンシュタットトヴェークの連接住宅を見ても、二種類の茶色で塗り分けられた建物や黒と茶色で塗り分けられた建物があり、ほかに使ってある色を見ても白、オレンジ、青、灰色と色とりどりである。建物全体の色と異なった色で、鎧戸、窓枠、ドアが塗られている。さらに、ガルテンシュタットトヴェークに建てられた集合住宅では、建物全体がオレンジや黒で塗られたうえで、壁面が広いからであろう、様々な幾何学的模様で壁面が塗り分けられている。

色彩だけではなく、細かい装飾が加えられ、建物全体の表情が豊かなものとなっている。これに対して、ファルケンベルクの中で唯一タウト以外の建築家が設計した、ハインリヒ・テッセノウによる一戸建て住宅のデザインを見ると、直線的で四角いシンプルな建物に屋根がのっかっているものである。テッセノウは、ドイツ最初の田園都市とされるヘレラウの設計にも参加した、新しい傾向の建築家の一人であるが、彼の設計の多くは、建物に豊かな表情を付け加えるか否かについて、タウトと方向性を異にする。

ファルケンベルクの集合住宅

レフォルム

ほぼ同時期に行われたマクデブルクの田園都市レフォルムも同様の傾向にある。当地の鉄工業フリードリヒ・クルップＡＧグルーゾンヴェルクが二〇世紀になってその基幹労働者のための住宅建設に乗り出した。一九一〇年から二〇年の間にグルーゾンヴェルク職員建築組合（一九〇九年設立）の管理のもと、良い水準の住宅建設が行われた。こうした動きを受けて、グルーゾンヴェルクの一九人の労働者が設立した住宅建築のための組合「田園都市コロニー・レフォルム」が、一九一一年から職員のジードルングの西側に住宅地建設を進めた。最初はマクデブルクの建築家グリムが四軒設計したが、一九一二年からタウトとホフマンが設計を引き受けた。

第一次世界大戦前にレフォルムに建てられたのも、コテージ風の連接住宅に様々な彩色を施すという点で、ファルケンベルクと共通している。大戦の影響で中途半端に終わったファルケンベルクとちがい、大戦をはさんでレフォルムは着実にジードルングを拡大した。大戦後は、モダニズム建築によるシンプルな連接住宅が建てられる。その結果、一カ所でタウトの設計の変化が辿ることのできる場所となっている。

色彩建築の背景

タウトがファルケンベルクとレフォルムで色彩にこだわる背景について説明しておこう。

一九世紀の大都市で建てられた集合住宅の色彩に関していえば、石材なり、レンガなり、木材なりの素材にほぼ手が加えられないまま建てられ、それに月日がたつにつれ、工場や家庭からの煙の色が次第に追加されていったような状態であったと思われる。タウトや彼と同時代の建築家は、表面を何らかの形で着色するという点で、それまでの慣習を破った。

タウトの特徴は、他の建築家が色として選んだのが白やせいぜい灰色であったのに対して、色遣いの多彩さであろう。これは、タウトの活動の初期から一貫してみられる特徴といえる。

このようにタウトがとりわけ色彩にこだわるようになった要因としては、コリーン・サークルにおいて画家とも付き合いがあり、タウト自身も実際に絵を描いていたこととの関連をまず指摘できるだろう。ただ、彩色の背景には、当時興隆しつつあった表現主義という芸術上の潮流と関係をもつようになったことが指摘できる。

表現主義

表現主義というのは、二〇世紀初頭のドイツで発生した動きで、自分より外側の世界についての写実性なり象徴性なりを重視したそれまでの芸術上の動向に対して、自分の心の中の主観をそのまま表現しようとすることにその特徴がある。絵画では、ゴッホやムンクがその先駆者として位置付けられ、カンディンスキーやクレーなどがその流れの中でとらえられる。音楽ではシェーンベルクも、調性から離れて一二音技法を確立する一九一〇年前後の時期について表現主義と評価されている。

建築についても、表現主義建築が第一次世界大戦後に興隆を見せる。表現主義の潮流の中で活動した文学者のうち、タウトにとって重要なのはシェーアバルトである。シェーアバルトは、一八六三年にダンツィヒで生まれた小説家、詩人、画家であり、一八九七年以降ベルリンで活動していた。経済的に成功したとはいえないが、その幻想的な作品のいくつかは日本語にも訳されている。彼は、第一次世界大戦が勃発すると、断固たる平和主義の立場から大戦に抗議し栄養の摂取を拒否し、それが原因で一九一五年の一月に亡くなっている。

シェーアバルトとタウトが知り合ったのは、表現主義の雑誌『デア・シュトゥルム』を通じてであり、一九一二年のことであった。彼ら二人の交流は三年程度のものであったが、お互いに大きな影響を与えた。その両者の関係の頂点は、一九一四年に訪れる。

博覧会建築

すでにその前年の一九一三年にタウトは、ライプツィヒの国際建築博覧会において「鉄のモニュメント」を設計し、当時建材として大きく注目を集めていた鉄の可能性を示した。ドイツ鉄鋼連盟のパヴィリオンとして建設されたこの建物は、四段の八角形の構造物の上に半球の屋根が設けられていた。装飾を排して、幾何学的に徹底したデザインは、鉄という素材の特性を考慮したものといえる。従来の様式にこだわらず素材に基づいて表現したい建物を設計したという点では、この「鉄のモニュメント」も表現主義の流れの中で位置付けられる。

鉄のモニュメント

ガラスの家

一九一四年になるとタウトは当時注目されていた別の建材を使った展覧会建築を設計する。五月から始まったケルンのドイツ工作連盟博覧会の「ガラスの家」である。頭頂部の蕾状の構造物をはじめガラスを大胆に組み込んだ建物は、タウトの表現主義建築の代表例といえる。多面体の塔状の構造物には色付きのガラスも用いられ、プリズムを通した光の効果が狙われている。とくに、光を通すというガラスの特性を生かした室内装飾は、中心を両脇の階段に挟まれて滝が流れ、しかも滝の下から照明が施され、建物の中の光が映えるように構成されている。この建物は大きな注目を集めたが、同年七月に第一次世界大戦が始まると、展覧会は中止され、博覧会建築によくあるように、その後解体された。一方、シェーアバルトの側も、ケルンの博覧会開幕後一〇日たってから『ガラス建築』を出版している。この著作の序文をタウトが執筆している。ガラスを使った建築という発想は、両者の交流の中から発展してきた。

こうして、建築家としてのタウトが国際的に注目を集めたことは、開業後五年にして事務所に対する依頼の増大を期待させるものである。弟のマックスが一九一三年に事務所に参加した背景には、事務所の設計担当の人員を拡充させる必要があったのであろう。

3　第一次世界大戦

総力戦

ケルンの博覧会の会期中の六月二八日にハプスブルク帝国治下のボスニア・ヘルツェゴヴィナのサライエボで起こったオーストリア皇位継承予定者夫妻暗殺事件をきっかけに、七月二八日にヨーロッパ全体を巻き込んで第一次世界大戦が勃発する。ドイツ帝国は、オーストリアとイタリアとの三国同盟に基づきハプスブルク帝国側について参戦し、三国協商側のロシア、イギリス、フランスと対峙することになった。この戦争は四年にわたる長期戦となり、しかも戦争遂行のために国内の人員や生産力を総動員する「総力戦」となった。

戦争の遂行に必要な建築が優先される状況のもとでは、大戦前にタウトが手掛けていたようなジードルング建設や博覧会建築のような需要は望めなかった。タウトが大戦中に手掛けることのできた設計は、ベルリン近辺では郊外のナウエンのジードルングやファルケンベルクに隣接するジードルング程度であり、それらは実現することはなかった。実現したのはオーバーシュレジェーンのカトヴィッツのジードルング程度であった。

弟のマックスは、従軍する前の一九一四年八月三日に、数年交際していたヘートヴィッヒの妹マルガレーテと結婚した。一八八〇年一〇月二日生まれのマルガレーテは当時三三歳、マックスは三〇歳であった。一九一五年のクリスマス後にマックスは、東部戦線から西部戦線に移動することになった。

到着後二カ月たたない二月二一日にヴェルダンの戦いが始まったが、マックスは、塹壕の中ではなく後方の要塞施設にいて陣地の構築担当となった。

もう一人の共同経営者のホフマンは、高等市民学校卒業の資格で一九〇八年に一年志願兵制度により兵役についていた。これは、一定の教育を受けたものが、入営に伴う費用を全額自弁するという条件のもと、通常三年の兵役を一年に短縮し、将校への任官資格を獲得する制度であった。第一次世界大戦勃発後、一〇月一四日から騎兵隊として東部戦線で軍役につき、終戦後一九一九年二月一日に帰還した。

したがって、第一次世界大戦開戦後ほど経ずしてタウトだけがベルリンに残ることになった。彼自身も国土防衛隊として従軍することを考え、また他のドイツ人と同様、戦争勃発後に盛り上がった好戦的な雰囲気の中で、対戦国に対する敵意をあらわにした。のちの『アルプス建築』（口絵2頁）に見られ、親交のあったシェーアバルトがとったような反戦の態度を当初から見せたわけではなかった。

三人の共同経営者は、手紙のやり取りの中で戦後にまた一緒に仕事をすることを語り合っている。開戦早々、タウトたちは戦争の厳しさを実感させられる事態に直面した。タウト兄弟の妻二人の末の妹シャルロッテの婚約者、アウグスト・マルクがベルギーで八月二五日に戦死したという連絡をうけたのである。

一九一五年になるとタウトは、代替役としてベルリンから西に位置するブランデンブルクの火薬工場で建築監督官として従事するようになる。一九一六年の三月になるとさらに西の方のプラウエにおいて軍事上の建築事務所で働くようになる。

ユートピア著作群の構想

この頃になるとタウトは頭の中では独自の都市構想や社会構想を考えだすようになる。終戦後一気に刊行する四冊からなるユートピア著作群である。タウトは大戦後も建築家としての仕事の傍ら旺盛な執筆活動を続けるが、とりわけ建築家としての仕事が十分にできない時期には、思索を深めるような著述活動を行っている。この四冊はその手始めといえる。

まず着手されたのは『都市の冠』であった。戦前の田園都市が住宅を並べただけで都市計画上の特徴が明確にうかがえないという批判のもと、新しい住宅地には中核となる構造物（＝都市の冠）が必要であると主張する。大戦後のタウトによる大規模なジードルングは、「都市の冠」を意識したものとなっている。日本において設計されたものの、実現しなかった生駒山上住宅地でも、すでに存在した遊園地の飛行塔が「都市の冠」として利用されている。

大戦中に構想されたタウトの著作のうち、もっとも有名で彼の世界を広げる役割を果たしたのは、彼の生涯の代表作『アルプス建築』であろう。この作品を構想したのは、一九一七年一月からのベルギッシュ・グラートバッハ滞在中のことである。このケルン北東郊外の都市でタウトは、一九世紀末から建設されてきた田園都市グローナウ、森のジードルングのリッター家に下宿することになった。この田園都市は、労働力確保のために紙工場主ツァンダーが、クルップ社の建設した田園都市マルガレーテンヘーエをモデルとして建設したものである。

タウトは、住居の近くに位置する耐火レンガ製造のためのシュテラ工場で、焼鈍炉の設計図を引く仕事をする。焼鈍炉では熱処理することにより金属を柔らかくすることが可能であり、それは砲弾などの材料を製造するために用いられることになる。

工場で作業をしながら、紙の裏に自分の構想を書きつけたりしたらしい。こうして構想されたのが、『アルプス建築』である。これは、戦争などという無意味なことをするくらいならば、アルプスの頂上、絶海の孤島、ひいては遠くの星にガラスなどでできたモニュメントを建てた方がはるかに有益であるという主張を述べた本であり、タウトがその構想を説明するのに必要な様々なイラストが添えてある。文章と絵が見事に調和して、独特の世界を構築するのに成功している。この作品の執筆によってようやく「平和主義者」タウトが誕生したのだといえる。

建てられるモニュメント的建築でクリスタルガラスが用いられる点には、戦前のガラスの家の影響を指摘できようし、また多彩な建築物が描かれたことからは、戦後のタウトのジードルングが、ファルケンベルク同様、様々な色彩が使われていくことにつながるのであろう。山上に建物を建てるという発想は、日本亡命中に生駒山の頂上の住宅地の設計の際に、その実現の可能性を感じただろう。

この炉工場では、建築家ヤーコプス・ゲッテルと仕事を共にした。彼は、一九二〇年代にタウトと同様、ベルリンにおいてジードルング建設に従事するが、それにとどまらず、第一次世界大戦直後にタウトが興した表現主義運動である、建築家や芸術家による「ガラスの鎖」の動きにも関与した。これは、往復書簡の形式をとった、表現主義を目指すグループの情報発信の試みである。

エリカ・ヴィッティヒ

人間関係という点で、その後のタウトの人生に一番大きな影響があったのは、エリカ・ヴィッティヒとの出会いであろう。タウトは、一九一七年一一月に同じ森のジードルング内のキーファァーヴェーク三四番地に転居する。教授の寡婦ヴィッティヒの住まいであったが、彼女には娘がいた。その娘は一八九三年生まれで当時二四歳、六歳の娘エミーの未婚の母であった。それがエリカ（Erica, Erika）である。彼女は、森のジードルング内の園芸農園で仕事をしていたが、シュテラ工場の事務所に野菜や花を持ってきていた。それがきっかけでタウトと知り合うようになったようである。タウトは、不倫の関係となった相手の家に引っ越したのである。その後、タウトとエリカは一子（クラリッサ）をもうけ、一九三八年暮れにタウトが亡くなるまで生活を共にすることになる。

正式に結婚していたヘートヴィッヒは、タウトが転居した頃に結石でベルリンの病院シャリテに入院していた。もともと身体頑強とはいいがたいヘートヴィッヒに夫からは病気の回復を願って薬用酒が送られてきている。

この頃、ユートピア的著作群のみならず、自分の創作意欲を実現する機会がなかったわけではない。大戦のさいの同盟国同士であったドイツとオスマン帝国のためにイスタンブルに建設される「ドイツ・トルコ友好会館」のコンペが、一九一六年に行われた。実際にイスタンブルを訪ねて、イスラム建築のモスクを取り入れた設計は、タウトがその後の日本とトルコにおける亡命生活で示すことになる異文化に対する柔軟性の片鱗をうかがわせるものであるが、このコンペを勝ち取ることはできなかった。

第三章　マクデブルク

1　第一次世界大戦直後の状況

「ガラスの鎖」

第一次世界大戦末期、一一月三日のキール軍港での水平反乱をきっかけに兵士と労働者のための評議会組織（レーテ）が各地で結成される。こうした動きはその後全国に広がり、一一月一〇日の皇帝ヴィルヘルム二世のオランダ亡命と一一日の停戦がもたらされた。これを一一月革命（ドイツ革命）と呼ぶが、ドイツに共和国が樹立することになる（ヴァイマル共和国）。

当時の新しい芸術的潮流の中で活動していた芸術家たちが、一九一八年にベルリンで芸術のための労働評議会を結成するが、その主唱者がブルーノ・タウトであった。展覧会や出版物を中心としたこの評議会の活動は一九二一年に終わるが、一九一八年一二月に結成された一一月グループやドイツ工作連盟といったほかの芸術家や建築家の組織と密接に関連していた。一九一九年からは議長が、グロピウス、セザール・クライン、そしてアードルフ・ベーネとなり、タウトは活動の中心から外れたようである。

そうした動向の中で、タウトが中心となる「ガラスの鎖」のグループが生まれる。これは、一九一九年一一月から翌年一二月まで続き、建築家による往復書簡、あるいは回状の形をとった意見交換の試みである。このやり取りで特徴的なのは、自分の文章に本名ではなく、あだ名を署名することであり、たとえばタウトは「ガラス」、グロピウスは「メジャー（Mass）」、戦時中タウトと同じ工場で働いていたゲッテルは「シュテラリウス」と名乗っていた。ただ、弟のマックスだけは本名で署名し、問いかけにこたえるだけに徹していた。

タウトの「ガラスの鎖」の活動は、一九二〇年一月からは『燭光』という雑誌の形で継続する。一九二〇年一月から七月までは、半月刊の雑誌『新旧時代の都市計画』第一巻の最初の一四号への付録の形でベルリンで出版された。一年以上間をおいて一九二一年からは独立した冊子でマクデブルクで発行された。これは、一九二二年の夏までに四号発行された。全体として編者のタウトが中心的な執筆者である。タウトが執筆しているのは、建築顧問官として都市計画の責任者となっていたマクデブルクにおける様々な試みが中心であるが、表現主義的な建築や社会像も語られている。

『宇宙建築家』と『都市の解体』

戦後のこうした著述活動の土台となったのが、戦中に執筆したユートピア的著作群であろう。一九一九年に『アルプス建築』と『都市の冠』、一九二〇年に『宇宙建築家』と『都市の解体』を出版している。『都市の冠』以外は、ハーゲンのフォルクヴァンク出版社から発行されており、三部作を形成している。フォルクヴァンク出版社は、相続した莫大な遺産をもとに芸術の後援活動を行っていたカール・エルンスト・オストハウス（一八七四〜一九二一年）が、一九一九年に設立し、建築、写真、ダンスなどの現代芸術や非ヨーロッパ世界の文化を紹介する図書を出版した。タウトは、オストハウスとはすでにハルコルト工場の水力発電所を建設したときに知り合っていた。

『アルプス建築』と『都市の冠』についてはすでにふれたので、あとの二冊について説明しておきたい。『宇宙建築家』は、大戦後の一九一九年に書かれたもので、副題に「交響曲のための建築劇」とあることが示すように、演劇仕立てで、タウトの建築観や社会観を描こうとしたものである。そこでは、既存の建築や社会を象徴するゴシック建築が崩壊して、そこに生じた虚空（宇宙に）に「葉型」や「花」が到来して、地球は緑に覆われるようになる。そして、そこから「グラスハウス」を想起させる水晶館が生じる。

『都市の解体』は、タウトのユートピア的著作の最後を飾る作品で、『都市の冠』に見られた「冠」を中心とした集中的な都市像を解体し、代わって、『アルプス建築』のモニュメント的建築や『宇宙建築家』の既存の建築や都市に変わるガラス建築などを取り入れつつ、都市を解体して生じる分散的な都市像を提起する。そして、スケッチとタウトの簡単なコメントに、クロポトキンなどマルクス主義系を中心とした社会科学的著作やルソー、トルストイ、ニーチェといった思想家・小説家の著述からの豊富な引用がつけられている。

二つの家族

この頃、戦時中から体調がよかったとはいえない正式な妻ヘートヴィッヒに、疝痛と結石に加え、生命の危機をもたらすような黄疸が出てしまう。そのため、一〇歳の娘エリーザベトをベルギッシュ・グラートバッハのヴィッティヒ家で一時面倒を見ることになった。一九一八年一〇月二四日にはタウトとエリカの娘クラリッサがケルンで生まれている。タウトは、ヘートヴィッヒに離婚を求め、周囲も説得したが、彼女が首を縦に振らなかった。

タウトには、二つの家族の経済的負担がかかってきたのみならず、合計四人の子供たちの成長を中心に、彼なりに家族の状況に目配りを続ける。ヘートヴィッヒとの子、ハインリヒとエリーザベトの二人に手紙を送ったり、会ったりしており、ヘートヴィッヒにも手紙を書いている。もっとも彼女からの返事は来なかったようである。

当然、一〇歳を過ぎたばかりのハインリヒとエリーザベトにとって、両親の不和と、それでいて関係をもつことになる、エリカや彼女の二人の子供（エミーとクラリッサ）の存在は負担になったであろう。

ハインリヒは、第一次世界大戦中にコリーンの南にある町エーベルスヴァルデのギムナジウムに通うようになっていた。タウトが単身赴任していた上にヘートヴィッヒが体調がすぐれなかったので、母親の親元であるヴォルガスト家に預けられたのであろう。ただ、タウトは、一九一九年夏にハインリヒをノルウェー旅行に送ったのち、カール・エルンスト・オストハウスが設立したハーゲンの「自由農村学校共同体」に通わせた。これは、相互教育、男女一緒の教育、権威主義的ではない教育といった特色をもっており、当時見られた教育をめぐる新しい方向性を反映したものであった。ハインリヒ自身は、ここでの教育をネガティヴにとらえている。翌年、ヘートヴィッヒが住んでいたツェーレンドルフの実科ギムナジウムに転校した。そこへ両親の不和の問題が彼にのしかかってきたのである。エリーザベトにとっても、新しい女きょうだい二人との関係は対応するのが困難であっただろう。

一方、マックスの転居したベルリン西郊アイヒカンプには、ヘートヴィッヒと二人の子供のほか、一九二四年に結婚したホフマンや一九二〇年代後半にベルリンの住宅政策を推進したドイツ社会民主党員のマルティーン・ヴァーグナー（一八八五～一九五七年）も居を構えることになった。この住宅地は、森のすぐそばにあるが、すぐ近くに無線塔と自動車のサーキット（AVUS）があり、自然と近代的技術の象徴が共存していた。タウトも一九二〇年にベルリン南郊のダーレヴィッツに住居を構えることになる。そこにエリカが住宅を購入したのである。

2　マクデブルクの都市建築顧問官

マクデブルク市長バイムス

タウトは、ベルリンを離れ、一九二一年六月一日からマクデブルクの都市建築顧問官として都市計画を担当することになる。マクデブルクは、第一次世界大戦前には田園都市レフォルムを設計し、タウトにとってすでになじみのある土地であった。大戦終了直後からマクデブルク市長は、ドイツ社会民主党所属のヘルマン・バイムスであった。バイムスは一九一九年から一九三一年まで上級市長を務めるが、その間タウトのレフォルムの建設が継続されるなど、新しい傾向の住宅建設に前向きな社会状況であった。タウト自身は、都市計画についての高等教育を受けたわけではなく、またファルケンベルクやレフォルムの建設もうまくいきだしたところで大戦で中断し、彼のそれまでのキャリアを考えると実際には建築顧問官に選ばれたのは大抜擢である。

契約書にサインをした三月三〇日からすでに任命後の様々な任務に取り組み始めていた。ところが、タウトは、『燭光』誌上にマクデブルクの都市計画案など公表するものの、第一次世界大戦後ドイツの混乱した状況のもとではそうした構想を実行に移すことはできなかった。

彩色実験

タウトがマクデブルクで実行した中で一番大きな注目を集めたのは、彼が街の中心部と郊外の集合住宅に奇怪な模様で様々な着色を試みたことであろう。これを実行したのは、タウト自身ではなく、建築家カール・クライル（一八九〇〜一九四七年）である。彼は、パウル・ボーナツなどのもとで修業し、タウトの興した「ガラスの鎖」運動に「はじまり（Anfang）」というペンネームで参加した。そうした縁もあってタウトによってマクデブルクの建築局の一員として招聘されたのである。彼は、タウトのジードルングであるレフォルムに居を構え、内装を表現主義的に塗装した。タウトがマクデブルクを離れてからは、建築家として仕事をしていたが、ナチス政権誕生後は失業した。彼は、一九三八年からドイツ帝国鉄道の事務所の製図係として仕事をしていた。

中心部については、市庁舎と商店街であるブライト通りに並ぶ多くの建物に彩色がほどこされた。建物だけではなく、時間を確かめるために市民が注目する対象であったのであろう標準時時計にも色が塗られた。

マクデブルクの西の郊外に位置するヴェスターヒュスター通り（現 オットー・リヒター通り）では、既存の集合住宅に彩色が施されていた。その建物を設計したのは、マクデブルクで活動していた建築家オットー・リヒター（一八七二～一九二七年）である。リヒターは、一九〇〇年に住宅協同組合であるマクデブルク賃借人・建築・貯蓄協会の共同設立者の一人となり、一九二二年まで組合長を務めた。住宅協同組合とは、組合員がお互いに会費を払って住宅の所有を目指す制度であり、一九世紀末から住宅改革の試みの中心的手法となった。一九〇四年にリヒターの主導のもとマクデブルク初の協同組合住宅地の建設が始まった。この建物にクライルが彩色を施したのである。リヒターは、一九一九年以来ドイツ社会民主党選出の市議会議員となっており、タウトを招聘した同党の市長バイムスと政治的に近い立場にあった。マクデブルク全体の建物を彩色しようという目標をタウトはもっていたが、その手始めにリヒターの設計した建物が選ばれたのもそれなりの事情があったのである。

マクデブルク中心部の彩色実験

もちろん、こうした試みに対する反響は大きかった。全国的な建築関係の雑誌でもこうした試みを紹介するものがあった。マクデブルク市民や建築関連団体からも、街並みの調和を乱した形での塗装や、とりわけ市庁舎の塗装にかかる費用に関する不満の声が、現地の新聞『マクデブルク新聞』などに掲載された。タウトは、そうした意見に対して灰色の街並みから脱却する必要性を説明し、また市庁舎への塗装にかかる費用が通常の補修と変わらないことを強調する。

MIAMA

建物に彩色を施すことへの理解を深めるためであろう。一九二二年に開催されたMIAMA（社会扶助、ジードルング、そして労働のための中部ドイツ博覧会〔Mitteldeutsche Ausstellung für Sozialfürsorge, Siedlung und Arbeit in Magdeburg〕）にさいして『マクデブルク市の家屋彩色を訪れるためのガイドブック』が刊行された。市の中心部と郊外にある彩色された建物に行くルートも示したものであった。タウトは、『マクデブルク新聞』に、よりよい彩色家屋のデザインをめぐるコンクールに、市内の建築、画家、広告塔芸術家に応募するように要請する記事を載せている。

MIAMAは、一九二二年七月一日から一〇月二一日までの四カ月間にわたる博覧会で、人々の日常生活の負担を軽減する技術の成果を展示することを目的に行われた。公的にはベルリンのジードルング設計者パウル・メーベスとタウトが芸術上の指導を引き受けたが、タウトによると、すでにその二年前、すなわちタウト着任よりも一年前に準備が始まっており、タウトの関わりは主体的なものではなかった。とはいえ、メーベスと共同で会場の全体構成図を作成したり、住民の待合所として半球状の建物を設計したりと、博覧会の準備に関わっている。待合所は展覧会では実現しなかったが、のち『燭光』に掲載された図面を見た、著述家エドヴィーン・ケンネマンが気に入って、タウトの了解を得た上で、ブレーメン郊外に二〇世紀初頭に作られた芸術家村ヴォルプスヴェーデに実際に建てた。現在も残っている、チーズなどをカバーする容器に似て半球の形をしたその建物から、「ケーゼグロッケ（鐘型チーズ入れ）」と呼ばれるようになった。

二〇世紀になって鉄筋コンクリートによる建築が定着したため表現主義の建築が、構想にとどまらず、実際に建てられる可能性が高まった。メンデルゾーン（一八八七〜一九五三年）による、相対性理論を検証するために一九二〇年代前半に建てられたアインシュタイン塔がその代表例といえる。タウトの設計した建物には色彩へのこだわりなど表現主義の要素は一貫してみられるが、構造自体が表現主義の建物で実現したのは、第一次世界大戦前の鉄のモニュメントやガラスの家のほかは、このケーゼグロッケくらいである。

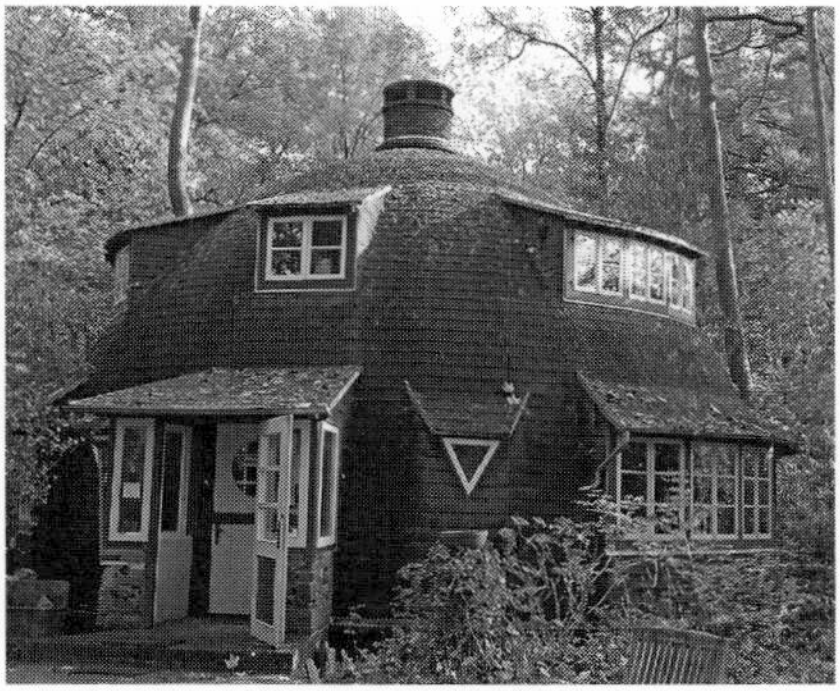

ケーゼグロッケ

展示ホール「農村と都市」

MIAMAがらみでタウトが設計した建物で、実現したのが、農業関連の展示ホール「農村と都市」である。現在も体育施設として利用されているこの建物は、タウトのマクデブルク都市建築顧問官時代に実現した唯一の大型建築物である。

展示ホール「都市と農村」初期構想

当初の計画では、メインの構造物は菱型の平面をもつかなり大きな建物であり、中は菱形のホールとそれを囲む四〇〇〇人の観客席が設置されることになっていた。観客席の下には、家畜や農業関連の展示物を収容するスペースも設けられる予定であった。建物の正面の両翼から斜めに細長い構造物が伸び、建物全体で何らかの動物を表現しようとしたかに見える。このデザインはタウトの表現主義的傾向がうまく表現されたものといえる。

ところが、財源不足や資材の欠乏の問題から、建物の規模は縮小していき、結局は、メインの建物の平面は長方形になる。収容スペースはメインの建物の両側に移されることになった。予算や規模が縮小したことから、直線と曲線をうまく組み合わせるなど、最小限の手間でデザイン上様々な工夫をしている点は、一九二〇年代後半のモダニズムによる住宅建設の先駆けとみることができる。

キオスクと未完の計画

マクデブルクにおいてタウトが実現できたことといえば、駅前などの路上にいくつか設けたキオスク程度である。キオスクは、斜めの線も入れた独特の形状をしており、表現主義的傾向を反映したものといえる。

　実現しなかった計画としては、いくつかの墓地、第一次世界大戦の戦没者記念碑、ブライト通り末端のカイザー・ヴィルヘルム広場の事務所・商業用の建物、解体された城塞の跡地利用、ホテル「ケルン市」といった計画の図面が、『燭光』に公表されたり、史料として残っている。散発的であるが、先にふれた都市計画案とともに、マクデブルクの都市計画を進めようというものである。たとえば、多くの建物に彩色が施されたブライト通りの末端に、独特の形状をした事務所・商業用の建物のファサードを設けて市の中心としての性格を強調しようというものである。

ホテル「ケルン市」

　当然クライル以外にもタウトの作業の協力者は存在した。ヨハネス・ゲーデリッツ（一八八八～一九七八年）は一九〇八年にギムナジウムを修了したが、シャルロッテンブルク工科大学で建築を学んだ。このときにタウトと知り合った。第一次世界大戦の軍役ののちベルリンにいたが、タウトが、建築顧問官に任命されると、マクデブルクに呼んだのであった。彼は、一九二三年にはマクデブルクの建築行政の責任者となり、一九二四年にタウトの辞職後は彼の後任となったが、一九三三年にナチスが政権をとると解任された。

他にも、一一月グループ、芸術労働評議会、ガラスの鎖などを通じてタウトとすでに関わりのあったパウル・ゴシュやオスカー・フィッシャー、ベルリンにおいてマルティーン・ヴァーグナー設計のジードルング・リンデンホーフの一部に独身者用集合住宅を設計したさいに、すでに一緒に仕事をしていたフランツ・ムッツェンバッハー以外にも、タウトの協力者にはマクデブルク在住の人もいた。

3　ベルリン復帰へ

『新しい住居』

タウトは、一九二四年四月一日にベルリンに戻るまで約三年間数多くの文章をしたためている。一九二一年まで刊行された『燭光』のほか、当時のタウトの重要な文章は、『新しい住居——作り手としての女性』（一九二四年）であろう。

この本は、住宅内の動線、とくに家事をするさいの動線を検討して、部屋や家具の配置を実践的に考えようとしている。家事を重要視しているところから、副題「作り手としての女性」がつけられている。本書はほかにも建物や内装の色彩について論じられており、その後のタウトのジードルング建設の基本的な構想が語られていると評価できる。

家事のための合理的な配置といえば、一九二〇年代はそうした傾向が進められた時代である。有名なのは、フランクフルト・アム・マインのジードルングで導入されたフランクフルト式厨房であろう。この都市では、当時ベルリンと同様新しい傾向によるジードルング建設が、建築家エルンスト・マイによって行われた。

フランクフルト生まれのこの建築家は、ロンドンやミュンヘン工科大学で建築を学んだ後、イギリスで田園都市建設を進めていたアンウィンのもとで働き、第一次世界大戦後ブレスラウで都市計画や住宅建設に従事した。そののち、一九二五年にフランクフルトに戻り、都市建築顧問官として、タウトと同様モダニズム建築によるジードルング建設に従事していた。

マイの設計したジードルングに導入されたのが、フランクフルト式厨房である。一九二六年にオーストリアの建築家マルガレーテ・シュッテ＝リホツキー（一八九七～二〇〇〇年）が作り出したもので、台所にあるオーブン、流し台、収納棚などを、動線を考えながら合理的に配置し、収納についても調味料などを体系的に片付けられるようにしている。

都市建築顧問官退職

『新しい住居』の刊行と相前後して、タウトは、三年近い空虚な日々に終止符を打ち、ベルリンに戻ることになる。一九二四年一月二六日に退職を申し出たのち、四月一日のことであった。建築家としてタウトはこの時期、他に新聞社シカゴ・トリビューン社の本社の社屋のためのコンペ（一九二二年）に参加している。二六〇件の応募のあったこのコンペには、タウトは、グロピウス、マックスなどとともに応募したが、ペンシル型、あるいはロケット型ともいうべき高層建築の設計は採用されなかった。

タウトがマクデブルクで無為な時間を過ごしている間、弟マックスは、建築家の仕事を着実に再開することができた。

第一次世界大戦後のマックスの作品として重要なのは、ベルリン西部郊外のアイヒカンプである。すでにマックスやホフマン、ヘートヴィッヒの住居として紹介したジードルングである。これは住宅建築団体メルキッシェ・ハイムシュテッテの依頼で、マックスが一万人の労働者や職員に住居を与えるジードルングとして設計したが、その規模では実現しなかった。とはいえ、マックスによる最初の部分を中核にし、GEHAG（公益的住宅・貯蓄・建築株式会社〔Gemeinnützige Heimstätten-, Spar- und Bau-Aktiengesellschaft〕）などほかの住宅建築団体が関与し、またマックスの他、ブルーノ、ホフマン、ヴァーグナーといったなじみのある建築家が関与してこのジードルングは拡張していく。二戸一が中心の静かな住宅地であったが、ベルリン市内からさほど遠くないSバーンの駅アイヒカンプのすぐそばにあるという地の利があった。そのため、このジードルングの住民の中には小説家、女優、俳優などといった職についている人もよくみかけることになる。他に、マックスのこの時期の住宅設計で重要なのは、バルト海に面した保養地ヒッデンゼーの四軒の夏の家の設計であろう。

表現主義的傾向が表れた作品も手掛けている。一九二〇年に設計し、翌年完成したもので、ベルリン南西部郊外にあるシュターズドルフの墓地に埋葬されたアウグスト・ヴィッシンガーの墓石である。通常の墓石とは形態が異なり、コンクリートを用いて、たぶん木をイメージしただろう、枝分かれする支柱を組み合わせた形態をしている。のちの仕事との関連で重要なのは、ベルリンのミッテ地区に建てられた全ドイツ労働組合連合の事務所（一九二四年）であろう。鉄筋コンクリート製で、壁面が格子状になっている特徴的な外見をもった。これをきっかけに、その後こうした労働組合や協同組合関連の建築や学校建築を依頼されるようになった。

ホフマンもまた、一九二二年に、当時ベルリンで活動していた建築家、ルックハルト兄弟と協力して、ベルリンの邸宅住宅地のヴェストエントに工場主オイゲーン・ブッフタールのための住宅を設計している。ホフマンは、一九二一年にまたルックハルト兄弟との共同作業でベルリンのフリードリヒ通りのオフィスビルのコンペに参加している。

タウトが、一九二四年に建築家としての活動をスムーズに再開できた背景には、事務所としてのタウト・ホフマン建築事務所の活動が戦後順調に発展していたことがあげられる。

第四章　モダニズム建築家としてのタウト

1　建築家としての活動の再開

積極的な住宅建設の背景

一九二四年にベルリンに戻ったタウトは、様々な規模のジードルングをベルリン市内だけで三十数カ所建設し、一万世帯以上の人々に住居を提供した。彼は他にもベルリン市内ではドイツ交通連盟の社屋を、マックスとホフマンとともに設計し、若干の学校建築も手掛ける。縁の深いマクデブルクでは、第一次世界大戦前に着手したレフォルムを拡大している。一九二〇年代の半ば頃は、新たな住宅建設を活発にできる条件が整っていた。

まず、一九二四年にドイツ全体で導入された家賃税があげられる。これは、一九一四年七月一日の家賃を基準にそれよりも家賃を引き上げた場合、上昇分に課税するという制度である。そこからの税収は、公益的な性格をもつ住宅建設組織への融資に回されることになった。インフレが急速に進んださいに賃借人の保護を目的に導入された税である。ところが、家賃の上昇を止めることはできず、家賃税からの税収が住宅建設市場に投入されることになった。

次に、ヴァイマル共和国ではベルリン市議会の二二五議席のうち、半数前後を社会民主党、独立社会民主党、そして共産党などの左派政党が占めていた。タウトが本格的にジードルング建設に乗り出した一九二五年では、社会民主党が七五議席および共産党が四三議席で合計一一八議席と過半数を超えている。それを背景にドイツ社会民主党所属のマルティーン・ヴァーグナーが、一九二六年以降ベルリン市の都市計画の責任者として住宅建設を進めた。当時のヨーロッパでは左翼政党が自治体レベルで影響力をもちえた状況は広く見られた現象といえる。

第三に、一九二〇年にベルリンは周辺の市町村を併合して、「大ベルリン」を形成する。面積は一三倍になり、人口は二〇〇万人から三八七万人とほぼ倍増する。これにより、より広い都市空間を前提とした住宅政策が可能となる。世界文化遺産の中でも集合住宅だけからなるシラーパルクやカール・レギーンは、比較的建築物が集中している旧ベルリンの領域に建てられた。他方、馬蹄形ジードルングなど二〇〇〇世帯規模の大ジードルングや数百世帯規模のジードルングは、一九二〇年にベルリンに併合された地域に建てられたものである。

最後に、一九二〇年代半ばになると、新しい傾向の建築家の活動が顕著になってきたことがあげられる。たとえば、一九一九年に、芸術の総合的教育を目指すバウハウスが、ヴァイマルに設立される。一九二五年にデッサウ、一九三二年にベルリンと、一九三三年にナチスの台頭を背景に解散するまで本拠地はかわり、その間校長は初代のグロピウス、第二代マイヤー（一八八九〜一九五四年）、そして第三代にして最後のミース・ファン・デル・ローエとかわった。全員建築家である。バウハウス自体、決して建築に限定された動きではないが、建築の面ではモダニズム建築を定着させるのに重要な役割を果たしている。そうした建物も「ヴァイマル、デッサウ及びベルナウのバウハウスとその関連遺産群」として一九九六年に世界文化遺産に登録されている。

とくにデッサウ時代は顕著なモダニズム建築の試みがなされている。直線的なデザインのバウハウス本部や教師の家（親方の家）は、最初から世界文化遺産に登録されている。

タウトの建設したジードルングを語る上で落とせない建物が、すでにバウハウスのヴァイマル時代に建てられている。一九二三年に建てられた実験住宅であるハウス・アム・ホルンである。装飾を排した真四角の平面に、屋根も陸屋根（平らな屋根）であり、完全に直線的なデザインとなっている。

目をベルリンに転じると、世界文化遺産の「ベルリンのモダニズム集合住宅群」に、他の建築家の作品も名を連ねていることからわかるように、新しい傾向の建築家は群雄割拠であった。この世界文化遺産六カ所のうちでタウトが関わっていない二カ所は、ヴァイセシュタットとジーメンスシュタットである。ヴァイセシュタットもジーメンスシュタットも、総監督はマルティーン・ヴァーグナーである。

建築家の群雄割拠

ヴァイセシュタットは、一九二八年から三一年にかけて、オットー・ルードルフ・ザルフィスベルク（一八八二〜一九四〇年）が中心となって設計した、ベルリン北部に位置するジードルングである。ザルフィスベルクは、スイス出身の建築家であったが、ベルリンを中心に活躍していた。他に、このジードルングには、ブルーノ・アーレンツ（一八七八〜一九四八年）とヴィルヘルム・ビューニンク（一八七八〜一九五八年）といった建築家が関わっている。

ジーメンスシュタットは、ベルリン西部、シュパンダウにある電機会社ジーメンス社の工場群の近くに一九二九年から三一年にかけて建てられた一三七〇世帯が居住できる大規模なジードルングである。このジードルングでは、ハンス・シャロウンが全体の配置を設計している。シャロウンは一八九三年生まれとタウトよりも一〇歳以上若い世代だが、往復書簡集の『ガラスの鎖』にも参加し、のちにまたふれることになるが一九二七年に建てられたヴァイセンホーフ・ジードルングにも関与するなど、当時の新しい建築上の流れの中で活動していた建築家といえる。第二次世界大戦中はドイツにとどまっていたが、戦後に活動を再開し、代表作としては西ベルリンの「壁」の近くに建てられた二つの建物、ベルリン・フィルハーモニーのコンサートホールとベルリン州立図書館をあげることができる。他にも、グロピウスや、有機的建築を提唱しシャロウンにも影響をあたえたフーゴ・ヘリンク（一八八二〜五八年）など七名の建築家がジーメンスシュタットの設計に関与している。

2　ダーレヴィッツの自宅

タウトは、一九二六年には緑豊かな郊外のダーレヴィッツに戦後購入した家の近くに自宅を建設している。今なら、ベルリン中心部の事務所のあるポツダム広場まで電車だと三〇分強で到着する。ダーレヴィッツで一緒に住んだのは、エリカである。ヘトヴィッヒは、一九二八年のベルリンの住所録によれば、ツェーレンドルフに住むようになっていた。

さて、新しいタウトの自宅は、彼がマクデブルクで執筆した『新しい住居』を念頭において、設計された。この自宅についてタウトは、『一住宅』を一九二七年に書いている。それによりつつ、この建物について説明しておこう。

『一住宅』

建物の外観であるが、円を四分の一に切った形状をし、東の道路に面した方が円になっており、庭の方に直線の二辺が向いている。道路に面した正面は黒に塗られ、緑豊かな環境の中でも目立たないようになっている。玄関の上の部分には細かい曇りガラスを組み合わせた部分が、ほぼ屋根の方まで設けられている。このガラスの部分の中はちょうど階段室である。

正面とは対照的に庭の方は白く塗られているが、逆に緑の中でその存在を際立たせている。とりわけ、直線の二辺が直角に交差した部分の二階にベランダが設けられているが、ちょうど船首のような形となっている。屋根は陸屋根でまさに定規とコンパスで書かれたデザインの外観は、色彩の点では

ダーレヴィッツの自宅（庭側）

ダーレヴィッツの自宅（正面）

タウトの建物の中でも地味な方である。
一階が生活の場で、玄関を入って左手にトイレがあり、右側が台所である。正面に進んだところに居間がある。居間は、庭に出るドアがあり、その面も含めると変則的な六角形をしている。玄関から左手の方に部屋がもう一つある。逆の右側が家事のスペースである。台所と並んで母屋の部分に流し場もあるが、それに続いて付属の構造物があり、そこに洗濯室、コークス貯蔵室、物置、ガレージが設けられており、生活に直接関わってこない部分がうまくまとめられている。これは、家事の導線をここにまとめて合理的に配置したものといえ、『新しい住居』で語られた原則が実践されている。台所から食事をとるであろう居間へもまっすぐ行けるようになっている。
二階が主に寝室で南から仕事場を兼ねたタウトのもの、真ん中に小さめの子供用、そして北側にもう一室ある。寝室それぞれからベランダに出ることができる。二階には他に、ちょうどトイレの上に浴室、そして反対の北側にはもう一つ小さい寝室がある。

こうした室内に施された色彩についてみていこう。居間からみると、壁はベージュ系の落ち着いた色となっているが、天井は鮮やかな赤となっている。暖房器具は、赤と青で塗り分けられている。床

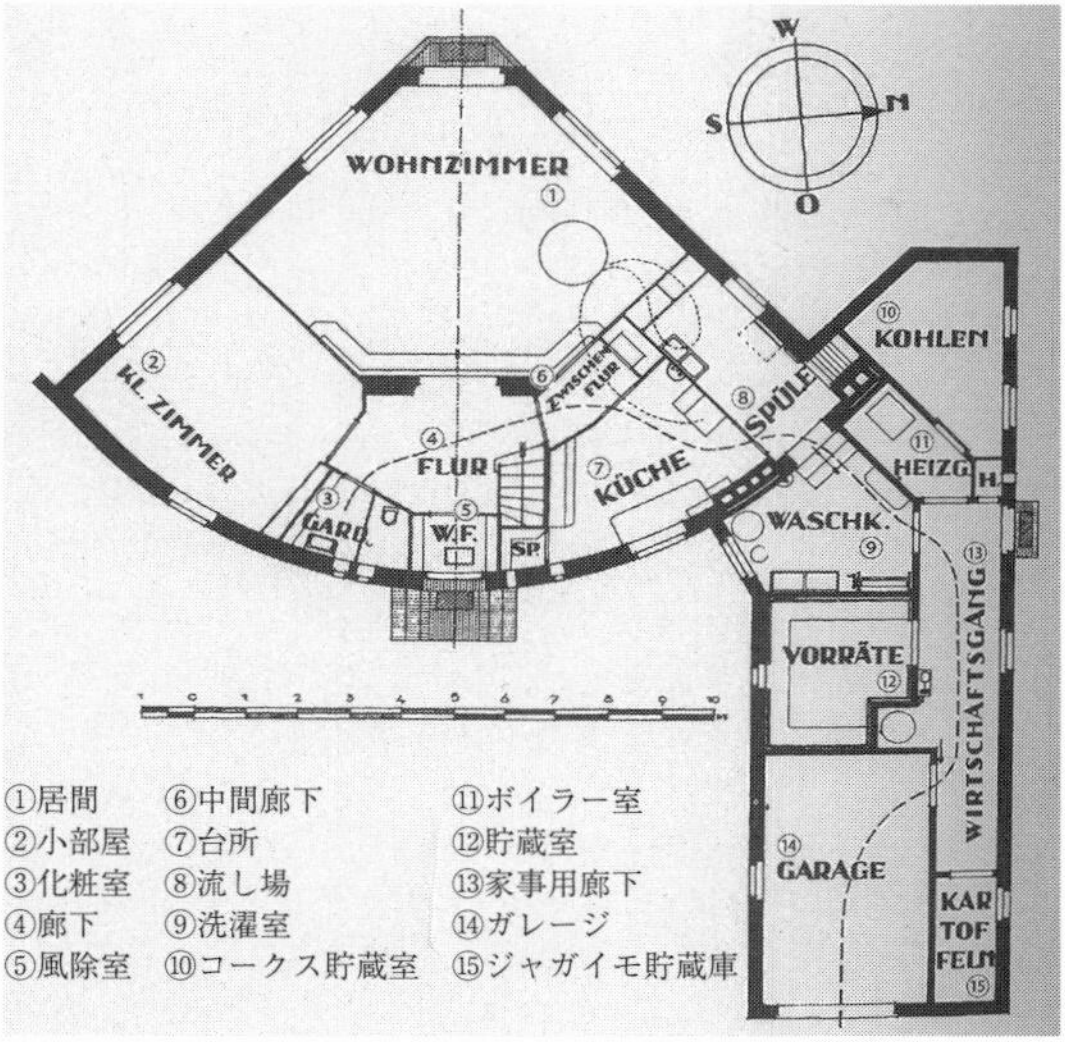

ダーレヴィッツの自宅平面図（1階）

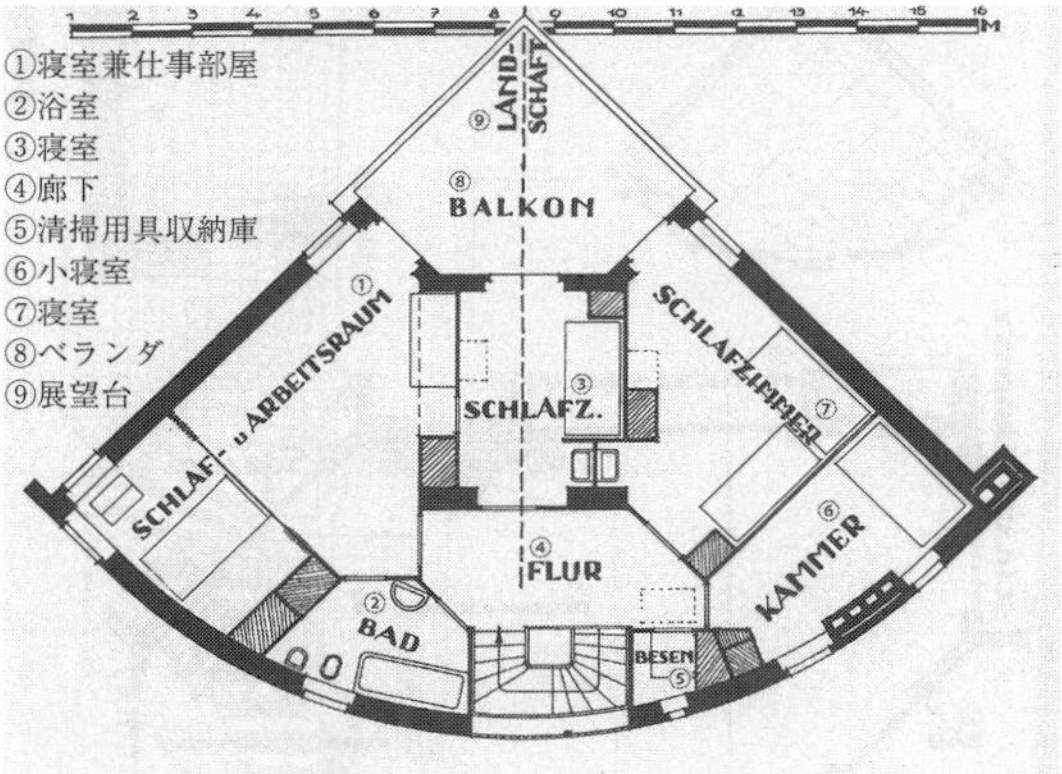

ダーレヴィッツの自宅平面図（2階）

は青や灰青で塗り分けられている。居間の隣には、本棚が置かれた小さな部屋があるが、それは青を基調に塗られている。集中したい調べ物の場は、寒色系でまとめたということであろう。タウトが使ったであろう二階の仕事場兼寝室は、南側の壁面が赤、ベッドの置かれた東側の壁は白、北側は青で塗られている。暖房器具は黄色で塗られている。仕事机の置かれているちょっとした引っ込みの箇所も、同じ黄色である。

代表的な例のみをとりあげたが、『一住宅』では住宅内の彩色については、色票を利用して彩色について建物の細かい部分に至るまで事細かに説明が行われている。タウトの説明だと、光のあまり当たらない箇所にはっきりした色彩が使われており、決して単に派手にしようとしたのではないという。

タウトのジードルング

この自宅を根城にしつつ、タウトは数多くの住宅を設計していくことになるが、彼の全盛期といえる時期は、ベルリンに戻ってきた一九二四年から世界恐慌の発生する一九二九年頃までで、ほぼ五年程度である。その間、ベルリンとマクデブルクに一万世帯以上の住宅を建設する。タウトは一九二四年設立のＧＥＨＡＧの主任設計者として主に活動した。この住宅建設団体は、社会民主党と密接な関わりがあった。タウトのジードルングは、ベルリンの都市空間の中で北西、北東、南東、そして南部に比較的集中している。これは、一九世紀以来ヴァイマル期に至るまでベルリンでは北から東、そして南にかけての地域が労働者の住宅地として開発された状況が反映している。これらの住宅の多くでは自然を取り込んで庭が設けられ、造園家レーベレヒト・ミッゲ（一八八一～一九三五年）が担当している。ミッゲは、ダンチィヒ出身で、広い社会層のための緑地の整備を志向し、都市内の公園設計に取り組んだ。タウトやフランクフルトのマイといった、同じような方向性をもつヴァイマル共和国の建築家によるジードルングの庭園の設計にも関与した。

タウトがベルリンで設計したジードルングは、四つのタイプに分けられる。郊外に設けられた一戸建てに近い形態の住戸からなる小規模なジードルング、比較的街の中心に近い、すでに建物が建て込んでいる地域の空いた土地に建てられた集合住宅、郊外の複数の集合住宅からなる大規模なジードルング、そして集合住宅と連接住宅を組み合わせた大規模なジードルングである。

3　小規模なジードルング

アイヒヴァルデ

タウトがベルリンに復帰してまず手掛けたのが、最初のタイプのジードルングである。こうしたジードルングの最初の例が、タウトがまだマクデブルクで都市建築顧問官であった一九二三年から建設された、ベルリン南東部郊外のアイヒヴァルデにあった小さなジードルングである。これは、ドイツ交通連盟の出版部門である「クリーア」の職員の住宅として一九二三年から二六年にかけて建設された。

一九二三年に建設されたのは、主に二戸一からなる一六世帯が居住できる住宅地である。このジードルングは、湖にも近い田園的地域の袋小路沿いに建てられた。二戸一の設計は、四角い平面の一階に、二階は屋根裏となる。ファルケンベルクでは形だけに近い窓が、屋根から突き出した感じで設け

トレビーンのフライエ・ショレ

られたのに対して、アイヒヴァルデでは二つの窓とそれをつなぐ部分も屋根から張り出している。二階には、戦前のタウトの設計よりも余裕をもった空間ができあがっている。その後のタウトのジードルングの二戸一の設計のプロトタイプがここに生まれた。各戸には、菜園と家畜を飼育する小屋が設けられている。このジードルングでは、一九二六年に新しい建物が建てられるが、それは二階建ての集合住宅であった。大きなベランダが設けられている点など、その頃ベルリン市内でタウトが盛んに設計したような集合住宅と同様のものである。

トレビーン

　こうした郊外に一戸建てに近い小ジードルングを建設した二つ目の例が、ベルリン南郊トレビーンのフライエ・ショレのジードルングであるが、これはまたタウトと彼が主任建築家となったGEHAGの最初の共同作業でもある。フライエ・ショレというのは、トレビーンで設立された建築協同組合の名称であるが、こうした狭い地域に根差した、つまり小規模な建築協同組合が、GEHAGに建築施工をゆだねて協力関係を築いていく動きもここから始まる。

タウトはこうした一戸建てに近い形態の小ジードルングを他にいくつか、ベルリンの中心からかなり離れた郊外に設計している。ベルリン東部のマールスドルフやホーエンシェーンハウゼン、南東部のヨハニスタールにそれぞれ独特のジードルングを設計している。

アイヒカンプ

一戸建てに近いジードルングでとりあげておくべきは、ベルリン西郊のアイヒカンプである。すでにふれたように、このジードルングは、弟のマックス・タウトの設計によって第一次世界大戦後に建設が進められたものであり、事務所の共同経営者であるマックスやフランツ・ホフマンも住居を構えていた。もともと一万人の住民のために一七〇〇戸の住宅を建設しようというものであった。当時ベルリンで活動していた様々な公益的住宅建設会社も関与しつつ、建設の進んでいたこのジードルングの西北の一角、Sバーンのアイヒカンプ駅に比較的近いところにタウトは、一九二五年から二七年にかけてGEHAGのために四二世帯分の住宅を設計した。同時に、弟のマックスも、隣接した空間に一戸建ての住宅地を設計しており、別々に設計したとはいえ兄弟の共同作業といえた。

ブルーノ・タウトは、比較的大きめの二戸一（一〇〇・一八平方メートル）、中くらいのもの（八二・一〇平方メートル）、そして小規模なもの（六〇・三九平方メートル）の三種類の二戸一を設計している。この道路のタウト担当部分の終点（＝マックス担当部分の起点）には、小さめだが、広場が設けられており、都市計画上の景観の工夫が施されている。

こうした一戸建てに近いジードルングの設計は、ベルリンに戻ってきてから最初の二、三年だけであった。ヴァイマル期のタウトの特徴がよく表れているのが、もともとのベルリンの都市空間内あるいはすぐそばに建てられたようなジードルングといえる。二番目のタイプからは、そうしたジードルングである。

4　街の中心に近い集合住宅

ノイ・ケルン

第二のタイプが、比較的街の中心に近い、すでに建物が飽和状態に近い地域に建てられた、おおむね一つの建物による集合住宅である。これは、ベルリン南東部に位置する帝政以来賃貸兵舎が立ち並んだノイ・ケルンにとくにみられる。その早い例が、ヴァイガントウーファーに建てられた集合住宅で、一九二五年から二六年にかけて完成した。

ノイ・ケルンでは、他にもライネ通りの集合住宅が印象深い。二〇世紀に入った時点で建設されたシラープロメナーデという目抜き通りを中核とした、裕福な市民層向けの地域にある未建築の領域に一九二五年から二八年にかけて建てられた。これは、五階建ての集合住宅で、一九一世帯収容できる。一九二三年開港のテンペルホーフ空港のすぐそばの四角のブロックに設けられ、一九二五年制定の建築条例に従って、住居用の建物は道路に面した部分にだけ設けられている。完全にぐるっと囲っているわけではなく、対角線上の北西と南東の角は空いており、建物に囲まれた庭の部分が半分開放的な感じになっている。ブロックの南西の角の部分は、他の部分よりも二、三階分高くなっており、周辺に対してランドマークとしての役割を割り当てられていた。この塔のような部分は、戦争で破壊され、戦後も再建されなかった。建物には原色系の彩色は施されなかったが、窓の周りやベランダ周辺には黄色いクリンカーレンガが使われ、白く塗られた壁と黄色で調和的な落ち着いた雰囲気が醸し出されている。

ライネ通り

このジードルングからとくにうかがえる特徴として次の二点をあげておこう。

まず、建物の各入り口から上に上がる階段室に上から下まで窓ガラスを配置している。階段をはさんで各階二戸配置される。これは当時のモダニズムの建築家でも試みられる工夫だが、これ以降の集合住宅でタウトが一貫してこだわった部分といえる。内部では一つの階段室を一〇世帯が共有することになるが、共有される空間の透明性をガラス窓で保証しようとした。

次に、ライネ通りの集合住宅では、階段室を囲む部分ごとにずらして、家並み線に大きな変化をつけて成功している。状況に応じて、建物をずらす、斜めにする、曲線をつけるといった工夫は一九二〇年代後半のタウトの建築によくみられる特徴である。

シェーンランク通り

空いている土地に建てられた集合住宅としてもっとも特徴的なのが一九二六年から翌年にかけて建てられたシェーランク通りの集合住宅であろう。これは、ベルリンの北東部、帝政以来賃貸兵舎が立ち並ぶプレンツラウアーベルクの南東の一角に建てられた集合住宅である。近所には大きな公園もある。

そこにＧＥＨＡＧが集合住宅を建築したさいに、タウトが設計したのである。このブロックの北西の角には、一九一一年に竣工した福音派の教会が建ち、その隣に集合住宅が並び、四角のブロックの一辺が完全に抑えられた形になっていた。そこで、タウトがとったのが、集合住宅をＨの字型に配置することであった。

タウトは、別の建物で抑えられている一辺と対になる建物を、道路沿いではなく、敷地の中ほどに移して、コの字型の大きな前庭を造って、そこを住民の共同性の象徴的な場とした。その前庭は道路から階段を一階分降りたところにあるが、真ん中は半円形の広場となっている。広場から放射状に建物の五カ所の入り口に通路が通じている。

デザイン的にこの集合住宅で特徴的なのは、Ｈの二本の縦の棒にあたる構造物の道路側の外壁であろう。壁面全体は、全体的に白く塗られたところに屋根裏にあたる部分は青く塗られたり、窓枠に黄色や青や赤で彩色が施されている点で、他のタウトの集合住宅の特徴がここにも表れている。とくに目に付くのは、Ｈの横棒とつながっている部分の外壁である（口絵3頁）。中心に少し奥まった形で、住宅の共同性の象徴の役割がわりあてられる階段室が設けられる。階段室の両側の外壁は斜めになっており、その両側のベランダの端は丸く処理されている。直線、斜線、円と定規とコンパスを使ってできる範囲で最大限の工夫をしているといえる。彩色も、階段室の部分は赤、斜めになっている部分の外壁が青、そしてベランダが白で塗られ、これに加えベランダに出るドアの枠も黄色になっている。Hの二つの縦棒の両方とも同じデザインとなっている。ここにはタウトの外装デザインのアイディアが集約された工夫がうかがえる。

すでに存在した福音派の教会は、外壁がレンガ造りであるが、タウトもHの縦棒の両端の外壁にレンガを取り入れ、教会のレンガを意識している。

5　集合住宅による大規模ジードルング

第三の類型は、主に集合住宅からなる大規模なジードルングである。代表的なものとして世界文化遺産に登録されている二つのジードルングをとりあげよう。

シラーパルク

シラーパルクのジードルングは、一九二四年、タウトがベルリンでの活動を再開してかなり早い段階に、ベルリン貯蓄・建築協会によって依頼されたものである。一八九二年に設立されたこの組織は、一九一四年、ベルリン北西部の帝政以来の労働者地区であったヴェディンクに大戦前に設けられたシラーパルクという公園と隣接した土地で住宅地建設を計画した。この計画は第一次世界大戦の勃発で

シラーパルク

中止を余儀なくされたが、新たな計画がタウトに依頼されたものである。このジードルングは、三期にわたり一九三〇年まで建設された。

上から下まで設けられた窓ガラスを伴う階段室、奥行きのあるベランダ、陸屋根と屋根裏にあたる部分、などといったその後タウトが集合住宅建設に盛り込んでいくような要素がすでにシラーパルクの設計に表れている。シラーパルクにあって他のヴァイマル共和国時代のタウトの集合住宅にない特徴は、壁面が、塗装ではなくレンガが全面にわたって貼られたことであろう。タウトは、当時の新しい方向の住宅建設をリードしていたオランダの建築家の影響をうけており、オランダにおける集合住宅建設ではレンガが多用されていた。

レンガはその作業の特性から、壁面の縦と横の線のうち、どちらかといえば、横の線のほうが目に付きやすいとタウトは考えたのであろう。設計上、外観の縦の線が比較的強調されている。たとえば、ベランダの何カ所かで装飾以外意味のない縦の棒が建物の一番上から下まで二つ付けられたものがある。窓枠の脇の部分も白くするのが多用されているが、これも白い部分が縦に連なるので、縦を意識することになる。階段室も二階から上の部分は全部白く塗られた箇所があり、これも全体がレンガの壁面に縦方向に白い帯をつけた形になっている。

タウトによるジードルングの設計ではこうした縦の線と横の線はデザインの上で意識されていく。当時のタウトの建物正面に関するデザインは、こうした縦と横の線を基本として、そこに円や斜線を入れて変化をつけて表現したものといえる。

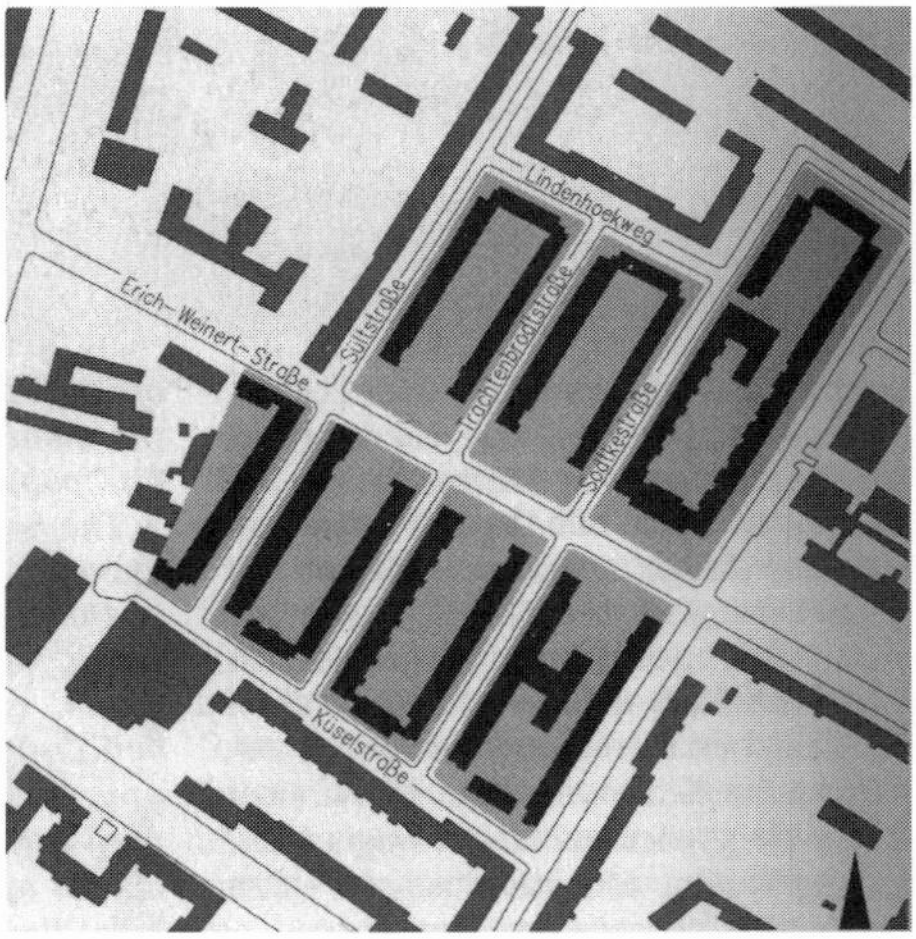

カール・レギーンの見取り図
（灰色の背景が敷地，黒い部分が建物）

カール・レギーン

集合住宅によるジードルングの完成形はカール・レギーンであろう。これは、ベルリンの北部の賃貸兵舎の地区、プレンツラウアーベルクの一角にGEHAGによって一九二八年から三〇年にかけて建てられた集合住宅だけからなるジードルングである。設計に協力したのは、フランツ・ヒリンガー（一八九五～一九七三年）というハンガリー出身のユダヤ人建築家であり、彼が一九二五年以来手掛けていた第一案がタウトの協力のもと完成された。「カール・レギーン」というのは、一八六一年に生まれたドイツの労働組合運動員で

カール・レギーン（道路側）

カール・レギーン（庭側）

社会民主党員であった政治家にちなんでつけられた名称である。彼は、帝国議会議員も務めた。カール・レギーンというジードルングには、当初三期にわたる工期が予定されていたが、最初の二期だけが実現し、一一四五住居が設けられた。

このジードルングの一番の特徴は、それぞれのブロックの四辺のうち一辺に建物を建てず、コの字型に三辺だけに建物を建てる工夫であろう。このジードルングは、比較的縦長のこうしたブロック六つ半から構成されている。

タウトは他のジードルングでは、日照の関係からベランダを庭の方に向けたり、道路の方に向けたりしていたが、カール・レギーンでは、各住居の幅いっぱいのベランダは庭の方に向けられ、道路に面した側は、階段室、浴室、そして部屋の窓が並び、趣を異にする。道路側の壁面は、全体がクリーム色で塗られ、窓枠やドアも赤と黄、青と白といった組み合わせでそれぞれ塗装されている。それに対して、庭に向けられた壁面は、ベランダの周囲は白で、他の部分は庭ごとに赤、青、そして深緑で塗られている。居住空間としての軸は明らかにこちらの面に置かれている。

コの字型にしたことで生じる別の特徴的な部分は、中心を通る道路（現 エーリヒ・ヴァイネルト通り）に並ぶコの字の先端部分であろう。この通りの北側にブロックが三つ、南側に三つ半並んでいるので、北側に六つ、南側に七つ先端部分が並んでいる。先端部分のうち、二つの道路に面した外側の角の部分は、各階の窓が直角に組み合わされた形で配置されている。窓ガラスで透明感があるので、そこの部分がへこんだ雰囲気になる。それと対応した形で、庭に面したベランダが、中央の道路に向かって突き出した形になっている。独特の形状をとる先端部分が、道路の両側に並んだ光景は近未来都市の雰囲気を醸し出している。

カール・レギーンは、すでに開発の進んだ地域に建てられている。そのため、住宅需要はここでは、郊外のジードルングよりも大きかった。カール・レギーンでは、四階建てを中心とした設計であるが、部分的にその地域で許された五階建ての部分を適宜組み込んでブロックの一辺をあけた分を補っている。五階建てになっているのは、コの字の先端部分の階段室一つ分（一〇世帯分）であり、これも先端部分の独特のデザインを明確にする意図のもととられたのであろう。

フリードリヒ・エーベルト・ジードルング

こうしたもっぱら集合住宅からなる大規模ジードルングは、他にブュシュアレー、グレル通り、そしてフリードリヒ・エーベルト・ジードルングがありそれぞれ独特の特徴を有している。

このうちヴァイマル共和国初代大統領にちなんで名付けられたフリードリヒ・エーベルト・ジードルングは、タウトが手掛けたジードルングの最末期のものとなる。もともと帝政以来の賃貸兵舎地帯であるヴェディンクに、ヴァイマル期に建設されたレーベルク公園のそばに建てられたジードルングの南側の部分五一六戸をタウトが担当した。このジードルングは、建物を、道路沿いではなく、道路に対して横に向けて並べる帯状建築様式によって建てられた。

6　馬蹄形ジードルング

タウトのヴァイマル期における建築家としての特徴がいかんなく発揮されたのは、集合住宅と一戸建てに近い住宅を組み合わせた形のジードルングであろう。これが、四番目の類型である。代表例として、馬蹄形ジードルングと森のジードルングをとりあげたい。

馬蹄形の集合住宅

馬蹄形ジードルングは、ベルリン南郊ブリッツと呼ばれた地域に建てられた。帝政以来ベルリンの南の方は、労働者用の賃貸兵舎が立ち並んだ地域であった。ヴァイマル期も基本的にそうした社会層のための住宅が建設されていった。そこに一九二五年から三〇年にかけて五期にわたって、一九六三住居がGEHAGによって建設された。そのうち一五五六が集合住宅であり、一戸建てに近い形式の住居は四〇七であった。このジードルングの一番の特徴は、中心にある馬のひづめの形をした集合住宅である。涙状の池を囲んで延長三五〇メートルの三階建ての集合住宅がつくられた。このジードルングは、馬蹄形の構造物を軸に展開する。とくに最初の二期は、マルティーン・ヴァーグナーも協力

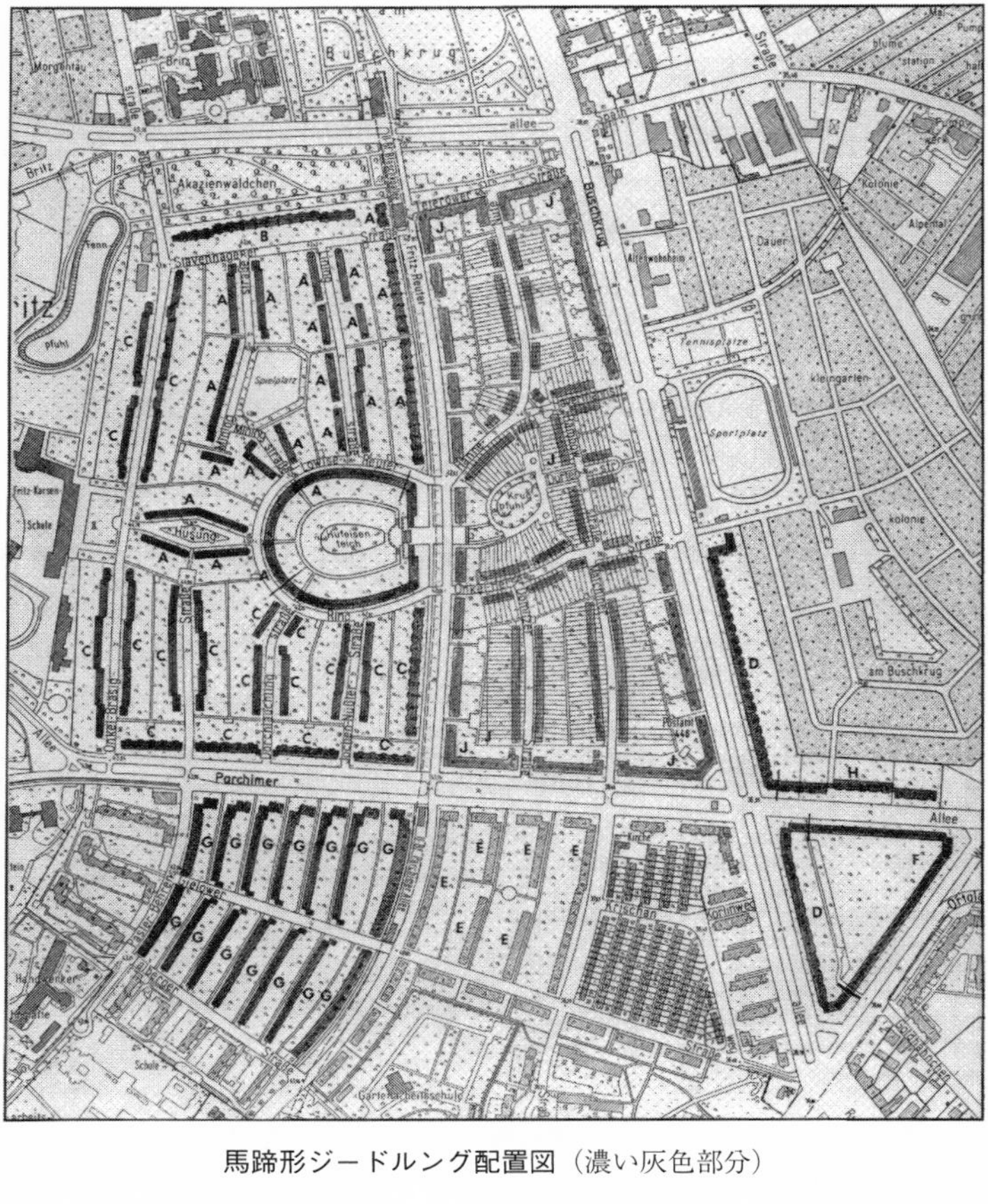

馬蹄形ジードルング配置図（濃い灰色部分）

して住宅地の配置が定められているが、馬蹄形に隣接する地域においても住宅建設が行われている。ヴァーグナーもタウトの設計した住宅の北隣に独特の曲線を組み込んだ集合住宅を設計している。

馬蹄形の中は、池を中心に緑地となることが想定されている。建物の形が馬蹄形であって、Dの形ではないので、この緑地のスペースは、馬蹄形の構造物の住民のみならず、他の住民や訪れたものすべてにオープンなものとなっている。馬蹄形の切れ目の両側は、外から池に向かって右側が管理のた

馬蹄形ジードルング・馬蹄部分

馬蹄形ジードルング「赤い前線」

めの部屋であり、左側はレストランである。

菱形のフーズンク

馬蹄形の丸い部分の頂点と隣り合わせで、菱形に配置された連接住宅が配置されている。これは、フーズンクと呼ばれる。丸い構造物と四角の構造物を組み合わせてジードルングの中心としたわけである。これを軸にして、連接住宅が左右に広がるようにして配置されている。似たような住宅がかなりの数並ぶことになるが、道路を曲げたり、建物をずらしたりして、単調さを避ける工夫をしている。この最初の二期に建てられた連接住宅は、切妻屋根に出窓を設けるなど戦前の田園都市的な住宅設計の名残がまだうかがえる。これが、馬蹄形ジードルングの最後の段階の一九三〇年に建てられた連接住宅になると、屋根も陸屋根になり、設計も全体的に直線的なデザインになっている。

「赤い前線」

馬蹄形ジードルングの中で特徴的な別の建物は、馬蹄形の建物の底の部分から横に広がる陸屋根の三階建ての集合住宅であろう。これは、建物に塗られた彩色から「赤い前線」と呼ばれるが、とくにイデオロギー的意味合いを込めたものではない。それよりも、ジードルングの端のところに「壁」を設けて、中の連接住宅地域の安寧な環境を守ろうとしたものといえる。壁をつくって中を守る形にするのは、次にとりあげる森のジードルングをはじめ、集合住宅と一戸建てに近い構造の建物を組み合わせたタウトのジードルングではほぼみられる。ヴァイマル期からナチス期にかけての他の建築家によるジードルングでも同様の形態をとっているものがある。

7　森のジードルング

ジードルングの集大成

集合住宅による壁が、都市社会の喧騒のみならず、より具体的な社会的対立から連接住宅地域を守ろうとしたのが、ベルリンの南西部に建てられた森のジードルングである。ベルリンの南西部は、比較的裕福な社会階層が住居を構えていたが、森のジードルングが建設された地域はツェーレンドルフといって、帝政以来邸宅が立ち並ぶ地域であった。

このジードルングだが、すぐそばにできた地下鉄の駅オンケル・トムス・ヒュッテから「オンケル・トム・ジードルング」とか「オンケル・トムス・ヒュッテ・ジードルング」とも呼ばれている。ここでは、ベルリン南西部の森林を切り開くことに抵抗があったために、できるだけ樹木を残してジードルングの設計をタウトが行ったことから、「森のジードルング」と表記することにしたい。

一九二六年から建築が開始されたこのジードルングは、モダニズム建築によるタウトのジードルング設計の集大成的なものとなっている。

建設過程

森のジードルングは、一九三一年までかけて五つの時期に分けて建設された。このジードルングには、一九二九年に地下鉄が東西に走ることになるが、その南の地域にまず二階建ての集合住宅と連接住宅が建てられた。最初の時期（第一期と第二期）には、世界文化遺産に登録されているジードルングの設計に従事している、オットー・ザルフィスベルクとフーゴ・ヘリンクも設

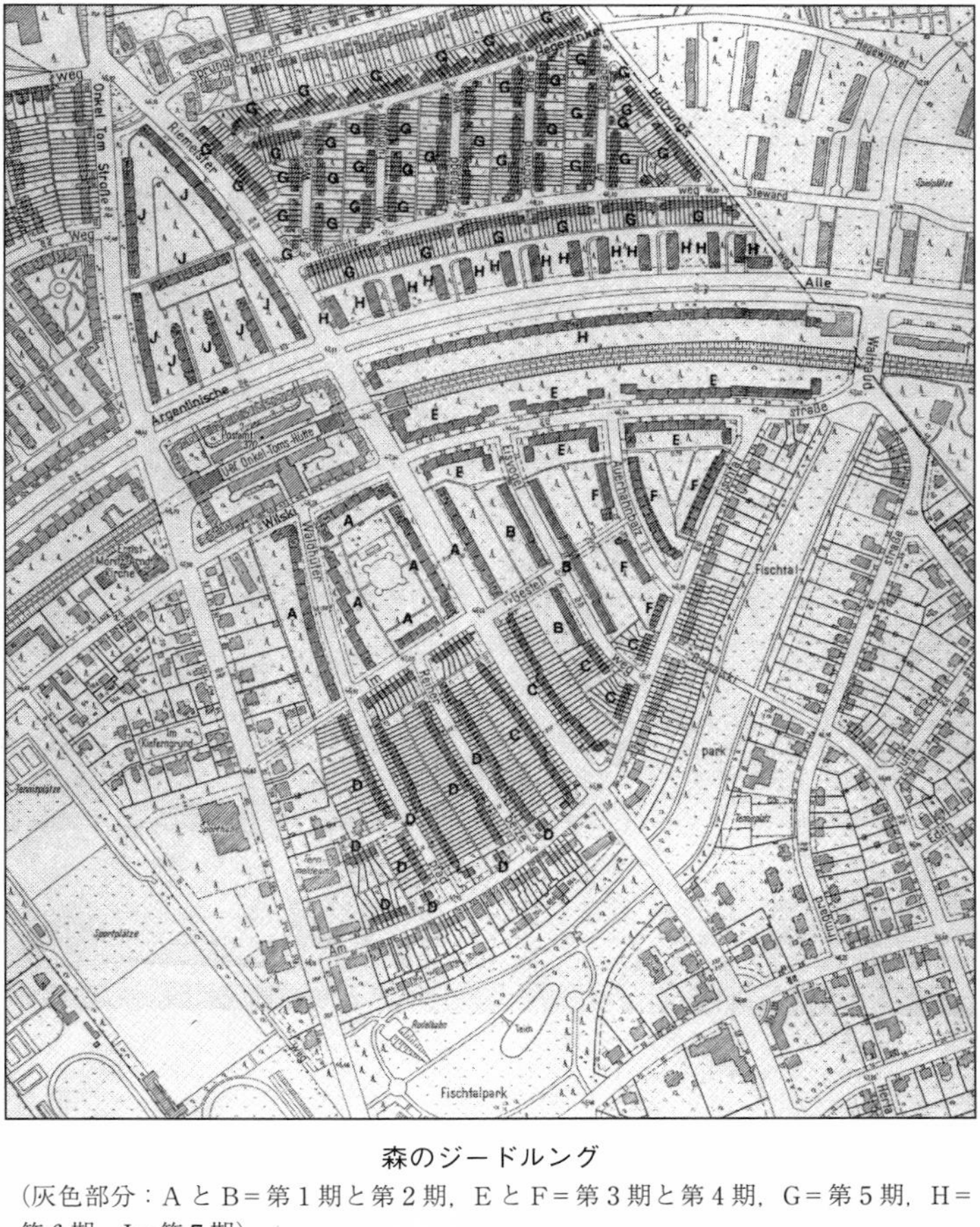

森のジードルング
（灰色部分：A と B＝第 1 期と第 2 期，E と F＝第 3 期と第 4 期，G＝第 5 期，H＝第 6 期，J＝第 7 期）

計に関わっている。第二の時期（第三期と第四期）以降はタウトだけがジードルングの設計に携わっている。第二の時期の設計は基本的に第一の時期のタウトの設計を踏襲している。

第三の時期（第五期）には、地下鉄開業の一九二九年から三〇年にかけて地下鉄の線路より北側の地域に四一八戸の連接住宅群が建設された。ここに建てられた住宅の設計は、のちに説明するように、設計の合理化が行われた。

森のジードルング（第１期・第２期）

森のジードルング（第５期）

同様の試みが、第四の時期（第六期）と第五の時期（第七期）の集合住宅にもうかがえる。最初の時期に建てられた集合住宅とほぼ同構造のものを、階数を二階から三階に増やしてより多くの人が住めるようにしてある。第六期は、線路の北側、第五期の地域との間に集合住宅が建てられている。線路と並行するアルゲンティナ大通りをはさんで南側に線路沿いに約五〇〇メートルの集合住宅が「壁」となって建てられ、北側にはそれと直角に短い集合住宅が建設されている。第七期は、第五期と第六期の西隣の三角形の地帯に集合住宅が建てられている。

第六期の五〇〇メートルの「壁」は明らかに地下鉄の線路から第五期の連接住宅群を守ろうとしたものといえるが、別の社会的要因に対しても「壁」を構築しようとしたものといえる。

嫌われたジードルング

森のジードルングは、建設当初から周辺のツェーレンドルフの行政や住民から抵抗感をいだかれていた。もともと裕福な階層の邸宅地の中に広範な大衆向けのジードルングが建てられたからである。実際、森のジードルングの東側に沿って、細長いフィシュタールの公園が、ジードルング建設とほぼ同時に整備された。その緑豊かな公園の向こうに立っているのが一戸建ての邸宅群であった。タウトは、最初の時期の建物を「二階建て」としてツェーレンドルフの建築行政に提出したが、陸屋根にするためになくなった屋根裏のかわりとして設けた一番上のスペースが「一階」と判断され、建物は「三階建て」とみなされ、設計の訂正を求められたのである。

屋根戦争

地域社会で「嫌われた」だけではなく、森のジードルングは、全ドイツ的な建築家の対立に巻き込まれることになる。「屋根戦争」である。森のジードルングの屋根は、ドイツの建築によくあるような切妻屋根ではなく、平らな屋根であった（陸屋根）。これは、建築費の節減や工事の合理化の観点から当時の新しい傾向でよくとられるようになった形式であった。ヴァイマル期のドイツにおいて屋根を平らにするという発想が注目を集めたのは、すでに紹介した、バウハウスによる実験住宅ハウス・アム・ホルンによってであった。

この建物のこの屋根がきっかけとなって、ドイツにおけるあるべき屋根について建築家を二分して戦争が始まった。どちらかといえば伝統的な傾向の建築家が、天候のよい地中海地域の平らな屋根とちがって、雪の降るドイツでは屋根に勾配をつけるのが必然であると主張した。新しい傾向の建築家たちは、次第に平らな屋根を取り入れるようになっていた。タウトも、一九二四年にベルリンで住宅建設を再開した頃はまだ勾配をつけた屋根を用いていたが、森のジードルングでは徹底的に平らな屋根で建てるようになっている。

両陣営の戦争は、当初は著作や雑誌の形で進む。平らな屋根側に立つ建築家が、建築雑誌『建築世界』に特集を組み、切妻屋根派が『陸屋根か切妻屋根か』という本を刊行し、それぞれ建築家たちにとったアンケートをそのまま掲載した形でお互いの主張の正当性と根強さを示そうとした。どちらの企画もあらかじめ決まった結論に沿って情報が提示されており、基本的に議論は平行線にとどまる。

ヴァイセンホーフ・ジードルング

そうしたところへ、一九二七年、シュトゥットガルト郊外の丘の上でドイツ工作連盟が開催した建築博覧会「住宅」において、ミース・ファン・デル・ローエの指揮のもと、彼も含めて一七人の建築家による二一軒の住宅が建てられた。平らな屋根で統一された、一戸建て、二戸一、連接住宅、そして集合住宅と様々な建築様式が試みられた、これらの建物は、ヴァイセンホーフ・ジードルングと呼ばれた。フランスのル・コルビュジエやオランダのアウトといった外国からの参加者に加え、ドイツからはグロピウス、タウト兄弟、シャロウンといった当時の新しい傾向の中で活動する建築家が参加した。

タウトはこのジードルングで彼には珍しい一戸建ての住宅を建設しているが、残念ながら現存しない。もともと彼は参加を予定していなかったが、弟のマックスの働きかけがあってこの企画に関わることになった。タウトは、ほぼ正方形の一階の上に小さな長方形の二階の部分を載せた形の住宅を設計している。六人家族が生活すると想定しているが、一階に居間、寝室、台所、食堂、風呂場など生活の場を集中させている。二階や地下室は収納スペースとして考えられていたのであろう。このタウト設計の住宅は、他の彼の住宅と同様、赤、青、そして黄色で彩色を施されている。オランダの建築家マルト・シュタム（一八九九～一九八六年）の三戸並べた形の連接住宅が鮮やかな青で塗られた以外は、他の住宅は、白や灰色、せいぜい薄い黄色一色で塗られている中で、タウトの建物は異彩を放っていたであろう。

このジードルングは、個々の建築家のオリジナリティある設計も相まって国際的に評判となり、屋根戦争の戦局は、平らな屋根を支持する建築家に有利に傾くことになった。もちろん、こうした事態に、切妻派も黙ってはいない。ヴァイセンホーフ・ジードルングは、丘の上の独立した住宅地として建てられたが、切妻派は、あえて平らな屋根と競争する形で自分たちの住宅地を建てることを選んだ。

フィシュタールのジードルング（左）と森のジードルング

切妻屋根派の住宅地が建てられたのが、森のジードルングとフィシュタールの公園の間の細長い土地であった。

フィシュタールのジードルング

ここに一七人の建築家によって三〇軒の集合住宅が設計された。シュトゥットガルトの博覧会に参加した建築家で、フィシュタールのジードルングと呼ばれたこの住宅群の設計にも参加したのは、ハンス・ペルツィヒただ一人であり、基本的に両方の博覧会は全く別の建築家のグループによって企画されたと考えて差し支えない。一九二八年九月一日から一〇月三一日までの二カ月間、「建築と住居の展覧会」と称して公開された。このジードルングに建てられた建物は、屋根が勾配四五度の切妻屋根であることが共通であるが、シュトゥットガルト同様、集合住宅、一戸建て、そして連接住宅と様々な住宅の形式がみられた。フィシュタールのジードルングの建築家の中心となったのは、ハインリヒ・テッセノウである。

テッセノウについては、タウトの田園都市ファルケンベルクにふれたときに名前を出したことがある（二四〜二五頁参照）。ファルケンベルクの住宅は、ほぼタウトの設計によるが、唯一ジードルングの入り口にあたる一戸建てがテッセノウによって設計されている。テッセノウの設計した建物は、四角の建物に屋根を載せた形になっており、色彩や微妙な設計上の工夫を施したタウトの建物とは少し趣が異なる。とはいえ、幅広い社会層に住宅を提供すべく、シンプルな設計であるという点では大きく変わらず、ジードルングの雰囲気に完全に調和している。タウトもこのジードルングではすべて切妻屋根で設計しており、その点でもテッセノウの住宅と変わらない。

テッセノウはその後、切妻屋根派の中心人物となり、タウトは次第に平らな屋根に移行し、屋根に関しては袂を分かつことになる。

テッセノウは、フィシュタールのジードルングに二軒の住宅を設計した他、またほぼ同時期にフィシュタールの公園をはさんで向かい側の邸宅地域に、四角い建物に切妻屋根を載せた自宅を設計している。

森のジードルングを建てたのは、GEHAGであり、すでに述べたように、この組織は政治的には社会民主党を背景とする。これに対して、フィシュタールのジードルングを建てたのは、GAGFAHという組織である。これは、一九一八年に設立された職員の住宅のための公益的株式会社 Gemeinnützige Aktien-Gesellschaft für Angestellten-Heimstätten の略称である。この組織もヴァイマル期ドイツにおいて改革住宅を、とくに職員層のために建設していった。この組織のもとを辿ると、職員層の労働組合である一八九三年に設立されたドイツ民族的商業補助者連合であるが、この団体はもともと民族主義的傾向が強かった。そうしたこともあって、GAGFAHは、政党が乱立していたヴァイマル共和国において中道から右派にかけての政党と関係をもっていたとされる。ヴァイマル共和国末期にはナチスもこの団体と関わるようになった。

屋根戦争は、念頭に置かれている社会層をはじめ、世界観や政治的立場の対立が反映したものといえる。森のジードルングは建設早々からヴァイマル共和国という、政治的な対立が顕著な時代のその政治的対立の中に放り込まれた。一九二〇年代後半になると、とりわけ共産党とナチスの対立は時に武力衝突に至るまでエスカレートし、ベルリン全体で不穏な雰囲気が漂っていた。

屋根戦争の決着

森のジードルングをめぐる屋根戦争自体は、平らな屋根派の勝利に終わる。フィシュタールのジードルングは、四角い建物の上に四五度の切妻屋根を載せただけの変化の乏しい建物が並んだ。デザインの点で評判をとったのは、シュトゥットガルトにも参加したペルツィヒの建物くらいであった。ペルツィヒのデザインは、切妻屋根と二階のベランダを巧妙に組み合わせたもので特徴的な外観をもっていた。

しかも、平らな屋根派と対抗すべく、全体的に建築費を抑えるということはそれほど考えておらず、購入するにしても賃貸するにしても、GAGFAHが念頭に置いている職員層の支払い能力を超えた購入価格や家賃を設定しなければならないものとなった。さらに、もともと森のジードルングが平らな屋根で一体的な住宅地を構成していたところへ、切妻屋根という別の要素を並べたので都市計画的な調和を乱したという批判もあった。

以上のような点から、当時の一般の新聞や建築新聞・雑誌の論調では屋根戦争は明らかに平らな屋根派の勝利に終わった。

森のジードルングの住民には隣に世界観や政治的な立場の相違を象徴するフィシュタールのジードルングが建っているという事態に変わりはなかった。切妻屋根の建物はいつ暴力を伴うような政治的対立を持ち込んでくるかわからない存在であった。そこで住民がとった手段が、森のジードルングのみならず、周辺も巻き込んだ形の祭りの開催であった。

住民による祭り

ファルケンベルクや馬蹄形ジードルングの祭りは、すでに有名であり、その後の祭りの手本となった。森のジードルング自体、建築当初は馬蹄形ジードルングと連絡を取り合っており、行列を中心にした祭りの在り方などを参照しながら運営したのであろう。フィシュタールの祭りといわれたこの祭りは、一九二九年から三二年にかけて毎年夏に開催されている。

フィシュタールの祭りでは、一九三〇年以降祭りのパンフレットが発行されている。一九三〇年のパンフレットにタウトは、「ジードルングにおける色彩」という小文を書いている。「鸚鵡《おうむ》ジードルング」とも評される森のジードルング住民に対する説明であるが、この文章には建物の色彩に関するタウトの考えが的確にまとめられている。「白」がドイツでは光が弱いために十分明るく見えないのに対して、温かさや深みをもたらすものとして、色彩がもつ光力が必要と主張する。建物の色彩は、道路の幅や建物の間隔を広く見えるようにしたり、狭く見えるようにしたりする効果がある。午前中の光は冷たい感じで、午後の光は暖かい感じである。それで、東側は緑で塗り、西側は赤褐色で塗るとバランスが取れるという。これは、ちょうど竣工した第五期の彩色に当てはまる説明である。

ダーレヴィッツの自宅の庭の（左から）フランツ・ホフマン，エリーザベト，クラリッサ，マックス

屋根戦争の設計への影響

森のジードルングをめぐる対立は、このジードルングに対するタウトの設計にも影響を与えた。もともと一九二〇年代後半でも時期を経るにつれ、タウトの設計の合理化、あるいは簡素化が進んだ。広範な大衆のための住宅建設が進んだため、財源や工期の関係からより効率的な設計が求められたのだろう。したがって、一概に屋根をめぐる社会的対立だけに帰せられるわけではないだろうが、全体的に設計が単純化している。フィシュタールのジードルング建設後に最初に建てられたのが、第五期の連接住宅群であるが、間口を四期までのものより一メートル減らし五メートルとし、また設計のパターンも限定し、費用の節減と作業効率の向上を図っている。

フィシュタールのジードルングの影響はこれにとどまらない。第六期は地下鉄線沿いに「壁」を構築するように建てられたことはすでに述べた。それは直接的には、地下鉄線路の騒音からであるが、対立の構図をもたらすフィシュタールのジードルングから連接住宅群を守ろうとしたものといえよう。

タウトは、一九二四年にベルリンに戻ってきてから、建築家として身辺多忙を極めていたであろう。

この間、ダーレヴィッツに建てた自宅についての『一住宅』をはじめ、独文の『新住宅』を一九二七年に、英文の『近代建築』、そしてそのドイツ語版である『ヨーロッパとアメリカの新建築技術』を一九二九年に出版している。

弟マックスは、一九二〇年代半ばから有名になっていた各種組合のための建築家としての活動を、全国鉱山労働組合管理棟（一九三〇年）やベルリンにある消費者協同組合のパン工場や店舗といった形で継続していた。学校建築もベルリンのケーペニックのドロテーン・リツェーウムを建て、住宅建設にも従事する。ライニケンドルフのジードルングのように集合住宅も建てており、他方ベルリン西部のルーレーベンに二戸一と四戸一からなるジードルングを建てている。

建築事務所の前途も洋々に見えたであろう。一九二九年八月九日には、事務所開設二〇周年のお祝いをしている。この頃、事務所は当初のリンク通りからポツダム通りに移っている。ホフマンの回想によれば、三七人の事務所のメンバーとその家族が、昼食は事務所に近いレストラン「バイエルンホーフ」でとり、それから自動車で南の田園地帯のメレン湖に行って、コーヒー、ゲーム、そして湖水浴を楽しんだ。夜は、ブルーノのところにいって軽食をとった。ブルーノとホフマンが新郎新婦に扮して芸をしたりしたようである。

第五章　モスクワ

1　モスクワのタウト

世界恐慌

二〇周年記念行事のすぐ後に、順調なようにみえたタウトの建築家としての活動に不穏な気配がうかがわれるようになる。一〇月二四日の「黒い木曜」に端を発する世界恐慌が事務所の実り豊かな日々の終わりの始まりをもたらした。

「終わり」とまで言い切れないのは、それまでに始まっていたいくつかのタウトのプロジェクトが世界恐慌後も継続していたからである。今まで紹介したものの中でも馬蹄形ジードルング、シラーパルク、カール・レギーン、ブュシュアレー、森のジードルング、マールスドルフなどが世界恐慌以降にも建てられた部分がある。マックスにしても、消費者協同組合の店舗などいくつかの建築を手掛けている。だが、結局、新規の依頼は来なくなる。

「終わり」とまで言えないもう一つの要因として、一九三〇年頃にタウトが社会的に認知されていることを示す出来事が二つ発生したことをあげよう。

まず、一九三〇年にベルリン西部にあったシャルロッテンブルク工科大学の特任教授となったことである。これは、傑出した学問的業績をあげた人物を、本来の仕事についたまま、教授として大学の教育に従事してもらうための称号である。現在はベルリン工科大学と呼ばれているこの大学においてタウトは、住宅建設・ジードルング制度に関するゼミナールを担当する。タウトは、若い頃の「遍歴」の最後にこの大学に学んでおり、母校に戻ってきた感じになる。彼は、カール・レギーンの設計を共に担当したヒリンガーを助手として教育に従事した。

もっとも、アビトゥーアを取得したものの、正規に大学を卒業していないタウトの教授職就任は、とりわけ高等教育の伝統にたつ人や卒業生の間で物議をかもした。

次に、一九三一年にタウトはプロイセン芸術アカデミーのメンバーとなっている。これは、一七世紀末以来の伝統をもつ芸術振興のための組織であり、これに受け入れられるということは、当時の代表する芸術家として公的なお墨付きを得たものといえた。

一九三二年になると市の一番賑やかなポツダム通りにあった事務所は、クーダム近くのバイロイト通りに引っ越し、三七人いた従業員も徐々に解雇せざるをえなくなっていた。その頃には、完成した建物への支払いも滞り、事務所の財政状態はいよいよ緊迫したものとなった。

モスクワへ

もともとタウトは、第一次世界大戦後の芸術のための労働評議会への参加にうかがえるように、ソ連社会の土台を成すソヴィエト（評議会）への関心はあった。一九二四年には『新ロシアの友人たち』という雑誌にソ連における建築活動についての文章を書いていた。これは、タウトのみならず、当時のドイツの知識人や芸術家全般に見られた傾向であった。一九三一年にはタウトはモスクワを訪問しており、革命的思想に魅了されていた。

モスクワの人口は、一九二九年の二三五万人が、短期間で三二年に三六六万人となった。農業集団化の強行により農村から都市部へのかなりの人数の人口移動があったからであった。これで生じた住宅需要の増大に対応すべく、住宅建設や既存の住宅ストックの改修が進められるべきであった。

これに加え工業化も急速に進み、モスクワの都市の開発が無秩序な状態に陥っていた。そこで一九三一年六月に共産党中央委員会総会が開催され、都市問題に取り組んでいくことが重要な課題であると認識されるようになった。

タウト側の事情からもモスクワの都市の状況からも、タウトが活動の場をソ連に求めたのは必然的な帰結であった。すでにエリカは、一緒にソ連に渡るためにロシア語を学んで準備していた。タウトは、モスクワのソヴィエト幹部会（モスクワ市党委員会・モスクワ州党委員会）の招聘により、一九三二年三月一九日にソ連に到着した。タウト単身ではなく、エリカと娘のクラリッサも一緒にモスクワで生活を送ることになった。一四歳になっていたクラリッサは、モスクワの学校に通った。結局、一年にも満たない滞在であったが、満足がいくというのには程遠いものがあった。

たとえば、タウト兄弟の伝記を書いたヘルナーによれば、タウトは自動車が使えるようになっていたが、おおむね故障していた。当時のモスクワは人口三六六万人に対して、乗用車は五九二七台という統計があり、珍しいものではなかったが、所有していたのはごく一部の富裕層であったと思われ、かなりの便宜を図ってもらったといえる。事務所は暖房がきかず、タウトはコートを着ながら製図机に座らなければならなかった。食堂の食事は、「簡単には食べられなかった」。これに加え、大規模なプロジェクトに必要な有能な人材も、そのための建築資材もなかったのである。

より重要なのは、タウトが滞在した当時のソ連では、スターリンの指導体制が確立し、芸術も彼の好みが反映したものとなっていたことであろう。建築に関しても、モダニズム建築はブルジョワ的であるというスターリンの判断のもと、高層の巨大な建築物を好む「スターリン様式」への移行がタウトのモスクワ滞在中に生じていた。これからみるように、モスクワでタウトが設計した公共建築は、彼がドイツで設計した建物に比べると巨大なものであったが、当時のソ連の建築界の風潮からは程遠いものがあった。

このような憂き目にあったのは、タウトだけではない。たとえば、タウトと同様にヴァイマル期フランクフルトでモダニズムによるジードルング建設に従事したマイの設計も、ソヴィエトの人々からは受け入れられなかった。タウト自身だけではなく、娘のクラリッサにとってもソヴィエト社会への期待は急速にしぼんでいったようである。

2　未完の計画

モスクワ労働組合劇場

その間タウトは、実現こそしなかったが、いくつかの建物を設計したのである。すでに一九三一年にはモスクワのホテルの設計のコンペに招待されていた。

モスクワ滞在中のタウトの設計で、もっとも早くに着手されたものが、モスクワ労働組合劇場であろう。この建物の設計にあたっては、参加者が限られるコンペが開催され、それは一九三二年初夏に締め切られた。タウトは、すでに一九二九年に俳優であり、劇場の支配人であるエフセイ・リュビーモフ＝ランスコイの依頼で設計図を完成させていた。客席が貝の形につくられ、それを軸に建物の構造が規定される。タウトによるこの設計には、「大戦争と社会主義の建設のイメージを展開する」に十分なスペースがないとか、サーカスの建物に似ているといった批判があったが、高い評価を得る。彼の設計案は、モスクワの建築雑誌『モスクワ建設』の七月号の表紙を別の建築家による作品とともに飾ることになった。

ホテルの設計

市の中心部の目立つところのホテルの設計にも従事している。一九三一年にタウトがコンペに指名された一二〇〇部屋のホテルは、赤の広場に隣接するオホートヌイ・リャッド地区の再開発の一環として建てられることになったものである。この地区は繁華街であったが、不衛生な住宅が立ち並び、ソヴィエト政権誕生以来再開発が目指されていた。そのために巨大なホテル建設が進められる。このコンペでは決定案が固まらず、改めて八〇〇部屋の一〇〜一五階建てのホテルと二〇〇〇人収容の劇場の複合体の設計が求められ、ロシアの構成主義建築家サヴェリヨーフとスタプラーンに加え、タウトが二回目のコンペに参加することになった。構成主義とは、社会主義国家が確立していく時期に見られた建築様式で、幾何学的で抽象的な設計を特徴とし、モダニズム建築と傾向を同じくする。

タウトの設計は、ホテル部分は九階建ての平行した二つの建物を一四階建ての構造物でつないだ形になっている。壁面は、派手な装飾ではなくシンプルな線で、縦と横の線を強調するようになっている。劇場の部分は角のうち赤の広場よりの部分は円弧を描いている。その部分から九階建てのホテルの部分にかけては一階にガラスが連ねられ、帯状となっている。直線と円を軸にし、ガラスを効果的に使おうとしている点で、タウトのモダニズム建築の特徴がうかがえる。

この簡素なデザインは、赤の広場のクレムリン宮殿やレーニン廟、あるいは古典主義様式のボリショイ劇場が面している劇場広場と調和するものではなかったであろう。結局、このホテルの設計は他の二人が担当することになったが、彼らの志向する構成主義の設計に、装飾を強調する当時のソ連の建築の風潮を反映して、列柱を強調するような古典主義的な要素が入り込んだものとなってしまう。

このホテルと並んだ形で、ソ連の公営旅行会社のインツーリストが外国人のためのホテルを建設することになる。その設計をタウトはインツーリストから直接頼まれ、モダニズム建築による設計案をいくつか作成している。クレムリン宮殿から見てモスクワ川の対岸に建設される巨大なホテルの設計

モスクワの集合住宅案

も行っている。

タウトはモスクワで住宅建設にも取り組むことになる。

集合住宅建設

スターリンの要求により当時のソ連では専門職の人々のために一万一五〇〇戸が求められ、そのうちモスクワには託児所も設けられた質の高い三〇〇戸が入った建物を一〇棟建てる計画があった。これらの建物は、この時点では主要な通りに設けることが意図され、それに対応した建物の構造は立派なものであることが求められた。タウトの設計した建物は、赤の広場から遠からぬ大通りに面した土地に建てられるはずのものであった。八階建ての建物には、風呂場やセントラルヒーティングの備わった住居が設けられ、食堂、保育所・幼稚園、洗濯場といった施設も建物の中に置かれた。外装は、一階が店舗に利用され、二階以上とは別デザインとなっており、また最上階の八階も一段壁面が後退したデザインとなっている。建物の一番上と下でデザインの異なる帯をまいたような形になっているが、その間の二階から七階は、ベランダや変化をつけた壁面によって複雑な構成となっている。これは、第一次世界大戦前に建てたコットブサーダムの二つの集合住宅の外装に近い。

クレムリンに隣接した乗馬場の改造にも取り組んだ。これは、当時ガレージとして使われていたが、映画館と集会場（講堂）を設けた建物に改造されるはずであった。

3 帰国、そして日本へ

帰国へ

タウトは、一九三三年の初頭には帰国をほぼ決意したようで、この年の一月に一時帰国したのち、二月一五日に列車でモスクワから離れることになった。弟のマックスも、タウトよりも前の一九三一年暮れにモスクワを訪れているが、守られない約束や不十分な建材に不満を感じていた。タウトは、弟以上にこの社会主義国家への不満を感じていたであろう。

タウトの帰国については、ドイツの週刊建築雑誌の『建築世界』が一九三三年二月四日に告知しており、翌週の一一日に発行された号では帰国の理由を説明するタウトの書簡が掲載されている。そこでは、ツーリストホテルの建築が突如取り消されたことが主たる理由としてあげられ、市の行政に直接関係する建築家事務所の長となったものの、建築活動が停滞していたので、ベルリンの工科大学での活動に専念するということが述べられている。

ところが、この二冊の号が世に出た時点では、タウトやモダニズム建築に対する風向きが完全に変わっていた。

ナチス政権

ドイツにおいて大恐慌の影響から不穏な情勢となったことを背景に、大きな支持を得るようになっていたのが、アドルフ・ヒトラーを指導者とする国民社会主義ドイツ労働者党である。一九二八年の国会議員選挙ではいまだ得票率二・六パーセントで議席数も一二を確保したにすぎなかった。一九三二年四月の大統領選挙のさいに当選したヒンデンブルクに敗れはしたものの、ヒトラーが三〇パーセント以上の得票率を獲得したのち、一九三二年七月の国会議員選挙では得票率三七・三パーセント、二三〇人、一一月の選挙では三三・一パーセント、一九六人と五八四議席の過半数には及ばないが、着実に第一党の位置を占めるようになっていた。

タウトがソ連からの帰国の準備を進めていたであろう一月三〇日にヒトラーは、ヒンデンブルク大統領によって首相に任命された。政権獲得直後からナチス政権は、政権に不都合な分子の排除に乗り出す。すでに二月四日には「ドイツ民族保護のための大統領令」によりデモや集会への規制が始まった。そうした動きが急速に進むようになったのは、タウト帰国後の二月二七日にあった国会議事堂放火事件以降である。この事件の真相はいまだ不明だが、政権はこれを共産党の陰謀と断じ、ヴァイマル共和国末期にナチスに次ぐ第二党であった共産党の弾圧に乗り出した。多くの共産党員は逮捕され、三月五日に行われた国会議員選挙で獲得した八一議席は議席ごと抹消された。三月二三日に全権委任法の成立を受けて、共産党は禁止された。

タウト自身は帰国当初は元の仕事や生活に戻ることができると思っていた。彼は、アイヒカンプのフランツ・ホフマンの家族のもとで生活をしながら、仕事を再開しようとしていた。タウトがモスクワに発った時点では、ナチスは国会においてすでに着実な地歩をつくっていたが（一九三〇年の選挙で一〇七議席）、大統領選や国会選挙など政権奪取につながる躍進は彼のモスクワ滞在中のことであった。一年ぶりに帰国した彼にとってドイツの社会的情勢の変化はピンとこなかったのかもしれない。彼は、世界旅行を計画し、日本も訪問しようとしていた。そのための電報を建築家上野伊三郎《うえのいさぶろう》（一八九二～一九七二年）へ二月二七日に送っていた。

文化的ボルシェビキスト

とはいえ、タウトは、指導的な「文化的ボルシェビキスト」とナチス政権の側にとらえられたようである。

三月一日、タウトは自分の立場が危ういという情報を得た。ナチスが政権をとった時点の総司令官である陸軍統帥部長は、クルト・フォン・ハンマーシュタイン＝エクヴォルトであった。彼は、一九三〇年からこの地位にあったが、忠誠心はヴァイマル共和国にあり、ナチス政権誕生後も軍隊の中立の地位を保とうとした。新国防大臣のもと軍隊が次第にナチス寄りになっていく中、一九三三年末には辞表を提出し、同時に軍隊からも退役する。

クルト・フォン・ハンマーシュタインは三男四女をもうけたが、その多くは父親ともどもナチスに批判的な姿勢をとっていた。彼は、迫害されるユダヤ人や逮捕される政治家や芸術家の情報を機密文書から得ると、食事の席でそうした情報を共有して娘たちがそれを当該の人たちに伝えるのであった。長女のマリー・ルイーゼと三女のヘルガはドイツ共産党に参加し、次女のマリア・テレーゼもベルリン中をオートバイで走り回ってナチスから危害をうけるかもしれないという情報を伝えた。

このマリア・テレーゼの、ツェーレンドルフの学校の同級生に、タウトとヘートヴィッヒの長女のエリーザベトがいた。そうした縁もあったのだろうが、クルト・フォン・ハンマーシュタインが得たブラックリストに載っているという情報がタウトのもとに届いたのである。

二四歳になっていたエリーザベトは、当時、ポツダム通り二九番地の叔父、マックスの事務所で主任秘書を務めていたが、他方一九三三年からドイツ工芸という団体の活動に従事していた。これは、一九三三年から一九四五年まで存続した組織で、民芸品や農民による工芸品を奨励するための団体である。どちらかといえばナチス寄りで、ヴァイマル期のドイツ工作連盟、バウハウス、モダニズム建築といった動向に距離を置いたものである。

同じように、二六歳になっていたハインリヒも自分の道を歩んでいた。彼は、一九二九年にロンドンで学んださい、ロンドンのインド・ハウスで社会主義の帝国主義理論にふれ、一九三三年には「エリザベス朝イングランドにおけるピューリタン的・革命的思想の起源」と題する博士論文を作成中であった。この年、反民族的信条のために学籍を失った四九七人のハイデルベルク大学学生のリストに入れられていた。ハインリヒは、一九三四年にスイスのバーゼル大学において博士の学位を取得する。ナチス政権と相いれなかったという点では親子で共通しているが、一年間のモスクワ滞在で社会主義の現実に失望した父親と違い、その後ハインリヒは筋金入りの共産主義者となっていく。ハインリヒは、学位を取得したものの、それにふさわしい職に就くことはできず、タイプライター製造に従事することになる。その後、従軍し、一九四五年には前線で指揮を執っていた。彼の部隊はアメリカ軍によって捕虜となった。

タウトは、ブラックリストに載っているという情報を聞いた三月一日の晩、すぐに行動を起こした。エリカは、この三月一日にちょうどモスクワから戻ってきたところであり、荷物を解く間もなく出発することになった。タウトとエリカは、彼ら二人の子のクラリッサとエリカの子エミーを祖母とともにダーレヴィッツの自宅のそばの家に残して、まずシュトゥットガルトのパウル・ボーナッツのもとに避難しようとした。タウトたちは、シュトゥットガルトの状況は、共産党以外の政党のプラカードが平穏に並んでいる点で、ベルリンよりも民主的な雰囲気を感じ取っていたが、ボーナッツは違った判断をもっていた。

国外脱出

ボーナッツは、タウトの修業時代にともにテオドーア・フィッシャーのもとにおり、フィッシャーの後任としてシュトゥットガルト工科大学に勤めていた。ボーナッツは、どちらかといえば、ヴァイマル共和国ではモダニズム建築に批判的であり、保守主義的な建築家の組織「ブロック」を一九二八年に組織する。ナチス政権の時代のボーナッツの立場は、揺れていた。ヒトラー好みの建築家パウル・ルートヴィヒ・トローストを批判したことで、公的な注文から排除される一方、ベルリンの大改造計画(「ゲルマニア」計画)を進めたアルベルト・シュペーアの配慮で国会議事堂周辺の整備の建築主任となり、アウトバーン設計の仕事に従事する。結局ナチスのドイツではいづらく、一九四三年にトルコに移住する。

タウトの置かれた状況は、実際はまだそれほど切迫したものとはいえなかった。ナチス政権も目下の急務の課題は、対抗勢力となりえるドイツ共産党の弾圧とそれと政治的に関わる活動家の追及であり、タウトのような文化的な左翼的活動家への弾圧にはまだ間があった。文化的な迫害の端緒は、一九三三年五月の非ドイツ的書物の焚書で、エーリヒ・ケストナーの書物が焼かれたことであった。他の建築家でも、グロピウスは一九三四年に、ミース・ファン・デル・ローエは一九三七年にようやく亡命している。

そういう状況であったためだろうが、タウトがドイツを出るまでに少しのんびりとした動きをしている。彼らはホテルに宿をとることができず、シュトゥットガルトではボーナツの家に滞在した。ボーナツ宅にタウトを残したまま、エリカは、一度荷物を取りにベルリンに戻っている。結局、ボーナツから日本の建築家久米権九郎《くめごんくろう》への推薦状をうけとり、タウトとエリカが国境の町ヴァンゲンを通ってスイスに入国したのは三月一〇日のことであった。

タウトは、陸路でチューリヒ、パリ、マルセイユに向かい、そこから海路ナポリ、アテナイ、イスタンブル、オデーサと辿り、オデーサからは鉄道でモスクワに行き、シベリア鉄道でウラジオストクに到達する。

その間、スイス・ベルンの日本公使館において、日本からの招聘状を提示して、渡航手続きを行った。スイスの日本公使館は、一九一六年にベルンに設けられていた。道中、タウトは、ベルリン経由で届いた日本の建築家上野伊三郎からの招聘状をうけとっている。

船便の都合で九日滞在したのち、四月三〇日、天草丸でウラジオストクを発つ。朝鮮半島に寄港したのち、五月三日に敦賀に入港した。

第六章　日本社会との出合い

1　日本到着

上野伊三郎

もともとタウトの日本への関心がどこに由来するかは定かではない。一九世紀後半のヨーロッパにおけるジャポニズムの流れから影響をうけたのであろう。具体的な日本との関わりということでは、コリーン時代に近くの林業試験場に留学に来ていた「北村」という日本人と知り合ったことが始まりである。一九二四年に書かれた『新しい住居』でも、家具を置かない日本の木造建築の合理性が論じられている。

タウトを日本に招いた上野伊三郎は、一九二〇年代前半にベルリン（シャルロッテンブルク工科大学）とウィーン大学に留学し、第一次世界大戦前から分離派運動を推進したヨーゼフ・ホフマンのウィーン工房に入所した。分離派運動とは、一九世紀末にクリムトを中心にしてつくられた芸術、建築、工芸の動きであり、それまでの芸術の流れから「分離」していこうとしたことに特徴がある。彼は、ウィーン工房で活動していたリチ（一八九三～一九六七年）と結婚した。

上野は、一九二五年にリチとともに帰国し、京都で建築事務所を開設するが、日本にモダニズム建築を普及させるために一九二七年、インターナショナル建築会を結成する。一九二九年から『インターナショナル建築』という雑誌を刊行している。この組織には、グロピウスなどと並んでタウトも海外会員として名を連ねている。一九三〇年には組織の大会にタウト兄弟を招待しているが、都合がつかなかった。こうした関係がすでにあったところで、タウトはモスクワ時代の終わり頃から、日本への滞在を考えていた。それで、二月二七日に上野に電報を打ち、それに上野が速やかに対応したのであった。

下村正太郎

タウトを敦賀に迎えたのは、この上野のほか、建築家の中西六郎《なかにしろくろう》と中尾保《なかおたもつ》であった（口絵3頁）。その日のうちに鉄道で京都に移動した。大丸百貨店社長下村正太郎《しもむらしょうたろう》（一一代）と建築家で京都高等工芸学校の本野精吾《もとのせいご》教授の夫人の出迎えを受け、下村邸に到着する。下村邸は、京都の中心部御所のすぐ西、烏丸通に面していた。この住宅は、その前年に建てられたもので、建築家はタウトと同年齢のアメリカ出身の建築家ウィリアム・メレル・ヴォーリズ（一八八〇～一九六四年）である。ヴォーリズは、一九〇五年に来日後、滋賀県を本拠地に宣教活動を続け、宣教活動の一環として多くの建物を設計した。下村はイギリス滞在の経験から、ハーフティンバーのテューダー様式の住宅設計を求めた。もっとも、ヴォーリズの本領は、四角い構造の建物に赤い屋根を載せ、それに対応した装飾を施す「スパニッシュ・ミッション・スタイル」である。
タウトはまずここにしばらく落ち着くことになる。タウトと下村正太郎の交流は、下村の外遊の間をのぞき、タウトの日本滞在中続き、タウトが京都を離れてからも、タウトの上洛の際の宿はおおむね下村邸である。

桂離宮

来日の翌日五月四日はタウトの五三歳の誕生日である。ほぼ移動に終始した一日目とちがい、実質的な日本滞在の初日はタウトに大きな印象を残すことになる。

午前中は下村、上野夫妻、三高フランス語講師のガルニエの夫人とともに朝食をとり、午後に下村以外の人々と自動車で京都西郊の桂離宮に向かった。

桂離宮は、智仁親王《としひとしんのう》（一五七九～一六二九年）に始まる皇族の八条宮の別邸として一七世紀前半に建てられた庭園と建物からなる。もともと桂川と丹波街道が交わる地点の、京都からみて対岸の方に設けられた。タウトは、桂離宮の作者を小堀遠州《こぼりえんしゅう》と信じていたが、そうではない。

桂離宮のそこここでタウトは感嘆の声をあげる。門から入って、池に面した古書院に辿り着く。月見台に至り、「泣きたくなるほど美しい印象」と日記には記している。庭園の月見台からみて右側は、それほど仕掛けを設けず、浮島の遊歩道など社交的な場であり、一方、左側が様々な意匠を凝らして細分化を示していることには、「関係の豊かさに窒息しそう」と記す。

建物も、古書院、中書院、新書院がそれぞれ「軸から九〇度」ずれていることに注意している。障子をあげ見える眺望は全くおどろくべきものという。建物全体については、すべてが均質を保ってい

桂離宮（タウト撮影）

るように見えるという。庭も一通り巡って、そこにしつらえてある意匠について事実を淡々と描いている。最後、出口（中門）のところで、小道から池を見た光景は、水路にかかる小松でもって中正であるという。中正（neutral）とは、出しゃばったような解釈ではなく、庭の情景がそのまま目に入るような状況を言っているのであろう。そして、水路にかかる橋からの光景はより中正であるという。外からこの庭を見たときの方が心躍っている観がある。

中門のところは庭園を見るポイントとして考えられたところであろう。古書院の控えの間（Warteraum）からは豊かな景観がうかがえるが、奥の新書院の脇の庭園はそうした素晴らしさはうかがえない。タウトは、「すべては変化の中にのみあり、平穏は慎み深さの中にある」といい、「目を悦ばす美しさ」であると評価する。

タウトは、桂離宮に非常に感銘をおぼえた。彼は翌年もう一度桂離宮を訪れ、この離宮に関するスケッチブックを残している。このスケッチブックを、彼はかつての著作にちなんで「第二のアルプス建築」と表現しているほどである。その後も、著作の中でも桂離宮の素晴らしさを再三たたえている。『日本の家屋と生活』（一九三七年）では著作の最後の章で桂離宮を高く評価し、最後の著作『建築芸術論』（一九三八年）でも「日本の最も重要な古典建築」と優れた建築としてあげている。

タウトがこのような評価をもつに至ったのには、上野をはじめとする日本の建築家が、モダニズム建築の先駆として桂離宮を再評価するために、タウトを広告塔として利用しようとしたことが指摘されている。

都をどりとの対比

とはいえ、当初大きな感慨を得たものの中に、一年後、二年後には関心を失うものもある。たとえば、都をどりについてのタウトの感想をみてみよう。京都では一八七二年の京都博覧会をきっかけに催された都をどりの常設の劇場として、祇園甲部歌舞練場が建設された。場所を移転し現在も使われている建物が建てられたのは、一九一三年のことである。同じ京都博覧会で一緒に創設されたのが鴨川をどりである。こちらの劇場としては、一九二七年に竣工した先斗町歌舞練場がある。現在でも舞妓・芸妓による舞踏公演が行われている。

タウトは、鴨川をどりに日本滞在三日目の五月七日と一九三四年五月五日、都をどりに一九三四年の四月一一日と三〇日、そして三五年の四月に観劇に行っている。日本到着直後に行った鴨川をどりについてタウトは、「芸者（タウトは舞妓と芸妓をこう表現している）は優美」と記すのみである。都をどりを最初に観たときは下村と一緒であり、多分彼の案内のもと観劇したのであろう。会場の祇園甲部歌舞練場をはじめ、『四弦の調』というそのときの出しものについても詳細に日記に記し、「趣味豊かな催しの極み」であるという。ところが、『四弦の調』を千秋楽（四月三〇日）に観たときは、手放しの称賛から一歩後退している。翌年の四月に観に行ったときにはさらに評価が下がり、「能」の場面をレビューに仕立てていることが、その発想において「いかもの」であると評価する。「いかもの」とは、日光東照宮をはじめタウトにとって趣味に合わないものにつけたレッテルである。

それに対して、桂離宮に対するタウトの関心は、エスカレートしていく。桂離宮は、基本的に建物と庭園という、それまでの自分の建築家としての活動を尺度として理解可能であったからだろう。先にふれたように、最初の桂離宮訪問のさいには、庭園に関しては淡々と情景を記している。これは日本的な庭園に関する理解がまだ不十分であったことを反映しているのだろうが、祖国での建築家としての活動のさいには庭園についてはおおむね造園家のミッゲにゆだねていた。建物そのものについては、桂離宮でも試みられている、建物構造物をずらして建てたり、建物の構造に関わりのない装飾や模様をつけるのは、彼もドイツで再三試みたことである。

さらに、建物の中や月見台から庭を眺めるポイントの重要性も了解している。タウトがその活動の初期段階から、建物を、周囲の自然環境の中において考えてきたことが、自然と建物の関係を意識させる仕掛けを理解することを容易にしたのであろう。

関西の文化と建築家との接触

タウトが日本社会や文化に関わっていくにあたっては、導きの手が確実に存在していた。とくに日本到着直後は、下村や上野が関西をあちらこちら見物に連れ出している。五月五日には亀岡からの保津川下りに始まり、嵐山の料亭で昼食、松尾大社、西芳寺をまわる。六日午後は大阪を訪れ、毎日新聞社と大阪朝日新聞社を訪問しているが、午前中に下村の茶室で茶の湯をたしなんでいる。七日には、午後に蹴鞠、夕方には鴨川をどりを観に行っている。八日には、自動車で奈良を訪れて、奈良公園や春日大社を訪れている。東寺（五月一二日）や法隆寺（五月一三日）、清水寺（五月一七日）を訪れ、能（五月一四日）や葵祭（五月一五日）にもふれている。

一方で、日本の建築家との交流も行っている。

五月九日の午後には京都大学の建築科を訪れ、藤井厚二《ふじいこうじ》教授と前年に退官した武田吾一《たけだごいち》らと歓談している。京都大学で「演習の方法」という講演を行ったのち、藤井教授設計の自宅を京都郊外の山崎まで見学に行っている。藤井は、この地で時代にふさわしい新しい日本の住宅の在り方を探って一連の建築物を設計したが、一九二八年に完成させた聴竹居《ちょうちくきょ》は、近代日本建築の名作として評価されている。タウトが見学したのもこの建物であるが、タウトの藤井教授の評価は、設計に構成上はっきりしない点が少々あり、自由な精神をもっているが、建築家としては力強さのない人物というものである。設計にはっきりしない点があると指摘しているのが、床の間の枠、クッション、敷物、白いテーブルクロスである。少なくともあとの三つについては洋風のものの扱いについてである。床の間にしても洋風の客間に設けられている。タウトは、純日本風の住宅を期待していたところ、和洋折衷の住宅を見せられて失望したということなのであろう。タウトは、聴竹居の図面や写真をプレゼントされた。

翌一〇日には大阪朝日新聞社で開催された建築展覧会の機会に、彼も含めて四人で講演を行っている。この展覧会は、タウトの来日にあわせて企画されたもののようで、五月八日から一二日にかけて開催された。この展覧会では、日本とヨーロッパの新しい建築を紹介するコーナーに加え、とくにタウトを紹介する特別室が設けられていた。そこには、『アルプス建築』などタウトの著作が陳列され、建築家蔵田周忠《くらたちかただ》（一八九五～一九六六年）によるツェーレンドルフの森のジードルングの絵も展示されていた。蔵田は、森のジードルングに住んだことがある。

タウトは、建築家との会食と展覧会観覧ののち、学生も含む二〇〇〇人の聴衆の前で講演した。その後、武田教授から日本の燈火に関する素晴らしい作品を、ある新聞記者からは日本の家屋に関する作品をプレゼントされ、数名の建築家が、タウトがマクデブルク時代に発行した雑誌『燭光』を持ってきてサインを求めた。

この次の日には、上野の設計した住宅を二カ所見学に行っている。一つは京都の南、桃山の岡野邸であり、もう一つは北の方、北白川の島津源蔵邸である。前者は京都の商人、後者は島津製作所の二代目が広大な土地を購入して上野に設計を依頼したものである。広大で堅牢な建物であり、前者は児童福祉施設として、後者は病院として比較的最近まで、改造の手を加えられながら、利用されていた。両方とも鉄筋コンクリートによる水平性を強調した上野によるモダニズム建築の代表作といえる。タウトは、翌年一九三四年の一月二九日に、もう一軒上野の設計した住宅を訪問している。西宮の夙川に朝日新聞記者の高津のために建てた住宅で、鉄筋コンクリート二階建てのモダニズム建築である。タウトは、上野を、東京で出会うことになる、吉田鐵郎と並んで日本の最善の建築家と評価するようになっている。

こうして日本到着直後のタウトは、日本の文化や建築家と接触する多忙な日々を送った。ようやくにして、休息といえるものがとれたのが大雨が降ったという五月一六日のことである。日本人に一五通の礼状と外国に五〇通の手紙とはがきを書いている。前日には、弟のマックスやザルフィスベルクなど関係の深い建築家に手紙を書いており、また一七日の午前まで引き続き手紙を書いている。五月八日にはベルリンとダーレヴィッツから便りをうけとったと日記に記してある。ベルリンとは弟のマックスのことであり、ダーレヴィッツとは祖母に預けたエミーとクラリッサのことである。タウトの亡命自体は正式な手続きを経た海外への移住であり、日本到着から一週間後の五月一一日、ドイツ大使館で入国の手続きをしている。六月三日には東京の大使館を訪れている。

2　東　京

To-kio（Kio-to）

日本到着以来二週間滞在した京都を離れたのは、五月一八日のことであった。特急「富士」で東京に向かった。道中琵琶湖や太平洋が見えたり、逆に富士山が見えなかったりなど車窓の景色を楽しんでいる。横浜に近くなると光景は無味乾燥なものとなる。東京に近づくにつれ、建物は小屋のような性質をより帯びるようになる。全体的な印象として、「To-kio（Kio-to）」と判じ物のような記述が記される。東京と京都が対極的であることを表現している。

東京駅では、下村に加え、建築家の石本喜久治《いしもときくじ》他、一〇名の建築家がタウトを出迎える。まずは、帝国ホテルに宿をとる。このフランク・ロイド・ライトの日本における代表作である建物については、抑えつけるような雰囲気があり、芸術上の「いかもの」であると評価している。至るところざらざらの溶岩（大谷石）で、至るところ埃のたまりやすい構造になっている（これは非日本的である）。全体的に、儀式ばった寺院の雰囲気があり、部屋は「芸術」なのだろうかとか、階段が迷宮のようだと記して、非経済的だと憤慨する。五月二四日には山王ホテルに宿を移している。

東京到着翌日の一九日は、建築家の石本とバウハウスに留学して一九三二年に帰国していた山脇《やまわき》巌《いわお》・道子《みちこ》夫妻と一緒に東京をドライブする。そこで見た街の印象は、無味乾燥な、植民地的日本であるというものであった。この日連れていかれたのは、まず芝公園の徳川家の霊廟であり、見せかけだけのものとこき下ろし、桂離宮にあるような日本的なものはここにはないという。次に連れていかれたのが、丸の内の官庁街であるが、ここは無個性の、ヨーロッパ・アメリカ的なものであると評する。これに対して皇居の堀と石垣はよい安定感を与えてくれると述べている。その他、裕福な階層の居住地区、各国の大使館、建築中の国会議事堂、商業地区、東京朝日新聞社屋（石本設計）を見るが、酷評を加えるものが多い。他に相撲を観戦し、銀座の様子を日記に記している。

この日の見聞で東京に対する印象はさらに悪くなったが、こうしたタウトの見方は、その翌日と翌々日の日光旅行でより明確なものになる。

日光東照宮

五月二〇日に建築家の齋藤寅郎《さいとうとらお》と牧野正巳《まきのまさみ》とともに、タウトは日光に向かう。初日は、中禅寺湖や男体山の光景を楽しむ。翌日、朝食後に日光東照宮を見学している。左にある最初の廟（大猷院）は三代将軍家光のためのものである。金色の稲門は、装飾品のように「美しい」。左右対称で、豊かな装飾が施されている。立派なものだが、なじめるものではないと評価する。第二の廟（東照宮）は、「いかもの」である。神厩舎の馬も怒っているようであり、その建物には三猿のフリースがある。見る人に解釈を押しつける感じで、桂離宮のように目で考えることができないので、豪華さも退屈である。鳴き竜のあるお堂では、手をたたけば鳴く。こうしたものは、珍品、骨董品であり、自己感銘を引き起こそうというものである。床の上ですら動物の像は漆塗となっており、仮の廊下だけが日本的な素朴なものである。総じて、堕落であると評価する。

日記では簡潔に記されているだけだが、一九三四年に出版された『ニッポン』では、桂離宮や修学院離宮に体現される天皇の文化に対して、将軍文化を代表するものとして日光東照宮がとりあげられ、「遊覧案内書の中で日本最大の観物と讃えられているものは実は日本文化の大敗北である」と強調する。

蔵田周忠

日光から東京に戻って、建築家の蔵田周忠に会う。蔵田は、一九三〇年から一年数カ月にわたってヨーロッパに滞在し、その経験を踏まえて当時大きな流れであったモダニズム建築を紹介する『欧米都市の近代相』を一九三二年に刊行している。タウトの設計した森のジードルングにも実際に居住しており、その体験を踏まえたこの住宅地の水彩画をタウトは大阪ですでに目にしていた。タウトを紹介する文章を日本の建築雑誌に書いており、タウトは蔵田に好意的に「好ま

東京中央郵便局

しい人」と評価している。

吉田鐵郎

日光から帰って翌日からも東京見学に連れ出されている。建築物でいえば、三井男爵邸（麻生区今井町・五月二二日）、齋藤（寅雄）宅（五月二三日）、三河島のスラムと震災記念堂（五月二五日）、花柳寿美邸と土浦亀城《つちうらかめき》邸、五月二八日に吉田（一八九四～一九五六年）の東京中央郵便局、山田設計の住宅、馬場邸（吉田設計）、材料試験場と大学校舎（東京工業大学教授谷口吉郎設計）、氷川小学校（古茂田甲午郎設計・五月二九日）、横浜（逓信省の建物（吉田）、互楽荘、レーモンド設計の建物・五月三一日）、同潤会住宅とスラム改良事業（六月一日）、田園都市、久米権九郎新居（六月一日）、東京大学図書館、同潤会アパート（品川区荏原と大田区雪谷）、久米設計の現代建築（六月三日）と、案内してくれた建築家のものを含む、個人の住宅、集合住宅、公共建築物、記念碑と幅広く見ている。

東京でタウトが見た建物のうちとくに吉田設計の東京中央郵便局は、「非常に良い」と評価している。吉田は、逓信省関連の建築物を中心に設計した建築家であり、モダニズム建築の影響をうけていた。他にも大阪中央郵便局（一九三九年）や京都中央電話局（一九二六年）が代表的な作品である。一九三三年に竣工した彼の代表作といえる東京中央郵便局は、直線と曲線を巧みに組み合わせている点、五階建ての五階部分の外壁を下の階から変化をつけてシンプルな設計をしている点で、タウトがドイツで設計した集合住宅や公共建築と類似している。吉田について「好ましい人物」と記した後に括弧書きで「クライル」とマクデブルク時代の協力者であり、のちトルコにも呼び寄せようとした人物の名前を記してある。タウトは、上野と並んで吉田を日本の最高の建築家と評する。

タウトが案内されたのは建築物だけではなく、歌舞伎座（五月二三日）、早稲田大学演劇博物館と浅草六区と映画『天一坊』（五月二六日）、花柳舞踏教習所（五月二七日）、もう一度花柳舞踏教習所と築地小劇場（五月二九日）と様々な日本文化にもふれている。この滞在期間中に、東京帝国大学や早稲田大学の教授たちと会合をもっただけではなく、朝日新聞社で五月二五日に講演も行っている。

葉山の久米の別荘

関東に移動して二週間。タウトは休む間もなく東京とその周辺を案内された。六月四日には東京を離れ、葉山の久米の別荘に数日滞在するが、静養も兼ねていた。五日は三浦半島の先のほうにドライブし、六日は鎌倉に出かけている。近代建築と日本文化巡検だった東京滞在とは打って変わって、のんびりした観光旅行になっている。七日は雨だったので予定した箱根行きは断念して午前中は書き物をし、天候の回復した午後は海岸を散歩している。断念した箱根には八日に向かい、久米の別荘に二泊している。

この久米の別荘を、タウトは大変気に入っており、桂離宮後に得られたまさに素晴らしい経験であると評価している。彼らに割り当てられた部屋は、予想もつかない調和により、空間の感情を最高度に享受できるといえる。とくに朝に障子を通した光によるものがよく、それはガラス窓を通しては得られないものである。雨戸を閉める前の月の光もよい。よく考えられた日本建築に泊まったのは得難い経験であったのであろう。箱根に二泊したのち五月一〇日にタウトは、芦ノ湖に立ち寄り、沼津から特急「富士」で京都に戻っている。

東京滞在中のタウトの動向についてあと二つだけ述べておこう。

著書刊行の話と人間関係の苦労

まず、五月二六日に明治書房の高村鍵造《たかむらけんぞう》とタウトは会合をもち、タウトの執筆する全著作刊行の希望を伝えられる。六月一日に高村から、『ヨーロッパ人の目で見た日本』だけ刊行できると伝えられる。二日後の三日には、高村が契約書と五〇〇円の原稿料を持ってきた。久米が語るところによれば、東京に来る前に齋藤が高村にタウトのことに興味をもたせるようにしたとのことである。

次に、京都にいたときに比べると人間関係に苦労した。とくに建築家の石本には、すでに二三日の時点で「石本氏に怒り。上野氏に関わって、はっきりしないが、裏表のある行動をとっているようだ」と記してある。石本とは、一八日の東京駅での出迎えと一九日の東京案内の他、二二日の夕食を共にしている。

少し先の話になるが、一九三三年の夏にタウト夫妻は葉山でひと夏を過ごす。そのさいに、中村夫妻の家にタウトは生活し、彼らが面倒を見てくれた。親切にしてくれたと喜んでいたのだが、一〇月二六日には「葉山の「気分の良い」若い人、中村氏から手紙をうけとる」。そこには、「彼の家は狭い。もはや私のために「働けない」。なぜなら、時間がないから」と記してあったそうだ。「何が起こったのだろう?」と驚いている。石本の件も中村の件も、こうした行き違いが何に由来するか不明である。

3　仙台の国立工芸指導所と伊勢神宮

祇園祭

六月一〇日に京都に帰って、七月二一日に葉山に移るまでの一カ月強、タウトは出版が決まった著作の材料整理や執筆を進める。六月二四日に着手したこの原稿は、七月一二日には完成する。これと並行して、下村や上野夫妻の案内で関西のあちらこちらを見学に出かけている。平等院（六月一二日）、京都御所と二条城（六月一六日）、琵琶湖（六月一七日と七月九日）、修学院離宮（六月一八日）、六甲山（六月二〇日）、大阪の市庁舎、改良住宅、大阪中央市場（六月二三日）、金閣寺と銀閣寺（六月二五日）、武徳殿と平安神宮（六月二六日）、愛宕山（七月一五日）などを訪れている。上野の比叡山の別荘にも滞在している（六月二七日から七月三日）。

日記の七月一六日の記述には、上野に案内されて祇園祭の宵々山や宵山を観に行ったことが記されている。下村も一緒に回ったようである。二人から懇切丁寧に説明されたのであろう。祭りの情景のみならず、疾病流行をきっかけとする祭りの由来や、個々の山や鉾の説明も記されている。たとえば、「孝行な（treuer）息子が冬に食料を求めたところ、神が若い食べられる竹を贈った。その息子の姿が山車の中にある」と記されている。これは、病気の母のために冬に食べ物を探した孟宗が、神に祈ったところタケノコを掘り当てた故事を表現している「孟宗山《もうそうやま》」についての記述である。

夏の葉山滞在

七月二一日にはまた葉山に移り、先ほどふれたように、中村の自宅の世話になった。葉山には九月一三日まで滞在する。早速海水浴をするが、タウトもエリカも日焼けがひどく、タウトは二日、エリカは一週間ばかり寝込むことになる。それに懲りず海水浴は続けたが、他にも久米にボートを漕いでもらったり、三浦半島にドライブに連れて行ってもらったりする。日本の葬式の様子を観察し、近所の神社の祭りにも出かけている。その間、読書や原稿の執筆に精を出しており、日記にも読んだ本や書いた原稿のタイトルが散見される。久米以外にも蔵田、山脇夫妻などが葉山のタウトのところを訪れたようである。

こうして彼のもとに日本人が来て話をしていくのだが、日本滞在中のタウトの今後を暗示するような話が、八月七日に記されている。数日分まとめて日記を書いたようで、その出来事は、「一昨日（＝八月五日）」にあった。この日、蔵田、竹内、齋藤、そして小山がタウトのもとを訪れる。その晩、タウトが日本でできる仕事について相談する。「どうしようもない」というのが結論のようである。齋藤の考えは、「ツーリストビューロー」であり、要は建築家としての仕事ではない。エリカについては、より簡単であろうということで、家政学校のようなところでドイツ料理を教える仕事ができるだろうという話になる。

国立工芸指導所の展覧会

このときの葉山滞在中の重大な出来事は、九月四日に雨の中で久米と一緒に自動車で東京に久しぶりの遠出をしたことであろう。タウトは、横浜から東京にかけての道々に見られる建物に辟易としたのであろうが、「語ることのできない建築の下劣さ」と簡潔に記している。銀座に行くと「記念碑的くだらなさ!」と評する。

久米の事務所に立ち寄った後、仙台の国立工芸指導所の展覧会を観に行く。工芸指導所は、一九二八年に商工省によって設立された組織である。この展覧会は、この年に工芸指導所が東京事務所を開設したのを機に銀座の三越で開催された。のち仙台に滞在したさいにタウトの通訳的立場になった鈴《すず》木道次《きみちじ》(?~一九八四年)によると、鈴木がドイツ工作連盟の経済的基盤についてタウトに問い合わせたところ、タウトから返事と資料が送られてきたので、この展覧会の案内を送ったのである。

タウトは、「よいものがあるかい? 全く少しだけ」と記し、他は「急ぎのやっつけ仕事で、ヨーロッパやアメリカの素描風のコピーで、「輸出趣味」」だという。初代所長の國井喜太郎《くにいきたろう》(一八八三~一九六七年)がタウトに率直な意見を求めてきたので、このように答えた。

工芸指導所の顧問

その後話は進んで、九月一〇日にはタウトは工芸指導所の顧問に就任するよう申し出を受ける。所長の國井自身も、前年の一一月から欧米に工芸品の視察に出かけ、六月に帰国してきたばかりであり、欧米の事情を知る必要性を痛感していたようである。また、指導所の出すパンフレットに「独乙ヴェルクブントの成立とその精神」が掲載されており、先に名前を挙げた鈴木が関わっている。指導所に欧米の工芸の情報を求める空気が広がっていたのであろう。鈴木の後年の回想によれば、年度も進んでおりタウトを雇用する予算はなく、外国人であるタウトを嘱託（顧問）に任命するのに抵抗もあったというが、久米と蔵田の勧めもあり、タウトはこの話を受諾する。

葉山への滞在は、九月一三日までで、その後は東京の蔵田の自宅に居を移す。タウトは二五日までそこに滞在する。この間も蔵田の設計した新潮社創業者の佐藤義亮《さとうよしすけ》の自宅を見学したり（九月一四日）、『婦人之友』の記者遠藤正子と建築家の吉田、小山、そして齋藤で建築物の写真を撮りながら東京をドライブしたりする（九月二三日）。後者については『婦人之友』一一月号に掲載される。「発見」があったとして、故人となっている老齢の建築家の好ましい住宅（一五～二〇年前建築）、村野藤吾《むらのとうご》設計のビルディング（森五商店東京支店）を見ている。

工芸の世界への接近

この頃から、工芸の世界に意図的にふれようとする。白木屋百貨店や三越百貨店で工芸品を観察し、古陶磁器展覧会に出かけているのが、その表れであろう。篆刻家で画家の楠瀬日年《くすのせにちねん》（一八八八～一九六二年）と日本画家の南部春邦《なんぶしゅんぽう》の二人に会いに出かけている。九月一七日に訪れた楠瀬は、大津絵の復刻を図った人物である。大津絵とは、江戸時代に滋賀県の大津で土産や護符として民衆に評判であったもので、緩やかなタッチの画風である。楠瀬の画風も「大津絵風」とタウトは評している。一方の南部のところには九月二一日に訪問している。彼は、タウトによると蔵田のおじとのことだが、写実的な画風である。

タウトは、九月二五日に東京を発ち京都に戻る。京都駅には、下村が運転手と料理人とともに出迎えている。京都手前の大津まで来たところで、「ここ（＝京都）にはすでに故郷としての深い気持ち」をもっている。翌日には、上野と一緒に祇園社（八坂神社）から、二年坂や三年坂あたりを散策する。店はすでに閉まっていたが、のんびりした牧歌的な雰囲気で、東京とは全く違うと感慨を述べている。道々、娼家、芸妓屋、骨董屋、浮世絵（を売る店）、茶道具、彫刻、竹細工の花器などをみる。農村からの寺社見物の人目当ての土産物もあるが、鉄製の壺、竹編み細工、陶器など多くは非常によい。質の高い陶器を作る工房もみた。タウトの視線は、仙台での仕事のために日本の工芸品に向けられていたのであろう。その後も、一一月四日仙台に赴任するために京都を離れるまでの間、タウトは京都を中心に工芸関係の工房や商店を見学に出かけている。九月二八日には大丸百貨店で商業会議所主催の日本の土産品の展示をみるが、優れていたのは西陣織であると評価する。

大丸百貨店の工芸品部門の倉庫を見たあとには、祇園の北の方の新門前通りに向かう。美術商林《はやし》新介《しんすけ》商店の中庭には日本と中国の骨董品が山をなしているが、中にはモダンながらくたもあったという。

九月三〇日には商工省管轄下の国立陶磁器試験所（伏見区深草正覚町）の見学に出かける。ホールに陶器製の大きな像、およびランプが置いてあったが、きわめて趣味が悪い。これに対して、新製品の展示では、単純な形に非常に美しい釉薬（青、赤、黄）を施してあるものは、この試験場の業績と評価する。日本的なものと西洋的なものがうまく融合していないという問題が指摘されているが、それはタウトが日本の建築や工芸に滞在中ずっと感じ続けることである。

　午後に下村とともに五条坂の商店街に向かい、平岡萬珠堂をのぞく。一八世紀から五条坂に工房を構えた陶磁器商である。自前の工房で、優良な一般向きの製品（安価）と非常に気の利いた、花模様はないが、洗練された食器を作っている。平岡萬珠堂には、自分の工房をもっている陶工が、販売を委託した作品も陳列してある。タウトはそうした作品を見て、一部は中国からの影響でゆがめられていない、傑出した国際的な水準に達していると評価する。彼がもっとも重要とするのが永楽《えいらく》である。永楽とは、室町時代から現代まで続く京焼の家元の一つで、一九世紀になってから永楽姓を名乗っていた。一五代の永楽正全《しょうぜん》が前年に五三歳の若さで亡くなったばかりで、あとを継いで一六代となるその息子は、まだ一六歳で正式に永楽善五郎《ぜんごろう》を襲名していなかった。永楽の工房をタウトは、後日（一〇月四日）に見学している。

　他にタウトが名をあげているのは、清水六兵衛《きよみずろくべえ》、真清水蔵六《ましみずぞうろく》、清風与平《せいふうよへい》、伊東陶山《いとうとうざん》である。清水六兵衛は、江戸中期以来の陶工で当時は六代目（一九〇一～八〇年）、真清水蔵六は江戸末期・明治初期の陶工で、当時は四代目が後を継いでいた。清風与平も江戸以来の陶工で当時は四代目、伊東陶山は明治からの陶工の家系で当時三代目であった。

　以上は京都の陶工だが、横浜の宮川香山《みやがわこうざん》も永楽に次ぐ重要な人物であると評価する。宮川香山は、京都の陶工の家系の出身で、明治期に横浜で真葛焼《まくずやき》を確立し、その作品は欧米でも高く評価されていた。海外では彼の名はMakuzu Kozanとしても知られ、タウトも日記ではその表記を使っている。宮川香山も当時は二代目である。

こうしてタウトはついに日本の陶磁器の最高峰を見出したと喜ぶ。タウトがここで名前をあげた陶工の何代目の作品にふれたのかはわからないが、連綿と作り続けられてきた様式を守る陶工に強く惹かれるものがあったのであろう。

タウトの工芸探訪の話を続けると、一〇月五日には京都の夷川の宮崎家具店、翌六日鋳金細工の秦《はた》蔵六《ぞうろく》（五代目とタウトは記すが、篠田英雄は二代と注釈）の工房、七日には森田竹工店（一三日に再訪）、七宝焼きの錦雲軒の稲葉《いなば》七穂《しちほ》（一八五一～一九三一年）、鉄製品を扱う溝口《みぞぐち》安太郎《やすたろう》（一九〇〇～六八年）の工房、二〇日には着物を扱う大嘉澤田商店、二一日には大木人形店を訪問している。一七日には東京の楠瀬が手紙で茶道の木津《きづ》宗泉《そうせん》と竹細工の山本《やまもと》笙園《しょうえん》と会うように交渉しておいてくれたので、大阪まで出かけている。二九日には陶工の河合《かわい》卯之助《うのすけ》（一八八九～一九六九年）に会うために京都市郊外の向町（現 向日市）に下村の運転で出かけている。一〇月二四日には大津に出かけた折に、下村から大津絵を送ってもらっている。

伊勢神宮

この間に工芸品を見て回るのと同じくらい精力的に、タウトは関西の建物を見ている。大徳寺・龍安寺・東大寺・東福寺・三十三間堂、十輪院・新薬師寺（奈良県）、三井寺（滋賀県）、と寺院建築を見学している。

この時期に観た建物でタウトにもっとも感銘を与えたのが、伊勢神宮である。一〇月一日、平岡萬珠堂を訪れた次の日である。上野と朝食をとったとき、大阪電気軌道株式会社（現 近畿日本鉄道株式会社）から生駒山上の住宅地の設計の依頼があったという話題がでる。そのあと三時間電車に乗って、外宮から見学する。もともと、遠景の写真を見せられても印象が残らなかったタウトは、この旅行が値打ちのあるものと考えていなかった。帝国大学の面々が勧めてくれたものの、天皇崇拝と結びついている愛国心からであろうと考えていた。

ところが、外宮の見学を始めると「この世界で唯一の古典をどのように叙述すべきであろう」と感慨を述べる。建物の構造については、藁ぶき屋根と十字の木材のついた農民の家に似ているという。建材の新鮮さ、建物や垣根の正確な作業で、材木は、純粋な石畳みと台の上にすっきりと立っている。建材の新鮮さとは、式年遷宮で二〇年ごとに伝統的に受け継がれてきた形で建て直すことを指すのであろう。切妻の十字の木材が、構造的なものではない唯一の点であるが、動的な要素を与えている。単純な切妻屋根建築にすぎないからこそ、可能な限りもっとも純粋な釣合いがもたらされたのである。比較が困難な独自の建築であると評価する。自動車で内宮に移動して、見学する。配置は外宮ほど単純ではなく、釣合いも弱いと違いも意識するが、両者同じスタイルであり、十分美しいと評価する。

こうしてタウトは、桂離宮に匹敵する感銘を伊勢神宮に受けた。これは、木材の素材を生かしてシンプルに構造を作る点に、モダニズム建築との共通点を見出したことがまずその理由としてあげられよう。シンプルな構造にとどまらず、十字に組んだ木材が建物にアクセントをつけていることもタウトが一九二〇年代に建てたジードルングと似ている。西洋の様式と日本風の建築様式を無理に接合しようとした、建築や工芸に辟易していた観のあるタウトには、伊勢神宮のような、日本独自の様式を大事に守っていることがきわめて好ましいものと感じたのだろう。伊勢神宮訪問の前日に平岡萬珠堂で日本の伝統を守った陶工たちの作品に感銘を受けたのと同じ感じ方といえる。

京都を離れたのは、一一月四日であった。桂離宮に案内されてからちょうど半年がたっていた。仙台には直接行かず、東京に五日間ほど滞在する。東京では、ソ連成立後に日本に移住してきていた美術家のワルワーラ・ブブノワ（一八八六～一九八三年）の家に滞在する。彼女は、日本の大学などでロシア語講師の仕事をしながら、画家としての活動を続けていた。妹は、一九二〇年代から戦後にかけて日本の音楽教育に大きな貢献をした小野アンナ（一八九〇～一九七九年）である。小野アンナは、一九一七年に日本人と結婚し翌年日本に移住したが、姉は、そのあと一九二二年に日本に移り住んだ。日本において一九二七年にロシア人のゴロフシチコフと結婚した。タウトが初めて東京に行った五月一八日に夫妻で駅に出迎えて以来の関係で、このときの滞在のみならず、その後も東京に出たときはしばしばブブノワの家に宿泊している。

第七章　仙台・大倉陶園

1　仙台およびその周辺の見学

仙台到着

一九三三年一一月一〇日に久米と一緒に上野駅から仙台行きの列車に乗り込む。仙台駅には工芸指導所所長の國井喜太郎夫妻、東北帝国大学の兒島喜久雄《こじまきくお》（一八八七～一九五〇年）教授をはじめ、タウトと一緒に仕事をすることになっていた剣持勇《けんもちいさむ》（一九一二～七一年）、鈴木道次、他三名が出迎えていた。國井は、工芸の教育や産業会に貢献した人物で、五年前に工芸指導所の初代所長となっていた人物であった。彼の名前は、産業デザインに優れた業績を上げた人物に与えられる國井賞に残っている。兒島教授は西洋美術史を専門とし、長くヨーロッパに留学しておりドイツ語に堪能だった。

剣持は、大戦後インテリアデザイナーとして国際的に活躍する人物だが、このときまだ二一歳であ

国立工芸指導所の所員たちとの集合写真

る。鈴木は、東北帝国大学の助手で工芸指導所には嘱託として関わっており、指導所には一日おきに出勤していた。バウハウスについてもよく知っており、ドイツ語会話もできた。指導所では彼以外はみなドイツ語を喋れず、また英語やフランス語もおぼつかなかったので鈴木がタウトにとって頼りであった。

結局は翌年の三月七日には終わってしまう短い仙台での生活には精彩を感じられない。仙台を初日に散歩しての印象は、「「重苦しい」澱んだ空気。田舎っぽい」といったところである。当時人口が約二〇万人の仙台は、長い伝統が積み重ねられた京都や、大震災から復興しつつあり、日本の様々な面を示してくれた東京とは比べようもないものの、江戸時代には伊達藩の城下町であり、明治維新後も旧制第二高等学校や東北帝国大学や陸軍第二師団が置かれ、東北地方の中心都市としての地位をすでに与えられたのだが、「田舎っぽい」という印象は最後までぬぐい切れなかった。

これは、仙台滞在中に所外までついてタウトを案内したのが若い所員の鈴木や剣持であったことが重要であろう。京都では下村と上野がタウトに密に世話をして関西の建築や文化を案内し、東京では多くの人がタウトに関わっており、それでタウトは日本の様々な側面にふれることができている。タウトは、東北帝国大学の兒島教授や、文人として木下杢太郎《きのしたもくたろう》の筆名で知られる同大学医学部教授の太《おお》田正雄《たまさお》（一八八五～一九四五年）教授の知己を得るが、密な交流というわけではなかった。

若い所員たちとの小旅行

タウトは若い所員たちと週末の旅に出かけている。仙台の生活が始まった一一月一〇日は金曜日であったが、最初の日曜日には自動車で作並温泉に出かけている。翌週の一八日には塩釜から松島をモーターボートを借りて島々の間を回っている。よほど気に入ったのか二三日の木曜日にも松島を訪れている。二六日月曜日には仙台城址を目指して青葉山を登っている。仙台城址には一二月三日日曜日に自動車で出かけており、この日は八木山にも上る。そこからタウトは、三角形の太白山を眺める。松に覆われ、背後に湖の見える丘陵地の光景に故郷の東プロイセンのようだと述べている。

一二月一〇日日曜日には、ようやく鈴木、剣持、岡安と自動車で仙台市内の名所を見学する。まず、伊達政宗の廟である瑞鳳殿を見学する。とるに足らない鎌倉風の建築のシンメトリックな建物は全く弱く、それ故に装飾的になるのだと評価する。次に、伊達政宗により建てられた大崎八幡宮を見ているが、装飾過多な建物に、「良き慣習（＝式年遷宮）に従って建物を新たにすることはできない」とみて、高く評価する伊勢神宮との違いを意識する。それから、仙台東照宮を見学するが、美しい杉木立

五城園から見た仙台市街と太白山のスケッチ

の中にある建物はつまらないものであり、かえって神官の住居が素晴らしいとしてスケッチを残している。

東北地方にあっても武家の建築文化は受け入れがたかったのである。それに対して、丘陵の上にある五城園からみた仙台市街や太白山の光景を気に入ったようで、これもスケッチに残している。五城園とは、工芸指導所の近くにある榴岡公園のことのようである。道中、仙台名物の堤人形（土人形）の工場を見学し、仙台出身の力士谷風の人形を、太っているフランツ・ホフマンに送っている。

仙台周辺の農村の探索

一二月一五日からタウトは仙台を離れたので、しばらくはこのお出かけは中止されるが、翌年二月八日に仙台に戻ってから復活する。二月一一日は、仙台北郊の七木田村、一八日には南郊に工芸指導所の若い所員と自動車で足を延ばしている。二月二三日には、兒島教授と松島方面に出かけており、松島には実質二カ月程度の仙台滞在中に三度訪れたことになる。二五日日曜日から二六日にかけて平泉の中尊寺、花巻、盛岡に出かけている。三月四日には現在は白石市の斎川村に鉄道と自動車を乗り継いで出かけている。

このときのタウトの見聞にとって大事なのは、農村の家屋に直接ふれたことであろう。一九三四年の正月に京都に滞在した折に、京都から琵琶湖に向かう街道にある途中村に出かけたときに宿屋に泊まる。ここは、かつて街道沿いの重要な中継地点であったが、タウトが訪ねたときには静かな農村であった。下村が選んだ「梅の屋」という宿で、農村の家屋でいろりを囲みながら暖をとるような生活をタウトは経験する。そこで、タウトはかつてのコリーンでの生活を思い出している。タウトは下村が今までとは違った日本経験をさせてくれたことを喜んでいる。集落内の他の家屋も観察し、写真を撮っている。

七木田村・仙台南郊の村

七木田村は、今でこそ仙台市街に埋没している感じだが、タウトが訪れた当時は、「非常に美しい手つかずの風景であり、そこの農民の家々は、京都や東京よりも本源的である」。藁ぶき屋根の家は、感動的に簡素で美しく、古き良きドイツの家屋のような建物もしばしばみられる。切妻を道路に向けた家の並び方に、モダニズム建築において用いられるようになった帯状住宅建築と同じことにも注意を払っている。曹洞宗の山の寺（洞雲寺）も訪れている。

仙台南郊の村（多分岩沼）の農民の家でも同様の感慨を得ている。タウトは、「稲荷神社」にも見学している。これは、竹駒神社と思われる。

斎川村

斎川村訪問は、「再び農家研究に素晴らしい日」となったと記し、充実した観察をなしえた様子がうかがえる。斎川村については二月二八日に仙台高等工業学校の小倉教授に招かれ講演をしたさいに、斎川村や瑞巌寺の写真を手に入れていた。小倉教授とは、タウトは苗字しか記していないが、建築史家の小倉強《おぐらつよし》（一八九三〜一九八〇年）のことである。仙台高等工業学校は、東北帝国大学に工学部とは別の工学専門部から一九二一年に分離独立した教育機関で、一九三〇年に建築学科が設けられていた。小倉は、建築学科の教授であった。一九二九年にドイツに留学した経験があり、のち『東北の民家』（相模書房、一九五五年）に結実することになる民家研究をすでに進めていた。タウトは、農民の家屋への関心を述べたのであろう。それを受けて小倉教授が斎川村を勧めたと考えられる。小倉教授は、前年（一九三三年）に斎川村に関する論文を公表したばかりであった。

斎川村の神社のスケッチ

タウトは、斎川村の街並みの印象を次のように述べる。

「非常に美しい藁ぶきの屋根、村の通り全体はスタイルの点で純粋で、形は部分的に「ドイツ的」であるが、部分的に屋根の曲線の独特の湾曲や全体の印象の柔らかさによって全く日本的としか言えない。家屋の色彩は、日本では意味をもたない。藁、木材、そして紙（窓に）でできている家屋は、素材の点で純粋で、非常に美しいが、黄色や白のわずかな漆喰が「自然な色合い」をもたせた。これに加え、水っぽい、薄い大気がある。――空の青は、もっともはっきりした冬の対応のもとでも、「色」ではなく、本来「空気」である」。

建物の色彩にも目を配っているのは色彩にこだわったタウトらしさがうかがえる。こうした街並みの色彩、圧倒的に茶色の室内の色彩から、着物の鮮やかな色彩が理解できたと記す。富裕な養蚕農家の家屋や立派な村長の家の他に、道路に切妻面が並んだ帯状住宅建築であることにも着目している。帰りがけに、タウトは、巨大な藁ぶき屋根をいだく小さな奇怪な形の神社に気がつく。よほど気になったものとみえ、スケッチと写真の両方で記録している。街道沿いに建てられた斎川道祖神社であろう。

タウトの仙台滞在は、農民の家屋への関心を強くいだくようになったという成果があったといえる。のちの白川郷の発見などタウトの日本の民家への高い評価の土台がこの時期に作られたのである。こうした農村部の住宅への関心の背景には、一九二〇年代半ばのジードルング建設を進めた中で、当初はベルリン郊外の田園的環境の小住宅地をいくつか手掛けたことがあるのであろう。

平　泉

仙台を離れる直前のタウトの行動でもう一つ重要なのが、平泉と盛岡への旅行であろう。

タウトは、一九三四年の二月二五日日曜日から二六日月曜日にかけて鈴木を通訳にして仙台から北に旅行に出かけている。

二五日は平泉に立ち寄り、中尊寺を見学している。金色堂は、「宝石」と評している。金色堂本体は覆堂で保護されているが、外観は金箔を塗られ、木材の屋根や壁が厳格なものであり、金の仏像などの置かれた内部は、ビザンツ様式やロマネスク様式を想起させる、最上級の贅沢と豊かさのもつ厳格さを有している。一〇〇〇年以上続いた荘厳さは、ダイヤモンドと評価するに値するという。

他の建物にも目をやっている。様々な文物を収めた経蔵、鐘楼、僧房を見て、だいたいが中世以来のこれらの建物を、特別なものではないが、快い建物と評価する。一九〇九年再建の本堂は新しく、そして弱いとする。神社があってそこから能楽殿に通じる道がある。能楽殿は、全く簡素な木造の非常に洗練された建物で、舞台で足の踏み方に応じて様々な音色がする。

同じ日に車窓から見た風景だろうが、北日本の光景は、ベルリン近郊に近いという。竹が少なくなり、杉が後退し、松や樹木が圧倒的なのである。

この日は、花巻で県庁の職員に出迎えられ、そこから電車を乗り継いで花巻温泉に宿泊をする。この地域の農家は、立派で厳格、そしてまとまった性格を有している。泊まった千秋閣で、火鉢や炬燵で寒さを十分に防ぎきれることを実感している。

盛岡

翌朝入浴後、県庁の職員と一緒に盛岡に向かう。盛岡では、当地の鉄器制作にアドバイザーとしての役割を果たすことを期待されていた。鉄器を扱う及川の商店、県の施設である岩手県試験場（現 岩手県工業技術センター）、小泉の工房をまず訪問する。このうち小泉工房（現 御釜屋）では、六角形と円を精妙に結び付けた鉄器を素晴らしいものと評価している。幾何学模様の組み合わせが、モダニズム建築家タウトの琴線にふれたのであろう。この作品をデザインした、立派な顔をしている老親方（八代目小泉仁左衛門：一八七四～一九五二年）がずっとついてくれたが、息子（九代目小泉仁左衛門：一九〇五～八〇年）は幾分弱い「モダン」なものを制作していると評価している。

全体的に伝統的で地に足の着いた製品への評価が高く、輸出を意識した「モダン」なものに否定的であるのは、これまでのタウトと同様である。

午後になると、岩手県庁で、鈴木の通訳のもと、一〇〇人以上の聴衆を前にして建築、文化、そしてとくに盛岡の鉄製品について講演をし、質疑応答を受ける。その後、宴席が設けられ、畳敷きの上に馬蹄形に四〇人分の座席が並べられた、床の間の前の上席にタウトとエリカが座った。芸者の繊細な踊りを鑑賞するが、踊りの一つは、盛岡近辺で行われる金山踊《かなやまおどり》である。

宴席ではタウトは工芸品を扱う親方たちと酒を酌み交わし、鈴木の通訳のもと工芸品に関する彼の「哲学」を語った。美しいものには世界全体が包摂され、そこから禅の瞑想の静穏が由来するというものである。九時頃には鉄道で戻り、仙台に帰り着いたのは日付も変わった一時半で、二時に床についた。

2　国立工芸指導所での活動

工芸指導所顧問としての工芸品探究

さて、話は前後するが、肝心の工芸指導所での活動はどうであったのだろうか。

タウトは、四カ月弱工芸指導所顧問として活動しているうち、一九三三年一二月一五日から二月九日までの二カ月弱は、仙台を離れ東京や京都で各種工芸品の工房などを探訪している。これ自体が、指導所の了解を得て紹介状を持って行ったもので顧問としての活動の一環である。

東京では、一二月二四日の日記にまとめて書いてあるので実際に訪れた日はわからないが、画家の前《まえ》田青邨《だせいそん》（一八八五～一九七七年）、一度訪問したことのある楠瀬日年、安藤七宝店、竹工の飯塚琅玕斎《いいづかろうかんさい》（一八九〇～一九五八年）を訪れる。一二月二四日に京都に移動してからも、稲葉七宝店を再訪したのを皮切りに、鋳金平野吉兵衛《ひらのきちべえ》（一八六八～一九四二年）、漆工鈴木表朔《すずきひょうさく》（一八七四～一九四三年）、金工秦蔵六（再訪）、元漆画工豊島、森田竹工店（再訪）、宮崎家具店（再訪）、鋳工溝口安太郎の溝口龍文堂《みぞぐちりゅうぶんどう》（再訪）を訪問している。翌三五年一月二三日には大阪の二カ所の鋳金工房に足を運んでいる。

こうした工房を訪れて、工芸指導所の参考になる作品を選定して、優良工芸品を仙台まで送っている。輸出志向の安易な作品を「いかもの」と評し、伝統的な技術を継承しつつ独自の世界をつくっている作品を高く評価している。こうした工房訪問の途中経過報告として、一月八日と一二日の二回にわたって、のち工芸指導所の所長も務めた所員の齊藤信二の問い合わせに答えて手紙を送っている。

この間、タウトは京都で伏見稲荷大社（一月七日）や大覚寺（一月一三日）を訪れているが、タウトのその後にとって重要な見聞は一月一日から三日にかけて、途中村に宿をとったことであるのは、すでに述べた。

二月二日からの東京滞在を経て、八日に仙台に戻り一〇日の土曜日に工芸指導所に顔を出すと、指導所との決別を即座に決意する。一三日火曜日には所長の國井に指導所にいられないことを告げるために東京に行くことを決意し、翌日実際に東京に旅立つ。工芸指導所を管轄する商務省で國井や兒島教授と話し合いをして、工芸指導所から手を引くことになる。

「プログラム」

タウトは、仙台の工芸指導所着任後すぐ一一月一四日に自分の考えをまとめた「プログラム」をエリカに口述筆記させて記している。

「プログラム」では「緒言」において工芸指導所の長所として施設や機械、材料やモデルの収集、実験室の設備に加え、金属あるいは漆に対する印刷転写の特許の取得をあげる。仙台到着数日で見て取った工芸指導所の可能性といえる。他方、指導所の欠点としては、この種の研究所一般の問題と断りつつも、設計室が、現実の仕事に即さず、抽象的にモデル、ならびに意匠図案を作っている点である。そのために「工芸」が、芸術家や建築家から嘲笑的にとらえられている。それが、かつてドイツ工作連盟が設立された背景であるという。

タウトは指導所が取り組む課題として三つあげている。

第一に、あらゆる近代的な調度に対して、工業的生産のための規範原型の制作を行うことである。そのさいに外国雑誌に載っているような流行を追うのではなく、伝統的に純化されてきた日本文化と現代の条件が結合すれば、日本においてとくに優れたものができるだろうと確信している。そのために、まず国内の最上級の製品を選択し、比較のために外国の製品を集める。次に、それらをもとにアトリエでデッサンを行い原型を作成し、それに批判を加える作業を繰り返すことにより、最終的なモデルを作成する。それを芸術家の組織が承認し、しかるべき委員会が認めて、初めて最終的な規範的原型として認められる。こうした規範原型が多く作成されたら、それを宣伝するためにフィルムにまとめる。

第二に、工芸指導所が特許を基礎に自己の領域をもつことである。漆の下地の上に印刷転写する特許などを発展させるために様々な批判を経て美的に洗練する必要がある。

第三に、蒐集、宣伝ならびに日本固有のきわめて進んだもの、質の良い物を作るための委員会を設置することについてである。工芸指導所は、伝統ある工房とは質的には太刀打ちできないが、芸術的工房の優秀な作品を選択し、日本的、国際的に価値あるものを見出すという点で、日本の優秀作品の制作の中心的役割を果たすことになる。そのために、芸術に深い見識のある人々を顧問として委員会を設置し、併せて設計者と制作主任の共同、芸術家の助力を仰ぐこと、書籍や製品の索引の作成、優秀工房のリスト作成、海外の情報の収集につとめる必要がある。

「プログラム」の最後に、欧米の製品を批判をもって取り込まなければならないが、日本の最高級の製品は、世界の価値基準に堪えるものであることを指摘する。

この「プログラム」は、一一月二二日には複製印刷され、二五日には約四〇名の所員で齋藤の司会のもと議論され、所員の間で賛同を得たようである。一二月一二日に『河北新報』にタウトとエリカの写真とともに記事が掲載される。

行き違い　この時点でタウトは、議論の末自分の「プログラム」が工芸指導所の基本綱領のようなものとして受け入れられたものと了解したであろう。東京や京都で様々な工房を訪れたのは、彼が自分の「プログラム」により優良な工芸品を選出するという課題を実行しようとしたものである。

ところが、タウト没後の工芸所員による座談会においてだが、当時の國井所長は、「参考意見として求めただけで官庁ではどうも直ぐ実行は出来なかった」と発言しており、タウトが求めていたような「プログラム」の扱いははなから問題とならなかった。同じ座談会の「実際翻訳に当たった僕は仕舞には所長に話していないのではないかと責められた事もあります」という発言が示すように、こうした事態で板挟みとなったのは、所で唯一ドイツ語が扱えた鈴木であった。

こうした行き違いは、タウトが仙台に戻ってすぐに爆発する。二月一〇日土曜日の日記には、工芸指導所への不満が記されている。國井所長が、純粋な「いかもの」に対する半「いかもの」で商人を教育しようとしている。今や、大慌てで二つの展覧会のために政治的理由から製品が作られている。若い所員はそれに反対している。自分の「プログラム」は、日本語とドイツ語で印刷されており、周知されている。こうしたタウトの不満に対して、國井所長は「プログラム」に重きを置いていること、そして思った通りに仕事をしてほしいとタウトにお願いしている。年度が替わると新たに認可が必要なので、ともかく年度末までのひと月お願いします、ということであった。

翌一一日日曜日は七木田村にでかけているが、翌一二日の日記の末尾に工芸指導所への不満を書き連ねている。仙台を去りたい、ここでは何もできない。いつも「はい」というのに、何もしたがらないし、できないと吐露している。

火曜日の一三日は東京に旅発つことを決意する。その時國井所長は、東京にいたのであろうが、タウトは自分に責任が押し付けられかねないので、展覧会のための「いかもの」を作っている間は仙台にとどまることはできないと、國井所長に告げるためであった。エリカは仙台にとどまり、のちほど電報で呼び寄せることになっていた。当然所内は騒然とし、東京に長距離電話がかけられることになる。國井所長の指示は、その晩仙台に帰ってくる兒島教授の報告を待つようにということであったが、タウトは、翌一四日に列車に乗った。一五日午前に商務省で会合が開かれ、タウトは「プログラム」がきちんと実行されること、およびよい協力者を任命する必要があるという希望を述べたが、それに対して國井所長は、来年度は「ちょっとした」助言だけにとどめることにしたいと返事をする。タウトの助言は、能動的なものではなく、受動的なものにとどめ、責任がかからないようにするということであった。東京と岡山の展覧会ではカタログでも口頭でもタウトに責任がないことを強調するとも語った。

退所へ

タウトにとっては工芸指導所のために活動する理由が完全になくなったといえる。タウトははじめは仙台に戻るのを拒否したが、こうした決裂が國井所長、兒島教授、会合で通訳をしてくれた平井に与える不快の念を考えて、一度仙台に戻ることにする。

翌一六日に仙台に戻ると、工芸指導所では大いに歓迎され、兒島教授も次の日には様子を見に来てくれた。とはいえ、タウトが工芸指導所を辞めるのは既定の方針であり、彼は三月七日仙台を離れることになる。その前、三月五日タウトは所員に対する最後のメッセージとして「質の問題」という講演を行っている。

日本の人たちが、日本本来の工芸品については質の良し悪しを十分に判断できるが、欧米の文物に関してはそうした判断力を失い、欧米で流行しているだけで喜んでしまうという現状認識のもと、「いかもの」生産を避けるための根本条件として、一、材料の正しい選択、二、そうした材料の正しい取り合わせ、三、材料の正しい処理、そして四、用途の充足の四点をあげる。

「質の問題」

すぐれた伝統をもつ工房の後継者が、新しいものを作るために伝統を全く捨て去るという邪道をとるのを、タウトは見てきた。新規なものを作ろうとすることが「質」と矛盾している。日本文化の伝統は、外国の影響を受け入れ再び日本的なものを生み出す力をもっており、竹、木材、漆など特殊な材料や技術を有しており、世界でも独自の地位を占めうるはずである。しかるに、日本の工芸が混乱に陥っているのは、日本人の感覚があいまいな思想のもとで不安定な状態にあることに原因がある。そこにこそ工芸指導所の存在する意味があるはずである。工芸指導所は、ドイツ工作連盟の成功と同様に成果を収めることを期待する。

同じ三月五日には「仙台の工芸指導所のための私の今までの仕事についての報告」をまとめ、六日には「工芸指導所の展覧会のための提案」を作成し、最後まで工芸指導所のために尽力し、七日の朝の列車で仙台を離れる。駅には、國井所長夫妻をはじめ所員と小倉教授が見送りに来てくれた。

タウトとエリカは、途中栃木県の益子に寄り、陶芸家の濱田庄司《はまだしょうじ》（一八九四〜一九七八年）を訪ねる。彼は、二月一五日に兒島教授とともに訪れた柳宗悦《やなぎむねよし》（一八八九〜一九六一年）の民芸運動とも深く関わりのある人物であり、彼がタウトを招待したのであった。濱田の製陶作業や周囲の農家を見学した。東京の定宿となっていたブブノワの家でしばらく生活する。

わだかまり

工芸指導所との関係は、結局両者、わだかまりが残った。タウトが東京に移ってからひと月たたない三月三〇日、鈴木が留学の相談にタウトのもとを訪問している。彼からは、仙台の人たちがやる気をもっているという報告を受けている。鈴木と彼のきょうだいとは、四月七日に東京会館でヨーロッパ、そしてドイツに出発することを祝して夕食を共にし、すき焼きを食べている。

六月二八日には、京都商工会議所で開催された工芸指導所と京都の国立陶磁器試験所の合同の展覧会を見ている。陶磁器試験所の出品物はどれもよくないが、工芸指導所の展示物は若干の改善が見られたという。だいたい五〇パーセントが「いかもの」で、三〇〜四〇パーセントがまあまあであり、残りはよかった。よかった中には、タウトが設計したドアハンドル、スタンド、椅子もあり、これらは十分とはいえないが、銀製の円形の容器は十分な出来である。タウトを喜ばせたのは、彼が関わっていない作品にも優れたものがあったことであり、そこに印刷された「プログラム」の影響を感じ取っている。

ところが、國井所長をはじめとして工芸指導所の組織としては、タウトが指導所を辞めてからしばらくの間は、距離をとっている観がある。工芸指導所発行の『工芸ニュース』の様々な記事を読んでも、タウトについての言及はその後それほど見られない。

日記の記述を見ても、タウトはそうした状況は感じ取っていたようである。三四年五月二八日に中国と朝鮮の古美術の大きな展覧会を訪れたときに、工芸指導所の國井所長と齋藤にひょっこり出くわす。タウトと、当時仕事をしていた大倉陶園の世良延雄《せらのぶお》が気に入った中国製の花瓶を彼らに見せたところ、二人は賛意をしめさなかった。そのさい、工芸指導所がタウトの考え通りに運営されているということであれば、工芸指導所の今後にはタウトにも責任があるから、指導所の活動に今後も関わるべきではないかと質問したところ、國井は、あいまいな反応をしている。

七月一一日に仙台の兒島教授がタウトのもとを訪れたという記述が日記にある。タウトは、仙台を離れてから手紙を二通とはがきを一通、兒島教授に書いたが、返事がなかったので、この訪問はタウトの便りへの対応なのだろう。兒島教授は、タウトが工芸指導所と「縁を切る」べきで、おとなしく引き下がった方がよいと考えていた。「プログラム」をどうするかは國井所長の問題で、もはやタウトの手を離れているということだった。

3　大倉陶園

工芸所を離れた後のタウトにとって問題であったのは、どのように生計を立てるかであった。

大倉陶園顧問就任

一九三四年三月二一日に久米権九郎が二つの工房（陶器と家具）の顧問の話をもってきたのを皮切

りに、翌日には久米が、日本楽器製造株式会社（現ヤマハ楽器）が銀座に計画していた社屋の設計をタウトと共に行いたいということで、タウトは久米と一緒に浜松にある本社を訪れている。社長の川上嘉市《かわかみかいち》に会ったものの、具体的な建築の話は出てこず、タウトはこの話は期待薄であると気がつく。

三月三〇日には以前ツーリストビューローの仕事を薦めた齋藤寅郎が、外務省の柳澤健《やなぎさわたけし》（一八八九〜一九五三年）のところにタウトを連れて行った。詩人でもあった柳澤は、タウトのことをよく知っていた。建築史の東京帝国大学教授関野貞《せきのただし》が、他の外国人と異なり、（日本に対する）タウトの考え方が適切であると薦めてくれたからである。柳澤は、ツーリストビューローのために鉄道省と連絡をとってくれた。ただ、この話もこれ以上進展しなかった。

ほぼ同じ頃、土浦（おそらく建築家の土浦亀城）から「バロン・オオクラ」とも称された大倉喜七郎《おおくらきしちろう》（一八八二〜一九六三年）のことで話があり、他方久米は大倉陶園にタウトを迎える用意があると知らせてくれたと日記には記してある。前者が具体的にどのような話かわからないものの、後者はその後短い間であったが、具体化する。大倉陶園は、一九一九年に大倉孫兵衛《まごべえ》と息子の大倉和親《かずちか》によって創立された陶磁器製造業者である。大倉陶園と関連する会社として、日本陶器（現 ノリタケ）、東洋陶器（現 TOTO）、日本碍子《がいし》（現 日本ガイシ）などがあり、日本の陶磁器産業を担った企業グループである。

四月一日に大倉からの手紙をうけとる。四月七日には大倉陶園支配人の日野厚《ひのあつし》と長時間にわたって面談し、良い印象を得たので、五月の初めから「最高の陶器製造業」の顧問としての活動を開始することになった。大倉陶園は、すでに優れた品質から上流階層や皇室関連、省庁や大使館などに製品を納入するようになっていた。建築の仕事がこないことに観念したのか、大倉陶園の仕事が本決まりになって一週間後の四月一五日の日記には「我々は休暇中である。かなり長い間」と記してある。

顧問としての活動

タウトは四月八日から五月一五日まで京都に滞在したのち、五月一六日から大倉陶園の顧問としての活動を開始する。タウトは、このときはブブノワ宅ではなく、齊藤が紹介してくれた国際フレンド会館に居を定める。これは、松本寅一《まつもととらいち》が、アメリカ留学の経験を踏まえて、一九三三年に東京の渋谷区の代々木練兵場（現 代々木公園）から遠からぬところに創設した建物で、タウトの観察によれば、「ドイツも含む、大使館から推薦された人が入り、「ホテル」ではなく、この名称に対応した目的を果たす」建物である。「「アメリカ」風の建物だが、郊外にあるものの、静かな、良い立地である」。

ここから電車を二回乗り換え、一〜一・五時間ほどかけて、六月半ばまで蒲田区（現 大田区）にある大倉陶園まで通うことになる。働き始めたときの記述で、支配人の日野、秘書の横田、主任製図係の世良（延雄）の名前があげられているが、タウトは主に世良と仕事をすることになる。その仕事の目標は、単なる模倣や「いかもの」から離れ独自のものをもたらすことであり、この点仙台と同様である。

蒲田の工場のそばは、雑然とした工場地帯で、電車の多くの路線、「いかもの」の家屋があるが、多くの田園風景が見られるとタウトは観察する。この間、支配人の日野がタウトのことを気遣っている。五月二三日には三越に一七世紀の画家、岩佐又兵衛《いわさまたべえ》の展覧会を一緒に観に行き、昼食を共にしている。五月二五日の夕刻には、アメリカ旅行に旅立つ京都の下村の見送りに、日野は花束を携えて横浜までタウトに同行している。この日は午前中に柳宗悦宅をたずね、そこでイギリス人のバーナード・リーチ（一八八七～一九七九年）と会うことができたのだが、よりによってタウトが「さぼった」唯一の日に工場の所有者である大倉和親が仕事場で待っていたとのことである。六月二日には日野がタウトを自宅に昼食に招待している。

実際の作業を一緒に進めていく世良をタウトは「とくに教養があり、理解力のある若い男性」と評価している。大倉陶園の製品への自己批判をもたらすために、ヨーロッパの陶製品の分析を彼とまず行った。そうした分析が終わりに近づいたところで、陶園の製品の検討である。技術的には日本で最善の質であるが、芸術的にはまだ独自のスタイルをもっておらず、これから伝統と結び付く日本（ならびに中国）の型と類型を選択する必要がある。それにはひと月を要するであろうと記してある。そうした脈絡でバーナード・リーチのことを日記でふれたところ、先に記したように本人に翌日の五月二五日に出会うことができたのである。リーチは、日本にもたびたび滞在し、日用の陶器の制作に着目した。

六月一一日の日記には大倉陶園における理論的な仕事は終わったと記してある。具体的にタウトが何を記したのか不明なのだが、日記には「質は技術と設計の合一であり、それがなければ「いかもの」だという永遠に有効な原則を、たぶん所有者（＝大倉）も理解した」と記してある。タウトは、東洋の、とくに日本の陶磁器を見渡すと、多くのものが素晴らしく、とりわけモダンな意味においてそうなのであるが、日本人の自己卑下の尺度ではこれを理解できない。ところが、それは「絶対そうではない」とタウトは言う。一カ月間の大倉陶園の仕事に満足したという気持ちを日記に記している。翌六月一五日は、日野が満洲に出張することとなり、タウトが陶園に出勤する最後の日となった。翌日大倉がタウトのもとを訪れて、多くの賛辞を残していったと記してある。一カ月後の七月一九日には、久米と蒲田を訪れ、日野と協議し、二カ月間さらに理論的作業をすることで合意した。その頃には、次の仕事として高崎の井上房一郎《いのうえふさいちろう》（一八九八～一九九三年）のもとで働くことが決まっており、その関係で大倉陶園のための作業は秋からだろうと考えている。実際にはタウトの日記を見るかぎり、この方面の作業が進展した形跡は見られない。

井上房一郎

次の仕事についていては大倉陶園での仕事をしている間に久米がまた骨を折ってくれた。タウトの日記によれば、大倉陶園での仕事が始まってほぼ一週間たった五月二四日のことである。夕刻、銀座のすき焼き屋で久米と高崎の実業家の井上房一郎と会食をする。

井上は、高崎の建築業、井上工業株式会社を経営する井上保三郎《やすさぶろう》の長男であった。一九二三年からパリに留学した。当初は画家も志したが、一九二九年に父親の経営する井上工業に入社し、工芸にも関心をもち、日本の「輸出向きの製品」とは反対の最高品質の商品を作りたいとタウトに語る。彼は、イタリアやフランスの文化を正確に学び、よき日本人として自国の最高品質のものを新たに生産しようという。井上は、タウトの論文と仙台での仕事を踏まえ、大きな信頼をもち、自分のところで顧問として設計にあたってほしいという。タウトは、「有望な仕事」と判断する。

半月ほどたって、タウトは井上から電報で仕事の打ち合わせのために高崎まで呼び出されている。その道中について日記には六月一一日にまとめて記してある。日記では日付の記載がはっきりしないが、九日の土曜日の朝、久米とともに高崎に向かう。タウトの観察によれば、井上の関わる工芸所は、「建築業も有している大きな会社の一部であり。様々な業種（家具、漆、絹の染色）の卸のようなものを営んでいる」。井上は、文化的な関心も有しており、日本的な価値を前面に出そうとしている。話し合いの結果、顧問として活動し、また秋の展覧会の計画を立てることになった。高崎から列車で二、三時間の軽井沢近郊の沓掛で夏を過ごして、作業するようにも申し出をうける。

その日の夕刻に高崎から沓掛へ列車で移動し、列車は急勾配を進み、多くのトンネルを抜けていく。沓掛は中山道の宿場町であったが、自動車で純日本風の大きな旅館に入り、夕食後、夏に過ごすはずの別荘を見に行く。

一〇日はグルジアの軍用道路を想起させる、沓掛よりも高い位置の道路を通って草津温泉までバスで移動する。草津では、歌に合わせて一列に並んで熱い源泉を板でかき回してから入る入浴方法が有名であるが（「時間湯」）、タウトはその光景も日記に記している。築後一〇〇年の温泉で休憩した、この建物や草津到着前の建物にチロルの建物に似た点を見出す。そこで食事をとり、バスに乗って、またコーカサスを想起させる光景を見ながら、渋川で列車に乗り換え、高崎で井上と別れる。列車を乗り継いで夜中の一時頃に宿に戻った。

4　日本文化論の成果

『ニッポン』

この時期日本文化を語るタウトにとって二つの大きな出来事があった。

まず、日本文化を論じた最初の著作である『ニッポン』が平井均訳で明治書房から刊行されている。日記にも一九三四年六月一日の箇所にこの本が刊行された旨が記載されている。前年の五月二六日に明治書房の高村鍵造に依頼されたこの本の原稿は、一カ月半ほどの執筆期間で七月一二日には完成していた。『ニッポン』の骨格は、タウトの日本滞在の最初の二カ月で形成されたものといえる。その間タウトは、一方では桂離宮に代表される京都の建築や文化にふれ、他方で日光東照宮につながっていく東京の文化に関わり、どちらかといえば、前者の方が彼の琴線にふれたのであった。そうした彼の認識が反映して、本書は桂離宮を高く評価しつつ、それを生み出した京都＝天皇の文化と、東京＝将軍の文化を対比的にとらえている。タウトが伊勢神宮を訪れたのは、一〇月のことであるが、『ニッポン』で展開した見方を強調するために原稿完成後に伊勢神宮での見聞をとりいれている。その当時の日本がよき伝統の重みと新しいものをとりいれる柔軟性をもっていることを指摘するのである。

装丁自体も、労働者の上着である法被の亜麻布を用いているが、同書でも紳士用の服に用いてはどうかと提言している。本の主張の一部が本の体裁にも反映されている。六月五日には早くも明治書房の高村から手紙をうけとり、『ニッポン』は「都市部」でよく売れており、一書店からすでに三五〇部の追加注文があったという情報を得ている。さらに一〇日ほどたった一六日の日記には、初版一〇〇〇部が売り切れることになると記してある。七月五日に東京帝国大学に行ったおり岸田日出刀《きしだひでと》（一八九九〜一九六六年）からある雑誌にタウトの議論がとりあげられていることを教えられた。七月二二日には外務省の近藤が、『ニッポン』の英語版を刊行する話をもってきた。

桂離宮再訪と「桂のアルバム」

タウトの論じる日本文化を考える上で欠かせないのが、一九三四年五月七日月曜日の桂離宮再訪であろう。前回訪問のさいは三時間の滞在であったが、このときは四時間半とっている。案内してくれた係の人は、前年の訪問をおぼえていてくれた。タウトは単なる興奮ではなく、五感をもって享受するという姿勢で桂離宮にのぞむ。タウトは桂離宮が小堀遠州の作品と信じており、この人物がもっている精神的自由の広大さに感銘を受ける。庭園を見学している中で、タウトはそこの情景をスケッチと言葉で筆を用いて残すという考えを思いつく。下村宅に帰宅後すぐに着手するはずであったが、下村の開いたお茶会に参加し、翌日八日から執筆に着手する。九日の午前に修学院離宮を再訪したが、その午後に「桂のアルバム」は完成する。

表紙に加え、絵巻物を意識したような長い紙（材質）の表と裏にそれぞれ一三葉の光景が、主に筆と墨汁で記されている。ときとして朱や青の色彩が加えられ、それぞれの光景に簡潔な感慨が記されていく。

この作品をタウトは京都に住んでいた実業家の宮田兵三《みやたひょうぞう》に託すことにした。桂離宮を再訪する数日前の五月二日に北白川小倉町の宮田の自宅を訪れていた。タウトの記述によれば、宮田は九州で紡績工場を営み、富をなし、当時は京都の自宅で美術品の収集に精を出していた。宮田がとくに集めたのは、一九世紀初頭に活躍した田《た》能《の》村《むら》竹《ちく》田《でん》の作品であった。この日、上野をはじめ一〇人で宮田邸を訪問し、食事をはさみ、夕刻から夜半まで宮田の収集した作品を鑑賞する。タウトは、竹田の作品のみならず、宮田の客のもてなし方にも感銘を受ける。タウトは、できあがったばかりの「桂のアルバム」を宮田に託すことにした。作品の完成した翌一〇日、タウトは、上野を伴って宮田邸を再訪する。宮田は、「桂のアルバム」を出版したいようであり、タウトはこの作品を彼のもとにおいていくことにした。

『画帖　桂離宮』（「桂のアルバム」）第11葉

　こうしてタウトは、「本日の一九三四年五月一〇日。私にとっての日本における素晴らしい日！　新しいアルプス建築のようだ」と日記に記す。

　ところが、出版は結局実現せず、「桂のアルバム」は三五年二月七日にタウトのもとに戻されてきた。その後、三五年一一月のタウト関連の展覧会が開催されたときに展示されたものの、日本滞在中に刊行されることはなかった。

日本文化との関わり

桂離宮や修学院離宮の再訪にとどまらず、タウトは、とくに四月八日から五月一五日の京都滞在の時期を中心に日本文化の様々な側面にふれている。

京都に到着後数日は、桜を見に頻繁に円山公園を訪れるが、並行して建築物でいえば、平安神宮や知恩院（四月一三日）、京都博物館、智積院、花街の島原の角屋（四月一六日）、八幡の松花堂や宇治の平等院（四月一七日）、清水寺（四月一九日）、醍醐寺の三宝院（四月二〇日）、広隆寺（四月二八日）、比叡山と坂本（四月三〇日）を訪れている。五月になると、一日に自動車で八瀬に出かけ、五日に大徳寺を再訪している。大徳寺については、小堀遠州が晩年関わったことが意識されている。

日本到着一周年の五月三日からタウトは、一年前の行動をなぞっている。桂離宮と修学院離宮再訪はすでにふれたが、他にも五月一一日には前年五月五日に行った保津川下りに興じており、その足で松尾大社もまた訪ねている。

能も、一九三三年の五月一四日に金剛能楽堂で鑑賞したのに引き続き、京都で翌年四月二二日と五月六日に、東京の赤坂にある金剛派の能楽堂で五月二六日に鑑賞している。京都ではタウトは記していないが、前年同様、金剛能楽堂であろう。東京では、米川正夫《よねかわまさお》と篠田英雄《しのだひでお》の案内で鑑賞している。タウトの著作の多くを翻訳している篠田とはこのときに初めて出会ったようである。タウトは能をかなり気に入り、二二日の記述に『ニッポン』でもとりあげ、すべてが「眼福」であると表現している。

柳宗悦

仙台の国立指導所と縁を切るべく東京に滞在していたさいの二月一六日に知り合った柳宗悦との関係もこの頃深まっていく。日常生活の品々に美を見出す民芸運動を主宰する柳の視点は、日本人が伝統的に作り上げてきたモノづくりの在り方を称揚するタウトの視点と通ずるものがあったのであろう。彼にあてた手紙という形で日本工芸に関する文章をしたため、それは柳の発行している雑誌『工芸』に掲載された。

東京帝国大学での講演

こうして日本文化の様々な側面にふれたタウトは、五月一九日に依頼されて、七月九日、一〇日、一二日、一三日、一六日、一七日の六日間、東京帝国大学で講演することになった。この講演の手配をしたのは、東京帝国大学教授の岸田日出刀であった。日記を見ても、タウトはこの講演にかなりの力を入れており、六月二五日から三〇日にかけては材料を集めに京都に行っている。このときは、下村は海外に行っているので、旧制三高のフランス語講師のガルニエのところで世話になった。

実際の講演が始まってみると聴衆は八〇～一〇〇人で、その八〇パーセントは学生であった。学生は熱心に聞いてくれたが、その理解力はまだまだであるとみる。あらかじめ『日本建築にとっての意義を絡めた西洋の建築』というドイツ語の一二頁の冊子を配布して、それを参照しながら「住宅建築」「ジードルング」「都市計画」といったテーマで話した。とくに最後の日の「都市計画」については満足いく出来であったと日記に記してある。

5　生駒山上住宅地

建築家としては日本社会に受け入れられなかったことがこの時期、はっきり表れていたのが、大阪府と奈良県の境の生駒山上に建てられることになっていた住宅地の運命であろう。

大軌による依頼

タウトにこの話を依頼してきたのは、現在の近鉄の前身、大阪電気軌道株式会社、略して大軌であった。伊勢神宮を訪れた一九三三年一〇月一日の朝食のさいに上野からその情報が伝えられた。この話は、中尾保が仲介したものである。

大軌は、大阪の上本町から奈良に至る路線沿いの住宅地を当時開発しつつあった。一九日には上野がこの計画が実行に移されるという情報をもってきて、二三日には実際に生駒山上に行っている。大軌の本社を訪れたのち、生駒山のトンネルを抜けて生駒駅からケーブルカーで山頂まで行く。すでに山頂には生駒山上遊園地が、このケーブルカーと同時に一九二九年に開業しており、現在も使われている飛行塔が造られていた。タウトが「奇妙な」とする飛行塔の周囲に設けられた運動場には不快を感じる。とはいえ、なだらかな山の背からは、大阪と奈良の光景が一望できる。そこに自由に美しい山上の住宅地を設計できるのである。タウトは、「素晴らしい仕事だ。『都市の冠』だ」と、第一次世界大戦中に書いた自分の本の構想を実現できることを期待している。仕事は始まったが、「第一日目は遠足で、仕事は詩である」と、この日は楽しい雰囲気を味わっている。

一〇月二七日には山上住宅地のために水彩画を描き、三〇日には大軌の本社でスケッチを提示した。そこにいた人たちと検討して、この計画に完全な理解と了解を得た。その後に営業部長の横井元一朗(タウトはゲンシロウと記す)も来る。実現がほぼ確実のように思われる雰囲気で、タウトも「日本でのよきデビュー! 素晴らしい日」と記す。

翌日の日記には、『朝日新聞』に山上住宅地の記事が出ていたことが記され、そこにはタウトのと並んで、大阪府技師兼内務省都市計画大阪地方委員会技師の造園家(大屋《おおや》霊城《れいじょう》)による計画が載せられていた。この記事をうけて一一月二日に、大軌の澤田と高橋が来て、横井から、タウトには競争相手はいないのだから心配に及ばないと伝えてくれとのことであった。このときタウトはこの仕事の報酬の前金をうけとる。

設計の完了

一一月一〇日にはタウトは仙台に移るが、工芸指導所内でもこの住宅地の設計に時間を割くことが認められ、彼に与えられた部屋で設計の仕事を続けた。設計事務所を構えていたドイツのときとは異なり、彼はほぼ独力で設計の仕事をし、一二月一日に設計は完了した。

すでにあった飛行塔の南側の方(ケーブルカーを降りて左手の方)に宅地を整備して、そこに大きめのホテルと住宅を配置したものである。住宅としては、一戸建て三六棟、二戸一が九棟、集合住宅一棟(一〇戸)の合計六三戸が建築される予定であった。現在では、そこには生駒山上遊園地の遊具と放送用のテレビアンテナが建っている。

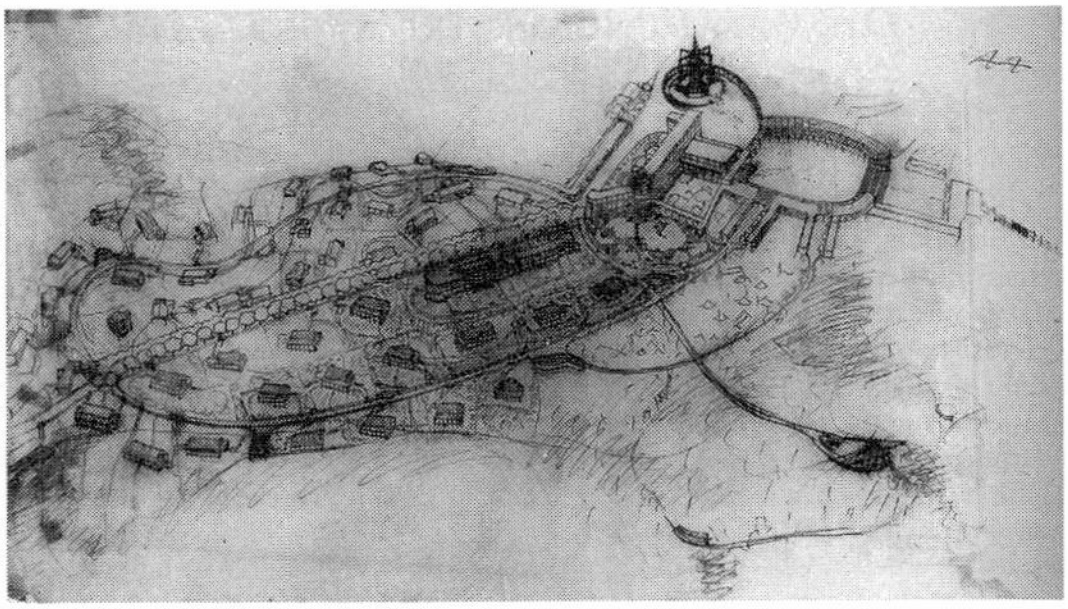

生駒山上住宅地

不可解な結末

翌一九三四年一月一日の日記には、仕事始めに生駒住宅地のために絵筆で描くと記してある。一月六日には一切合切を大軌に引き渡す。営業部長の横井が病気で話が進まないという説明を受けるが、四月二四日には、上野から大軌がすべて延期したという情報を得る。

しかも、大軌が、計画を延期したのは、横井の病気故ではなく、別の計画があったからであることを知る（四月二九日）。実際、生駒山上にはタウトと大屋の計画の他に、建築家本間《ほんま》乙彦《おとひこ》（一八九二〜一九三七年）の別荘地の計画があり、三つの計画を比較すると、道路網や広場はタウトの計画により、建てられた建物は本間の設計によっている。本間はモダニズムの傾向のある建築家であったが、生駒山上住宅について彼の設計した建物は丸太小屋のようなもので、それは大軌の要望によっていた。その後、本間の設計による住宅が建てられていく。

それはともかく、建物ではないが、タウトが構想した形で道路網が残されていることをここで強調しておきたい。

生駒山上の住宅地の計画が立ち消えになった頃、とくに東京滞在中にタウトを精神的に参らせたものがある。タウトが、五月一五日から七月末まで過ごした国際フレンド会館は、代々木練兵場から西に一キロもないところに位置していた。当時ここら辺はまだ住宅が建て込んでいない。

軍事演習

六月二日の記述に山手線で小銃を持った高等学校生徒を見たと記してある。軍事教練は、高等学校生徒も学生も義務となっている。ドイツでナチス政権の誕生を見て日本に来たタウトは、世界で軍国主義的な緊張感が高まっていることを感慨する。ドイツから帰国したばかりの日本人が、興奮して、タウトたちに「ハイル・ヒトラー!」について語ったという話が日記に記されている。

代々木練兵場で軍事演習があるだけではなく、国際フレンド会館の真ん前で、空砲や威嚇がなされることがあった（六月二四日、七月四日、一四日）。国際フレンド会館にいながら、戦場にいるようなものだと記す（七月一四日）。その点、高崎という地方都市に移っていくのは、タウトにとっては騒然とした雰囲気から離れるためのよいきっかけとなったのかもしれない。

第八章　高崎での生活

1　高崎で置かれた環境

洗心亭

タウトは、一九三四年八月一日に東京から高崎に移動した。沓掛の井上の別荘で仕事をするように申し出があったのだが、父親が使うからといってそれはとりやめになった。かわってタウトが住むことになったのが、高崎西郊にある少林山達磨寺境内の北東の一角にあった洗心亭という建物であった。達磨寺は黄檗宗の寺院で、その名の通り「だるま市」で有名である。タウトが住んでいた当時は、碓氷郡八幡村にあり、同村はその後一九五五年に高崎市に併合された。碓氷峠から流れ出る、利根川水系の碓氷川が近くに流れ、川の南岸に広がる丘陵地に達磨寺は位置している。

この建物は、東京帝国大学教授で農学を専門とする佐藤寛次《さとうかんじ》博士の建てた建物である。四畳半と六畳の二間に、台所、風呂、便所が付いたきわめて簡素なものであった。

洗心亭

翌年四月二六日に持ち主本人が洗心亭を訪れたときにタウトは話を聞いている。設計は、佐藤博士の妻が行ったそうである。「一時的な滞在のための茶室」として設計したといっても、榛名山を眺望できる一番よい方角に便所を設けたことにはタウトは納得しなかった。タウトが眺望を損なうことを残念がるのも、洗心亭や達磨寺の周辺から榛名山をはじめ、赤城山や浅間山などを遠望し、高崎西郊の田園地帯も望むことができたからであろう。

自然環境

周囲の自然環境もタウトの気に入るところであった。八月に住み始めた頃は、セミ、カエル、小鳥の鳴き声に耳を傾け、トンボの飛ぶ光景を見る。周りの丘陵地帯も美しく、そこは地味豊かな土壌である。圧倒的に桑が目立つが、あらゆる種類の野菜、トウモロコシ、麦などが植えられ、野生の植物もあり、豊かな植生といえる。

こうした自然環境を気に入ったタウトは、あたりを散策するのが日課となった。八月三日には、ふもとの碓氷川までいって、水浴びをしている子供たちを眺め、弟子の三人の若者と一緒に渡し船で向こう岸まで渡っている。八月一三日の夕方には実際に川で泳いでいる。八月五日には、達磨寺の娘の

「敏子さん」が裏の林の塚に連れて行ってくれた。そこに洞穴があったが、それは昔の住居かもしれないとタウトは記す。近所の養蚕農家（八月一二日と一八日）、碓氷川の向こうの八幡村（八月二五日）、達磨寺の近辺（八月二七日）と日記に記してあるだけで洗心亭に住み始めて一カ月でこれだけ出かけている。他にも、九月二日は八幡神社（八幡八幡宮）に井上や工芸を教えている若者と一緒に足を延ばしている。この神社の建物については、何度か改築されたが、三〇〇年間の専制が日本の最善のものを堕落させたと記している。

タウトがとくに気に入っていたのが、達磨寺の背後に広がる丘陵地帯である。洗心亭からすぐに入っていけるという簡便さもさることながら、そこから見える高崎市と周囲の山々の景色が彼の琴線にふれたのであろう。九月二一日朝に室戸台風の影響で高崎も嵐となったが、台風の後に丘に登っている。光景がはっきり見えたようであり、「我々の」山々、つまり赤城山と榛名山が、浅間火山と並ぶとちっぽけな玩具のようだと感想を記している。手前の光景も興味深く、下を見ると多くの村々とその背後に都市（高崎）があり、目の前には停車場が見える。

日記には、洗心亭近辺を若い頃遊んだコリーンや亡命前に住んでいたダーレヴィッツにたとえる記述がしばしば出てくる。前者は、ベルリンから北方の森林地帯にあり、後者はベルリン郊外の住宅地であるが、手近なところに森や牧草地がある。ベルリン周囲には高い山がない点はちがうが、人が生活する空間に密に自然が関わってくるという状況は同じである。ドイツでの生活を想起させる環境を、ここ高崎で手に入れたのである。

タウトは、日記でも再三洗心亭の環境を好ましいものと記している。とりわけ東京の喧騒で辟易したところへ、洗心亭の自然に恵まれた環境に帰ってくると本当にほっとしたのであろう。その印象がひっくり返る事態が発生するが、それは後ほどふれる。

住職一家と教師たち

この環境での生活を支えたのは、まず達磨寺の住職一家である。住職は、廣瀬《ひろせ》大蟲《だいちゅう》であるが、主にタウトたちの面倒を見たのは長女の敏子である。タウトの日記によれば、洗心亭に住み始めた段階では、タウトたちは昼食は、寺の方でいただく。一家は、三度の食事がいつも同じようで、味噌汁、ごはん、それにナスの漬物などちょっとしたもので、それをタウトたちもとるのである。風呂は洗心亭にもついているが、寺の広い湯殿につかる（八月三日）。洗心亭にも毎日、敏子が朝に掃除をして、床の間に花を活けてくれる。これは、洗心亭に住み始めたばかりの八月四日の日記に記してあるが、そこでつくられた信頼関係はタウトが日本を離れるまで続く。住職も好意あふれる人で、タウトに絵や書物を示し、古い画集を貸してくれたと、同日の日記に記してある。

日記には続けて、若い教師が本と絵を持ってきてくれ、タウトは日本語に訳されている自分の作品を貸したと記してある。七日には達磨の色紙をタウトに希ったところ、タウトは第一次世界大戦前に親交のあったシェーアバルトを描いた。二人ともくりくりした目をしていたからである。八月一二日の日記に毎朝、二、三名の教師が高崎市内から達磨寺に一〇五名の小学生を連れてきているという記述がある。教師とは絵や本を見せ合い、子供たちの絵もいっぱい持ってきてくれた。

世話してくれる人や仕事上関わる人との関係が主であった京都、仙台、東京滞在時と違い、高崎では、言語の壁はあっただろうが、地域の人ともふれ合いながら生活することになる。その端的な例が、節分の豆まきである。一九三五年二月四日、達磨寺は多くの人でごった返した。昼のうちに建てられた櫓から夜九時になると紙のマスに入った豆とミカンがまかれる。住職に頼まれてタウトも豆をまくことになり、お堂の式次第の豆をまく人の筆頭に彼の名前が記された。二〇〇人くらいいる他の人は、高崎のみならずよそからも来た商人や農民であった。櫓の上に紙のお面をかぶった赤鬼と青（タウトは「緑」と記す）鬼がのぼり、それをうけて儀式が行われた。住職に続いて最初の俗人としてタウトは「Fuku wa uchi, Oni wa soto」といって豆とミカンをまくと境内に集った人々に強い印象を与えたであろう。タウトは、彼のあとに集団でまく人にも豆をまいて、任務を完了する。

節分の豆まき

豆をまいた後に講堂で酒宴に参加する。最初は一人で飲んでいたが、次第に酌み交わしあいになる。多くの人がタウトにいろいろ質問をした。主に年齢を聞いてくるのだが、その数字を聞くと不思議そうにする。それで、ドイツの人は、日本と同じように年を取るかと聞いてくるのだが、タウトの回答は「深く考えておく」であった。他にも、ドイツでは日本はどのように考えられているかという質問が出て、タウトは、日本の文化を知っている人は高く評価しているが、他の人にとっては、イメージをもつには遠すぎると回答している。

2　浦野芳雄『ブルーノ・タウトの回想』

浦野芳雄

こうした地域の人との交流でとくに大事な人物が、浦野芳雄《うらのよしお》であろう。達磨寺の近くに住む農民にして、俳人である。タウトの死後、『ブルーノ・タウトの回想』という書物を出版したが、これは高崎時代のタウトの生活を第三者の目で書いた貴重な史料となっている。この書物によると、タウトのための住居を確保できなかった井上房一郎が、友人の浦野に相談したところ、洗心亭が使われていないのを知っていた浦野が住職と交渉した。

浦野は、タウトが入居してからも頻繁に訪問してきた。タウトの日記に彼の名前が初めて出てくるのは八月四日のことである。農民だが、俳人であり、本を数冊まとめ、そして古典に通じていると紹介してある。実際、前年の一九三三年から三四年にかけて、『俳句鑑賞論』『一茶論』『芭蕉論』と立て続けに著作を刊行している。一六日の記述にも顔を出しており、「全く全くわずかしか英語が喋れない」と記されつつ、浦野が、日本の古典のみならず、ゲーテ、シラー、クライスト、カント、ショーペンハウアー、ニーチェを読んでいることに驚いている。

タウトの食事

八月二五日にはタウトの『ニッポン』を読んだ浦野が、お返しにと二首の俳句を持ってきてくれ、そのうち一つは掛物に仕立てられていた。近所の八幡神社にも一緒に散歩に行き、九月一二日には朝食を一緒にしている。たぶんこのときの情景が、『回想』にも記されていて、タウトたちの朝食をうかがうことができる。それによれば、煎り卵に黒白二斤のパンがメインで、そのほかに果物を食べる程度である。浦野がこれでおなかがすきませんかと聞いたら、すきませんという答えが返ってきた。

夕食についても記載がある。エリカが、婦人之友社による料理講習会の講師として一週間ほど東京に出かけることになった。日記の一〇月二四日の記述によれば、「一昨日」の二二日から敏子を助手として連れて行き、代わりに八幡村から別の若い女性（やすこ）が朝二時間ほど来て朝食の支度や布団の片付けなどタウトの世話をしてくれることになった。昼食は従来通り寺で食べたのだろうが、夕食も寺で食べてもらうことになった。タウトが普段何を食べているかに探りを入れることになり、エリカが東京に出発する数日前に、浦野と敏子が、夕飯時に洗心亭を訪問した。

まず何かの豆のスープがでてきた。それからメインとして、何かの粉（小麦粉？）にひき肉とニンジンをおろしたものを入れて繭玉三、四個分の大きさにしたものを二つ、皿の端に載せ、何らかの煮汁をかけ、ジャガイモを五、六個添えたものがでてくる。日本人はすすめられてジャガイモを食べてみたが、きわめて美味で砂糖で煮てあるのかと思ったほどだった。エリカ不在中もタウトには、寺でいつも出しているものに、肉やジャガイモを少し足せばよさそうだと安心している。

他にも『回想』には、エリカの作っていた料理のことが断片的に記されている。寺の人々をお茶に招いた日に牛の肝臓を欲しいということで、タウトのところで働いている儘田郁彦が、屠殺場で手に入れてきたことが記されている。寺の人々は動物の料理を食べさせられるのでなければ、という条件でタウトのもとを訪れている。牛乳で煮たご飯やトマトの焼いたものをエリカが寺に運んできて、苦労しながら日本人が食べたことも記してある。インゲン豆の煮つけも浦野の口に合わなかった。エリカが、日本で手に入る食材をもとにドイツで食べていた料理を作っていた様子がうかがえる。

生活面の行き違い

他方、『回想』を読むと、言葉の面で、タウトたちと周囲の間に微妙に行き違いがあり、それを修正しあいながら生活をつくっていった様子がうかがえる。

タウトが洗心亭に住むようになって一カ月ほどのことであった。浦野が少林山を訪れると、住職から、タウトたちより「炭や炭団を持って来てくれ」と言われたが、届けたばかりで十分あるはずなので、状況を確認してくれと頼まれる。浦野が早速行ってみると、エリカの話では、炭を入れていた古い俵が空いたから、片付けてほしいということであった。

同様のことは、学生たちがタウトのもとに毎晩熱湯をバケツ一杯持っていくことになっていたことについてもいえる。住職も学生も何のために持っていくかわからず、たぶん体をふくためであろうと思っていた。これも用途を確かめないまま、余裕のないときは、体をふくなら風呂のお湯でよかろうと上澄みの部分を汲んで持っていったりする。そのときはエリカはそのまま打ち捨ててしまい、新しく沸かすように求めた。はじめから沸かしたものはうけとる。結局これもわかってしまえば、体を洗うのではなく、食器をゆすぐためのものであった。

一方、女学校で英語を習っただけの住職の娘敏子は、とくにエリカと密な関係をつくっていく。『回想』でも、敏子はエリカのいう「ヒッグ」がわからなかったのをまず浦野に聞き、結局彼もわからなかったのでエリカに絵を描いてもらって、「無花果（fig）」であることが了解できた様子が記されている。

日本文化をめぐるすれ違い

タウトの日記に浦野が登場するのは、最初の頃だけである。『回想』を読むと洗心亭を訪れたら「俳人」と呼ばれ、歓待され、冬は炉端で話をしており、日常的にタウトの様子を見に来ていたようである。節分の豆まきについてもタウトの記述と齟齬のない描写をしている。日常的に声の低かったタウトが豆をまくときに大きな声を出せるかどうか心配している。一九三五年秋の碓氷川の洪水のさいには、タウトが浦野を気遣ってくれたことが『回想』に記されている。浦野は、タウトが少林山に別れを告げた一九三六年一〇月八日にも顔を出している。

浦野がタウトの日記でふれられなくなるのは、まず浦野の訪問が日常生活の一部と化していたことを示しているのであろう。他方、『回想』を見ると、「歌麿と北斎」や「大雅と蕪村」という章があり、浦野がタウトと日本文化について議論した様子が記されている。『回想』の記述を見る限りでは、議論がかみ合っておらず、これがタウトの日記にこうした議論が記されていない要因のように思われる。たとえば、タウトが日本の絵について語るので、浦野が誰が日本でいちばんよいかと質問をすると、タウトは躊躇なく歌麿であると答える。浦野は、欧米人が浮世絵を本来理解できておらず、歌麿よりも高く評価すべき人は他にも存在するという観点から、タウトに「歌麿なんか、よくはありませんよ」と断定する。それに対して、タウトは「歌麿はよい」と答えるだけである。

タウトは洗心亭に住んでから、日本の古典作品をいくつか英訳で読んでいる。彼が書名をあげている作品を列挙すると、吉田兼好『徒然草』（八月二九日）、鴨長明『方丈記』（九月一日）、松尾芭蕉『奥の細道』（九月一四日）、紫式部『源氏物語』の最初の三帖（九月一七日）である。

洗心亭の環境との親近性にひかれたのか、このうち、タウトは『方丈記』の英訳からのドイツ語訳を試みている。浦野は、厭世的な側面のある『方丈記』のドイツ語訳で日本人が世の中を呪っているような印象をもたれかねず、しかももとになる英訳が「実は方丈記が飛んでもない風に英訳されている」代物であるので、タウトの独訳の試みに反対する。結局、これもすれ違いのまま終わってしまう。『方丈記』の翻訳は、三日間で完了したと一〇月二四日の日記に記してある。このドイツ語訳は、京都に行ったおりに上野にチェックしてもらっている。英訳をしたイギリス人は、テキストを甘い感じに装飾しているのでタウトは必ずしも英訳に従わなかったが、上野はタウトの翻訳を適切なものと判断した。

3　タウトの工芸指導を支える人たち

高崎の最初の頃

タウトを招聘した井上も、当初は毎日のように洗心亭を訪れていたと日記には記してある。井上はパンやお菓子などの食品や台所用品などを持ってきてくれた。そのさいタウトも彼に、指導を始めたばかりの学生たちについて話をしている。のちにふれるが、高崎に来る前に有島生馬《ありしまいくま》から話のあったトルコ大使館の設計について、話は雲行きが怪しいという情報を井上から得ている。井上は、自動車でタウトをあちらこちらに連れ出してもいる（八月一二日前橋、九月二日軽井沢、九月一二日妙義山）。軽井沢に行ったのは、井上が経営する「ミラテス」という店舗に立ち寄るのも目的であった。

タウトが洗心亭に住むようになった最初の日から、達磨寺に住み込む三人の学生（眞井邦雄、原田一夫、磯村卓郎）が仕事を手伝ってくれることになっていた。彼らは、蔵田の学生（東京高等工芸学校）である。すでにみたように、彼らはタウトたちの生活の面倒も見ながら、高崎でタウトが行う工芸品の制作を一緒に進めることになっていた。東京にいたときに、このうち磯村がドイツ語ができると聞いていたのだが、実際はできず、英語で時折意が通じる程度であった。日記には彼らの技量の低さへの不満が再三語られる。九月になると新しい学生に交代している。

水原徳言

高崎時代にタウトの工芸制作に一番密接に関わったのは、水原徳言《みはらよしゆき》（一九一一〜二〇〇九年）である。タウトの日記では一〇月一八日に井上のところに優れた助手がいるとして名前があがっている。九月の上旬から交代で来ていた学生も帰ってしまい、彼が助手の交代要員として派遣されたということであろう。それから高崎を離れるまで一貫して水原はタウトの助手としての役割を果たしたのみならず、タウトたちの生活を支えることになる。ドイツ語はできず、英語によってタウトとコミュニケーションをとっているが、タウトの指示に従って工芸品の図面を引いていた。

一九一一年生まれの水原は、一九三〇年から井上漆工部で働いていた。井上漆工部とは、井上房一郎の創設した井上工芸研究所が、工芸全般と漆器を対象としていたうち、後者のことである。一九三六年からは、上野が所長となった群馬県工芸所に勤め、数年後にそこを辞めたのちは高崎で建築や工芸の仕事をした。タウト関連では、高崎滞在中のタウトにふれた文章の執筆の他、タウトの死後一周年の一九三九年に行われた洗心亭への記念碑の設立、タウトの死後再来日したエリカの世話、『アルプス建築』の翻訳と解説という形でのタウト全集への協力、たうと工房の設立（一九四六年）、高崎市のタウト記念室設置への協力（一九五一年）、タウト没後一五年の追悼記念祭（一九五三年）、達磨寺のタウト展示室への協力（一九七五年）とタウトを記念する行動をしている。とくに一九七七年にはタウトの息子のハインリヒを日本に招き、タウトゆかりの地を案内し、またドイツに行ってハインリヒの案内でジードルングやコリーンを訪れている。

水原は、タウトのもとで仕事をしたのち、蔵田の学生と違い、夕食をとって帰宅していたが、エリカが不在のときは泊まり込むこともあったという。夕食は、エリカが料理したものを食べていたことになるので、そのお返しに水原は二人を高崎の水原邸に夕食に招待している。一九三五年一〇月二三日のその夕食の席では、水原と彼の両親が二人を迎え入れた。水原の父親は、「死ぬまで頭髪を結び鬚を伸ばして和服に袴という姿で通した」と水原は語るが、タウトも「長髪を束ねている」と記している。水原によると、「祖父は一四歳の時に藩主の前に呼び出されて大学の訓読を」したとのことで、武家の家系の出身であろう。水原の父親如洗は、高崎藩の抜刀の型を伝授されていた。タウトをもてなした部屋には「長押に槍と薙刀をかけ床脇には刀簞笥があって大小を鹿角の刀掛けにかけてある」ことには、そうした水原家の出自が反映している。水原の母親は日本語しか話せず、父親は医学を志したことがあるのでドイツ語を少々知っているが、実際にはできないので、水原を通じて会話が弾んだ。その場で水原が、「真剣で剣技を見せた。袴をはいて美しい姿であった」とタウトは記す。水原家の由来を示すことになったこの機会だが、タウトは「自分の祖先は、十字軍に参加した中世のゲルマン騎士の家柄であった」と話をしたようである。

日常的に水原はタウトに聞かれてわからなかった漢字のことは自分の父親に確認した。水原の父親は、また、具体的にわからないが、日本画などに親しんでおり、水原も少年時代から掛物を身近に見ていたし、旧制高崎中学校在学中に父親から印刷図案の教えを受けた。本人の回想するところによれば、浮世絵の模写をしていたそうである。どの程度のものかは定かではないが、自分の感性で日本画を語ることができたのであろう。タウトの日記で水原に最初にふれたときも、水原が、画集などを持ってきて説明する中でどの浮世絵画家を最も評価するかという質問をして話が弾んだ。その後も折にふれて絵画についての話をしたようで、一九三五年六月二五日には達磨寺の廣瀬住職に招かれた酒席で、タウトは日本画は書から説明できないものであると説いたとある。議論したのは日本画にとどまらず、タウトがアンリ・ルソーを高く評価するのに対して、水原はセザンヌより高く評価できないと反論したと、水原は回想する。

水原も回想しているように、高崎では、美術に対する市井の目利きといえる水原がタウトにとって唯一の日本文化にふれる窓口となっていたのである。

井上房一郎との関係

井上房一郎との関係は安定したものとはいえなかった。高崎に行く前に久米や蔵田を交えながら、条件について交渉するのだが、井上がはっきりしたことを言わない。結局、ぎりぎりの段階であいまいな口約束によって高崎での仕事と生活について取り決めが行われた感じである。実際に高崎に着いたその日から、タウトが想定した条件とかなり齟齬があることを感じ取ることになる。

九月八日に、洗心亭にブブノワと夫、井上、久米、そして新しく来た学生が訪れたが、そのさいにタウトの契約についての相談がなされたようである。一〇月三〇日に新たに労働条件の契約を行った。こうした契約の交渉過程の中でたぶん恒常的な助手として水原が働くことになったのであろう。

金銭面では何度か不満を漏らしている。翌三五年の一月二六日の日記には次のようなエピソードが記されている。タウトは井上に、決算、新年度の予算、そしていくつかの質問への回答を求めたのだが、「今晩水原氏が持っていく」とのこと。タウトは、一月二日、この点を請求していた。ところが、水原が持ってきたのは、証明書類なしでの支出への支払いについてで、銀行（大同銀行）の設計や東京のミラテスへの謝礼は拒否され、そして鉄道や自動車による旅費も拒否された。水原は、それに恥じて涙を流し、タウトたちが彼をなだめたという。日記で、井上を「けちんぼ」と言及している。この言葉はさすがに篠田は訳出していない。これをうけて「結婚の仲介人（＝久米と蔵田）」に長い手紙を書いて、あやふやな点をはっきりさせるように依頼した。

タウトの生計

タウトたちの生活は楽ではなかったのは確かである。浦野も「タウトの生計と云うものは、そう楽ではなかったらしい」と『回想』に記している。水原はタウトの生計について具体的に記録している。タウトが三四年の一一月二〇日に群馬県の嘱託となってからの話だが、県の規定で手当が一〇〇円を越えることはできず、これとともに嘱託となった井上の分がタウトに回されたそうであり、県からの手当だけでは二〇〇円を越さなかったことになる。水原の記述によると、タウトたちは月に「三〇〇円と少し必要だったと思う」とのことで、原稿料などの収入がなければ、持参したドイツ通貨を円に換えて補っていたようである。

井上は、後年タウトの日記の翻訳が出版されたとき、自分のことがいろいろと批判的に書かれており、かなり心外であった。水原によると、洗心亭の家賃、タウトとエリカのみならず、来客や助手たちの昼食代、そして電話代も井上に請求がいったという。井上にしてみれば、経済面のみならず、タウトが生活をつくっていくのに心を砕いている。

井上は後々高崎の篤志家として会社経営のみならず、群馬交響楽団、群馬音楽センター、群馬県立美術館の設立に関わるなど幅広い活動を行うが、当時はまだ父親の保三郎の時代であった。保三郎は、高崎白衣大観音像を郊外の山に建造し、高崎の街の発展のために貢献していたが、息子の房一郎は、まだ「親がかりの身分」であった。しかも、彼が従事した工芸制作はまだ始めたばかりで、タウトに十分な報酬を提供できるほど安定した経営を確保できていたわけではなかった。

タウトも井上の事情を次第に了解するようになっており、一二月六日の日記には「根本的欠点は、彼（＝井上）があまりに資本を持っていないことである（彼の父親は我々の仕事に意味を認めていない）」と記してある。

4　工芸品制作

工芸品制作の苦労

タウトは与えられた条件の中で工芸の仕事にうちこむことになる。当初は、タウトが作成した図面による試作品制作がゆっくりしか行われない。工場に行ったところ、東京の百貨店に向けて「いかもの」の家具ばかりが作られている。どうも現場の人から、「大衆はこうしたものが好き」と言われたようである。井上も一九三五年正月早々には、前年暮れから検討していた「タウト学校」案が実現困難であると伝えつつ、タウトのスケッチが、部分的に実現不可能であり、部分的に販売には向いていないと伝えてきた。ところが、二月五日の記述には「竹職人は、私の言うことをよく理解しているようだ」と記してあるが、その後、日記には工場の仕事への不満はそれほど出てこない。当然完全に満足したとは思えないが、タウトが描くスケッチの試作品を作ることについて一応納得のいく関係がタウトと工場の間にできあがった。タウトは、高崎にいる二年強の間に工芸品のスケッチを六三三点描いたようである。

一方、水原はタウトと工場の間に立って苦労している。彼の回想によれば、「試作品に予算を限定して作らせたものはない」として、「一本の竹を割って編んで作った電気スタンド」も東京の黒田道太郎という竹工に頼んでようやく何とかなったものである。タウトが学生にひかせた図面だと、竹の技術を知らずに描いたものなので、何を作ろうとしたかを理解して工場で説明しなければならない。一本の竹を割るのがタウトのアイディアであったが、それは無理だったので、そのように見えるように作成した。

タウトの構造力学的思考法に問題があることも水原は指摘する。蚊帳は通常柱などにひもをつなげるものだが、タウトは独立した柱を立てて蚊帳をつるすというアイディアを出してくる。柱に象牙のカギ型のものを付けそれに蚊帳をつるすのだが、柱が一方からの張力だけを受けるので結局倒れてしまう。柱にかなりの重りをつけたりしても倒れてしまうので、それでタウトもあきらめてくれたという。

以上のエピソードは確かに苦労話ではあるが、タウトのアイディアを水原をはじめ周囲が理解し、タウトの意図をできるだけ汲み取ろうとしたものとうけとることができる。実際、多くのタウトのスケッチに試作品が作られ、製品化された。タウトは、一九三五年の秋に自分の工芸制作の方針を書いた文章を記しているので、それを参照しながら彼の高崎での制作活動を整理したい。

タウトの工芸品制作の方針

タウトは、模倣を排しつつ、古くからのよい伝統を新しい社会に適合させる必要があるという。日本文化に対して一貫してとっている姿勢を改めて述べ、家具、照明器具、日用小工芸品、そして布帛類に分けて自分の工芸制作に対する考えを述べている。家具については、椅子やテーブルや食器戸棚などで、実用的な家具調度類に日本の木材、日本独特の木工や漆工の技術を応用して適切な形を導き出したとして、安直なデザインに対して丹念に作り上げた自分たちの作品を誇っている。照明器具については、日本の伝統的技術、および木や竹を取り入れた電灯を目指したようである。また、電灯の傘に和紙や絹を使えばやわらかな光を得られる。タウトは、和風を取り入れた照明器具として、スタンドランプや卓上電気スタンドなど約二〇種類の形の違った電気照明を作ったという。照明器具も実用的であるべきで、まぶしくないようにする必要がある。西洋の一時的流行の模倣もいましめるべきである。日用小工芸品については、名匠だけではなく、地方の工場も新しい製品を生み出す優れた伝統があるという。地方経済にとって重要な資源となりうる。布帛類については、外国人から見て、織物の種類、模様、色彩が豊富なことが日本の織物の印象としてあげられている。タウトたちは、機械織物も手織物も、さらに軽い織物も重たい織物も試作している。

西欧諸国に比べ日本は優れた伝統をこの分野に有しているが、近代的な工芸品を製作する工場はまだ弱い。それを何とかするためにタウトは尽力していると述べてこの文章を締めくくっている。

制作された作品

実際制作された家具の中でも椅子ではタウトらしい特徴がとくにうかがえる。一人掛けのシンプルな椅子、ソファ用の椅子、ひじ掛けのついた椅子、折り畳み式椅子がある。パッと見るとなんの変哲もない感じであるが、ベルリンでタウトが建てていたモダニズム建築のように、直線に微妙に曲線を取り入れたデザインとなっている。微妙さは強度にもうかがえ、「緑の椅子」と呼ばれる椅子は、座って試験しているうち背もたれの付け根部分が折れた状態で残っている。家具としては、他にテーブルやタンスも作品が残っている。

照明器具は、二〇種類くらいデザインしたとのことだが、印象に残るのは竹と和紙を巧みに使った卓上ランプとスタンドランプであろう。竹の部分は、かなり複雑な意匠を制作させている。その背後には竹職人や水原の苦労があったことはすでに紹介した。和紙を利用した点については、当時の日本家屋では天井から電灯が吊り下げられていることに対し、タウトは現代的な解決を求めて和紙を通した間接照明という解を導き出したのであろう。

当時のタウトの工芸品の中心は、日用の小工芸品である。木工や竹工を中心に様々な品物が作られた。木工では、皿、サラダボウル、ナイフ、フォーク、スプーンなどの食器類、煙草入れ、ボンボン入れなどの器類、ナプキン入れなどの卓上小物、ボタンやカフスなどの衣類用小物、ペーパーナイフ、懐中時計、置き時計が残っている。まずタウト自身の頭で考えだしたデザインが前面に出ている感じで、タウトがまだ有していた表現主義的傾向を強く反映したものといえる。微妙な曲線を交えたデザインが多く、制作にあたった職人はかなりの技術と工夫が必要であっただろう。技術と手間ということであれば、「木製伸縮自在本立て」は、かなりのものであっただろう。これは、最大七六八ミリメートル幅になる本立てを折りたたむと厚めの本のサイズ（五〇×二一五×一七〇：単位ミリメートル）になるもので、その幅を数段階で設定できるようである。

木目の自然さを生かすために、多くが透明ラッカーで仕上げられたが、京都で漆工のもとを訪れた経験からか漆で表面を施した作品も存在した。螺旋彫りの煙草入れも漆が施され、表面の微妙な凹凸がさらに強調されることになっている。螺鈿も試みている。漆に切り出した貝殻をはめる技法である

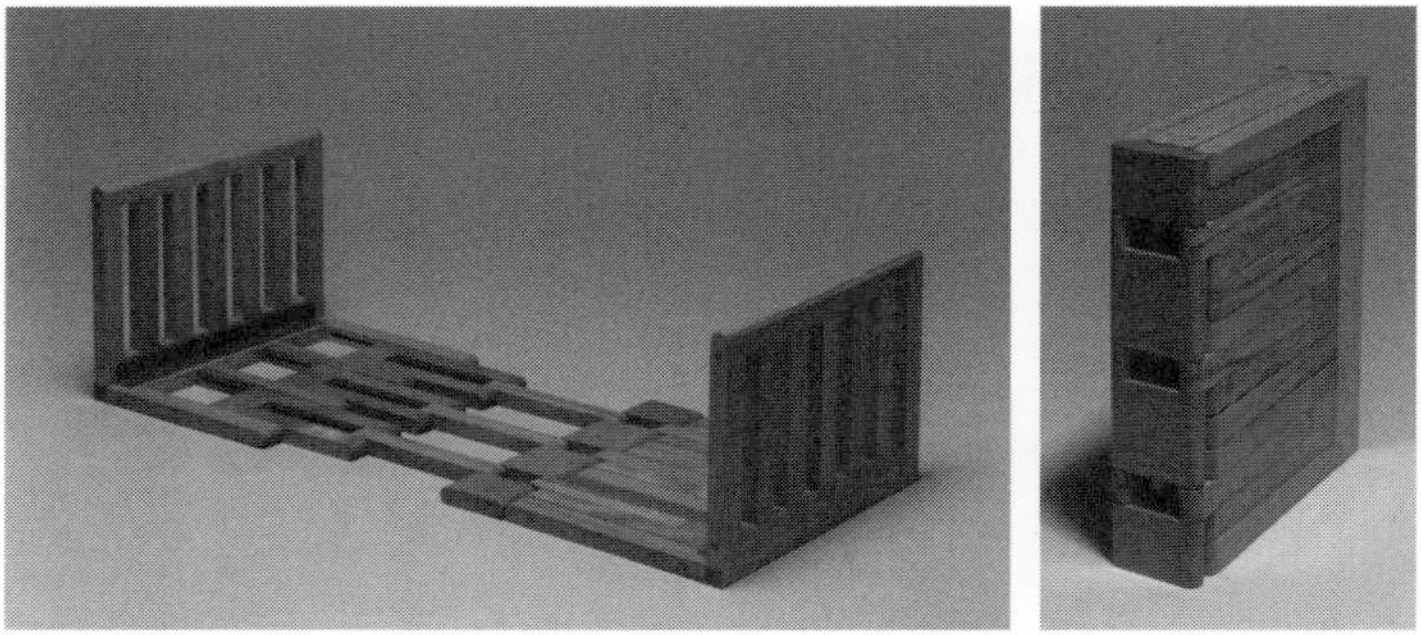

木製伸縮自在本立て

螺　鈿

ヤーンバスケット

が、タウトは、貝のかわりに卵の殻を用いて落ち着いた雰囲気を作り出している。

竹はタウトが日本に来てからとくに関心を高めた素材で仙台の工芸指導所時代に日本の優れた工芸品を訪ねて歩いたときにも何人か竹工をみている。タウトは高崎の竹職人の技量に満足していたことを先に述べた。東京の竹工、飯塚琅玕斎を呼び寄せて試作品の制作を依頼したこともあったようである。竹の素材をそのまま活かした感じのパラソルの柄やマガジンラックもあるが、特徴的なのは竹を編んだ細工であろう。竹を編んで作った器のほかにヤーンバスケット（編み籠）にタウトらしさが表れている。八角形に作られた本体に丸い感じの蓋がつけられているが、第一次世界大戦前の「鉄のモニュメント」を想起させるものである。しかも、内部には黄色などで微妙に彩色が施されたようで、色彩にこだわるタウトらしさがうかがえる。

ほかに、ガラスや金属や陶器も作られるが、タウトの要求にこたえられる職人がいなかったのか、それとも破損して残っていないのか理由はわからないが、それほど作品は残っていない。ガラス製品で印象深いのは、五色（赤、青、黄、白、緑）のガラスからなる六二ピースの積み木セットであろう。色彩も多様だが、形も様々で、建築のための想を練ることができるようなものである。金属は照明器具に用いられ、鉄製の行灯、真鍮製のフロアスタンド、そして真鍮製のろうそく立てが残っている。陶磁器は、丹波焼の煙草入れがある。布帛類も五点と少ないながらも、水原が所蔵したものが残っている。

タウトの工芸作品を中心に井上が製品を売る店「ミラテス」が銀座に開業した。一九三三年七月にすでに軽井沢で外国人相手に開いていた店舗を東京にも開設したものである。

ミラテス

タウトと井上は、三四年一二月一六日にはミラテスの入居する東京市京橋区(現 東京都中央区)銀座四丁目の滝山町ビルを訪問している。その一階に店舗が設けられた。

建物を訪れた日には経営について教えを請おうとその足で柳宗悦のところを訪れた。そこにはバーナード・リーチもいた。彼らが言うには、店舗よりもそこで販売する人が難しい、そしてどんな状況でも「いかもの」を置いてはいけない、とのことであった。井上との相談の結果、ミラテスではタウトのデザインか相談を受けたものしか置かないことになった。

タウトは、年も明けて一月中に日記に記されている限りで三度東京に向かい、ミラテスの開店準備にあたっている。その間看板を描き、寸法の誤りを正し、店舗としての体裁を整えている。二月に入ってから日記には「けちんぼの店舗が開店した」と記されている。タウトは、店舗は気持ちよく、そこにある品は一級品であると自負している。開店の日(二月一二日)には多くの人が店を訪れ、その中に学生やサラリーマンがいた。もっとも、ショーウインドウに品物をどのように並べるのか、タウトが品物を手に取って示さなければならないと不満を記す。

その後、ミラテスについては店で働いている人が商品の値段を知らず、おしゃべりばかりと不満を述べている(一九三五年六月二一日)以外は、順調に店舗としての体裁が整えられていく様子が日記にも記されている。たとえば、開店後一月半たった三月二六日には商品が増えたものの、多くは①値段が高い、②最初の試作品にあれこれ不備のあるものがある、③不快感をもたらすような、タウトにあらかじめ確認しなかった金属の部分があるといった問題点を認識している。とはいえ、商品の七五パーセントは、作品として認められるものに押すことにしていた「タウト―井上」の印を押すに値するものであると満足している。

ミラテスの商品の評判

評判も上々であった。日記の五月一日には、ミラテスに行ったところ水原から大きな賞賛があったと報告をうける。ある教養ある人が、商品すべてが手でふれるために作られ、それから目に快いと語ったということであった。朝鮮の王子だったPrinz Ryu（李垠《りぎん》と思われる）も来店して八円分の買い物をし、タウトが日本で建てた住居を見たいといった。タウトは宮殿の注文があるのではないかと期待する。

石川淳の小説『白描』（一九三九年）に、タウトをモデルにしたクラウス博士という人物が登場する。クラウス博士のデザインした製品を販売するために銀座に設けられた店の名前「驢馬の皮」という店で、「何よりもいちじるしいのは、店じゅうに無用の装飾品の見当たらぬことで、すべてが狂いなきを頑丈さと、実用に適切な意匠とをもって、つい人の手に飛びつきそうなけしきで、価格はたれにも近づきやすいところに置かれてあった」と記されている。これは、中条兵作という「趣味の工芸　便宜荘」を経営する登場人物の評価であるが、彼はその店がクラウス博士の制作した商品を置くためのものであることを知らずに、「驢馬の店」の商品を買い求め、それをクラウス博士に示して、より安価な商品をデザインしてもらおうとする。作中のヒロインたる姪の一式敬子にこのアイディアは一笑に付されることになる。

5　著述活動と日本海側旅行

工芸品制作と並ぶタウトの活動の中心は高崎でも、著述活動である。小さい文章も連綿と書き継いでいるが、高崎時代の大きな仕事は『日本文化私観』と英文の *Houses and People of Japan*（Sanseido, 1937）である。

『日本文化私観』　前者は、森儁郎《もりとしお》訳で明治書院から一九三六年一〇月刊行、となっており、タウトの離日直前に出版されたことになる。『ニッポン』の続編を書くという決意を三四年一一月の、たぶん二一日に記し、一二月一四日に起草したということを二〇日の日記に記している。この時点ですでに三章完成したという。脱稿は、翌年二月一日で、ちょうど一月半で仕上げたことになり、『ニッポン』と執筆期間は同じである。一年半以上の期間、様々な形で日本の文化や風習にふれた上で書かれたこの『日本文化私観』は、そうした見聞を縦横に駆使して日本文化が論じられている。本書の冒頭にタウトは住宅内の文化の集約点としての性格を床の間が有しているために、その裏が何であるかは問題にならないとして、洗心亭の床の間の裏側が便所であることを念頭において話を始める。そうした文化の例として、神道、絵画、彫刻、工芸、建築について論じている。結果として『ニッポン』に比べて本の分量自体かなり増えている。本書の議論から導き出されているのは、来日以来強く認識するようになった、日本の文化は欧米のそれの安易な導入ではなく、日本独自の文化を尊重して現代社会に対応した作品を作り上げなければならないという見方である。

Houses and People of Japan

もう一冊の英文の著作は、タウトの日本文化論を住宅の様式や生活も交えながら物語風に展開したものである。三五年二月一七日の日記によるとタウトは、三省堂と口頭で出版の取り決めをしている。『日本文化私観』脱稿直後である。三月二二日には三省堂と契約をし、そのさいにイングランド人を紹介された。この人物がタウトのドイツ語原稿を英語に翻訳するはずであったが、この人物が病気であったので、ドイツ人女性に交代した。この時点で三〇〇頁超え、五〇〇葉の写真を有するものになった。翌年一月一七日の日記によると家屋に関する書籍の最後の章を書き上げたとある。結局、タウトが日本を離れた翌年に出版された。篠田によるとタウトは、英語には満足していなかったとのことである。のちに『日本の家屋と生活』と題して日本語版が出版された。

日本海側旅行

タウトの日本との関わりに関して本書の執筆が重要性をもつのは、執筆の材料を収集するために行われた、岐阜を出発点として日本海側を北上した旅行であろう。これは、芭蕉の『奥の細道』の逆をいく形で、三五年五月一六日から二九日にかけて行われ、上野伊三郎が同行している。『奥の細道』は、洗心亭に住むようになってから英訳で読んでいた。五月一三日に京都に赴き、上野と合流してからタウトは一六日に岐阜から高山本線の列車に乗る。

タウトの旅行の日程は以下のようである。

五月一六日　下呂→高山
五月一七日　高山→白川郷
五月一八日　白川郷→美濃太田
五月一九日　美濃太田→富山
五月二〇日　富山→柏崎
五月二一日　柏崎→新潟→佐渡（相川）
五月二二日　佐渡
五月二三日　佐渡→新潟→鶴岡→湯野浜
五月二四日　湯野浜→鶴岡→秋田
五月二五日　秋田
五月二六日　秋田→追分→金足→弘前
五月二七日　弘前→青森→浅虫
五月二八日　浅虫→松島
五月二九日　松島→塩釜→仙台→東京

二週間におよぶ旅行であるが、伝統を踏まえて現実に適応させたものを是とし、安易に西洋風のものを取り入れたり、見かけ倒しの傾向をもったりしているものを「いかもの」とする日本文化に関する見方を確認するような形になった。

白川郷

前者の代表が白川郷の民家である。白川郷の民家については次のように記している。

「家々は、六〇度に傾いた藁ぶき屋根である。構造は、徹頭徹尾論理的で合理的であるが、これは日本では全く例外的事態である。三階分の合掌屋根は、ドイツにある建物とほぼ同じである。おおむね二〇メートルの巨大な斜めの材木は風圧に耐えるためである。釘無で縄だけですべて結び付けられている。二五から三〇本のたるきで結び付けられている合掌造りの屋根だけは、木製の楔が使われている。上階の床は竹が張られている。ずっと上の方からも（囲炉裏で）火が燃えているのが見えるし、厩の上から馬が見える。煙が下からすべての階を通っていく。これはすべて養蚕のためである」。

白川郷（タウト撮影）

白川郷で伝統的に使われてきたこの住宅の様式を、徹底して合理的なものととらえている。『日本の家屋と生活』でも、白川郷の家屋は、日本の農家が、裕福になればなるほど屋根を大きくし大きな材木を使う傾向にあるのに対して、全く趣の異なるものとして紹介されている。

秋田

他にタウトが旅行中感銘を受けたのが、佐渡や秋田の民家である。二四日から二泊三日で滞在した秋田もタウトに強い印象を残している。

秋田で最初の晩に泊まった石橋旅館で飾られた勝平得之《かつひらとくし》（一九〇四〜七一年）の版画から、上野が勝平に秋田の街の案内をお願いすることを思いつき、翌日と翌々日は勝平の案内で秋田と周辺の建築物を見て歩く。勝平は、秋田の人々の日常の光景を版画で表現し続けた芸術家である。

二五日の冒頭に「素晴らしい一日は勝平氏のおかげである」とタウトは記す。「勝平氏は、芸術家として我々を案内してくれ、市内の値打ちのある家屋を見せてくれた。そこには非常に美しい型が維持されている」。タウトは、そうした型として木造の建物の色が通常黒で、京都のような赤褐色はめったになく、屋根が高くつきでて、二階に雨戸があることを挙げている。

街も全体として文化がある。ヨーロッパ的なもの、すなわちハイカラなものはもちろん存在するが、ほどほどに自然なものである。明治初期の建物も興味深く、もっとも優れているのは、二階建ての玄関と両翼が前方にせり出してE型となっているイギリス植民地様式の県庁舎である。

秋田の郊外にも足を運んでいる。勝平の案内のもと二五日には湯沢村、二六日には金足村（現 秋田市）にある豪農の奈良邸を見学している。もっとも市内の住宅ほど感銘を受けなかった。奈良邸は、タウトが前日に電話で約束を取り付けて見学に行ったものである。古い素晴らしい建物に新しい建物、さらにより新しい「ハイカラな」部分が接続し、ほかに付属施設がある建物について、タウトは「大工の作業の様式はもはや全くよくなく、かなりの弱さを伴い、ここに趣味の錯誤がうかがえる」という。日本では大工は施工主の希望通りに仕事をするので、ここから住民の様子がうかがえるという。

かつて仙台郊外で望郷の念を抱いたのと同様、秋田の郊外でもタウトは故郷を思うことになる。湯沢であった農民の顔つきが優れて立派であり、北ドイツからオランダにかけて住んでいるフリースランドの人のようだという。奈良邸に向かう追分駅からの光景は、より一層故郷を思い出させた。駅を降りて、風のため一方向に向いた松林にヨーロッパの海岸地域を想起する。さらに道々、松並木を過ぎて、砂と松の光景になると、松からオゾンが出ており、まるでバルト海やブランデンブルクのようである。さらに故郷を感じさせるのは、森に囲まれた湖とそのほとりにある藁ぶき屋根の村である。この湖は、男潟である。奈良邸に赴く途中に立ち寄った勝平氏の友人、醸造業者近藤兵雄からは、彼の編集する雑誌『草園』に小文を求められ、のちに「追分の印象」と題した文章を送った。

タウトは、温かい目で人を、とくに家族と子供を見る勝平の作品に感銘を覚え、準備中の本に使うために版画の作品を一つ求めた。勝平の伝記を書いた加藤隆子によれば、彼は紙漉き業の家に生まれたが、若い頃建築現場で働いたことがあり、同じように現場の作業からたたき上げたタウトとの間に相通じるものがあったという。

秋田再訪

勝平の版画（口絵4頁参照）はタウトの英文の新著を飾ることになったが、彼の作品に描かれている秋田の光景を見るために翌年の二月六日から一一日にかけて秋田を再訪している。話は前後するが秋田再訪の様子を述べておく。

タウトは、二月六日に上野と一緒に羽越本線経由で秋田に向かい、夜の九時二〇分に秋田着。駅には、勝平の父親、夫人、そして友人の駅員が出迎えていたが、勝平自身は連絡の手違いで湯沢駅で待っていた。その日は、以前秋田に来たときの二晩目に泊まった金谷旅館に泊まり、翌日横手まで移動。駅長が心から歓迎してくれ、案内に駅員を一人付けてくれた。勝平とも合流した。タウトは、人が押す「はこぞり」に目を止める。

旅館で昼食をとったのち一時間半の昼寝をしたら夕食で、それからまた外に出かける。そこで見たかまくらは、かつて見たことがない最高の美しさであり、そこまでのものは期待していなかったという。この旅行の頂点であると感激する。壁龕にはお供えと一緒にろうそくがともされ、壁にもろうそくがともされ、敷物の上に子供たちが、コンロを挟んで向かい合って座る。コンロでは汁や甘酒がかけてある。クリスマスのような雰囲気である。空には冴えた満月、霜が降り、雪がぎしぎしと音を立てる。かまくらをのぞいたら、子供から一杯の甘酒を差し出された。そういうときは一銭を渡すのだという。

後ろ髪を引かれる思いで、六郷村に移動して、そこで小正月の行事である竹うちを見学する。五メートルくらいの竹を両軍に分かれて打ち合う行事であるが、タウトは「何もすることのない冬にたまったエネルギーを吐き出すために行う戦争ごっこ」と評価する。

竹うちを見学した後は馬ぞりで大曲に移動して、夜中の一二時過ぎに到着する。そこで、諏訪神社の大綱の綱引きを見学する。寒いところに立っているのも馬鹿らしいと思い、三時半に旅館に引き上げる。

翌八日は昼の一二時まで眠り、それから秋田に移動して金谷旅館でのんびり過ごす。九日は、大平山三吉神社の梵天祭やなまはげを見物するが、いずれも度を越した雰囲気に抵抗を感じている。夕刻には、前の訪問のときにも会っている追分の近藤と奈良邸の主人の他、三人のジャーナリスト、そして教師が一人の計六人が訪問してきて、食事を一緒にする。上野が頭痛で遅れてきたので、彼が来るまでの間タウトは日本人の話をただ聞いていなければならなかった。上野の到着後は十分飲み食いできた。すでに昼食のさいに勝平と一緒にきりたんぽ鍋などを食した後だったので、この日はかなりの量の食事をとったことになる。

一〇日は工芸品を見るために工房や店を見て歩いたが、高崎の方がよいものを提供していると評価する。それに対して、秋田でよいのは建築であり、独特の形態の家屋が多く、素晴らしいつり合いにあり、そして材木は黒くしてある。美的にみてこの地域の日本は冬をみごとに解決したのである。一一日には秋田を出発して高崎に戻っている。

下呂・新潟・鶴岡・弘前

話を一九三五年五月の日本海側旅行に話を戻すと印象のよくない土地もいくつかある。

最初に立ち寄った下呂の「第一印象はばからしい (doof)」である。豆腐屋の家屋を見せてもらおうとしたら、若主人は敷居をまたぐことも許してくれなかったことからだろう、この土地の人たちが打ち解けない人たちであるという印象を記す。泊まろうとした旅館はまがいものである。それで下呂に留まることは早々に断念して、駅に戻るが、寺院風の屋根のついた売店やぞんざいに扱われた石のある駅舎はつまらず、「いかもの」であると評す。結局、下呂駅長の紹介で高山の宿を手配する。

二一日に着いた「新潟は、日本でほぼ最悪の街である」と評する。「全く興味が持てず、運河は臭気を発していた」。当時の新潟は、信濃川の河口の周辺地域に限定されていたが、そこは東堀や西堀をはじめとする堀が張り巡らされていた。当時そうした堀には生活排水が流れ込み、また淀んでいたので、ほぼどぶ川と化していた。問題はそれだけではなかった。土地がきちきちに利用されたので、家屋と家屋の間がほぼゼロ（せいぜい約三〇センチメートル）になり、道路の幅が一メートル半程度である。道路に面して住居の入り口があり、そこに便所が設けられる。そこから恐ろしいにおいが漂い、それは全市にわたってそうなのである。食事かお茶のために入ったティールームでも気になるのは、ガラスで仕切られて部屋の片隅に置かれた便所である。街は活気があるので「興隆しつつある」港湾都市・県庁所在地という印象も記している。新潟の郵便局で送金された二〇〇円をうけとり、佐渡汽船乗り場に向かう。

佐渡から戻って次に訪れた鶴岡の印象もパッとしない。二三日に鶴岡に着いたら電車に乗り換えて湯野浜温泉までいき、そこで一泊する。泊まった大黒屋旅館は「いかもの」であるが、簡素な漁師の家の印象はよく、もっとも簡素な物置ですら、最善の「茶趣味」がうかがえる。鶴岡と湯野浜の間の電車の行きと帰りでは、広大な平野越しに見える富士山に似た鳥海山の光景に感銘を覚える。

鶴岡に戻ってきたときは、鶴岡について学ぶつもりであったが、何もなかったと記してある。タウトが学ぶつもりであったのは、鶴岡の建築物であったろう。上野が案内しようとしたのは、たぶん、鶴岡市内・周辺に散在する木造の擬洋風建築と町家と思われるが、タウトは「非常に無個性で田舎」

であるという感想を記す。当日は鶴岡の天神祭りの日であった。これは、化け物祭りともいわれ、「色とりどりのひものついた、ふちの反り返った編み笠を被った集団」が酒をふるまってまわる。タウトはこうした人たちを見たので、たぶん城跡の公園のある市の中心部まで足を運んだのは確かである。タウトの印象に残ったのは、こうした「得体のしれぬ人たち」や農民であった。

秋田のあとに、わざわざ十和田湖によらず、建築物を見学に向かった弘前も同様の印象をタウトに残した。弘前でも富士山のような岩木山が街に君臨している。この街でタウトの目を引いたのは、とくに冬の歩行者の交通のために家屋の前の方に庇を張り出して、通路を確保した雁木《がんぎ》であった。木と漆喰による軒蛇腹の処理もこざっぱりと素朴である。街の風土に合わせた伝統的な建築に興味をひかれている。ところが、街中ブリキだらけであり、ここにまでハイカラな建物が押し寄せている。あらゆるタイプのヨーロッパの建築がみられる。タウトは記していないが、ルネサンス様式、ゴシック様式、ロマネスク様式、ミッション・スタイル、アールデコ、ハーフティンバーなど実際多様な建築様式が見られる。具体的にどの建物かはわからないが、こうした建物の中にボーナツなら、彼の設計したシュトゥットガルト駅のミニチュアを見つけて喜ぶだろうと記している。

弘前についた日の夕刻の散歩の折にヒヤッとする地域に入り込んだと記している。「警察、兵舎、裁判所」があった地域で、弘前城址である弘前公園の南東のあたりである。弘前には陸軍の第八師団が置かれていた。弘前市内の道路が広いのは軍隊が置かれているからである、という観察もしており、タウトは軍隊の存在を敏感に感じ取っている。これに加え、すぐそばにあった弘前城には言及していない。タウトの日本海側旅行の建築史的再構成を試みた笹間一夫は、弘前だけではなく、日本においてタウトが城に関心を示さなかったのは、反ナチスゆえという推測をしている。

翌日朝にバスで弘前東郊の大光寺村まで出かける。そこで、津軽地方につたわるこぎん刺しにとりくむ大川亮《おおかわりょう》に会おうとしたが、不在であったので引き返して、木村産業研究所を訪問した。大川は、「村にはもはや住んでおらず、そこでとくに工芸に取り組んでいた」のである。コルビュジエ風の白いコンクリート製の新しい建物が、木村産業研究所であった。

「東京の建築家によって設計された。だが、残念ながら詳細にみると、とくに施工の点でかなり「ハイカラ」である」と記してある。東京の建築家とは、前川國男《まえかわくにお》（一九〇五〜八六年）のことで、一九二八年から二年渡仏してル・コルビュジエのもとで学び、三〇年に帰国しレーモンド建築事務所に入所した。木村産業研究所は、弘前出身の駐仏大使館付き武官であった木村隆三《きむらりゅうぞう》が、二九年に亡くなった大阪の実業家の祖父木村静幽《せいゆう》の遺志に基づいて弘前の産業振興のために設立した。前川は、渡仏のさいに知り合い、母親と同郷の木村の依頼で設計した。これが、前川の最初の作品であった。直線的なデザイン、横長の窓、ピロティなどル・コルビュジエの影響をかなり受けた作品といえる。タウトはこの旅行中「ハイカラ」という言葉を、周りの調和を考えずに導入された欧米風くらいの意味で使っている。

研究所では、大川に加え、上品でフランス語を話す紳士に会ったと記してある。後者は木村隆三であろう。この研究所において、農作物の利用や工芸品の収集が行われている様子を大川の案内で見学し、その後は駅まで自動車で送ってもらっている。

大川と話をする中で、大川がいかにして憎むべきモダンな弘前が誕生したのかを説明してくれた。彼によれば、大震災後東京に仕事に行った大工が、弘前に「いかもの」を持ち込んだのだという。

旅行の終了

弘前のあとに浅虫温泉に一泊したのちは、二八日には東北本線を南下する。旅行中三つ目の富士、岩手山に感嘆し、仙台時代に訪問した花巻や中尊寺に思いをはせ、夕刻に松島に到着。泊まったホテルに、仙台時代に親交のあった兒島教授、鈴木、剣持、藤井を招待し、旧交を深めた。翌二九日にはモーターボートで塩釜に向かい、仙台で青木ホテルの主人に会い、東京に向かう。

こうして二週間にわたる芭蕉となる旅が終わる。旅の日程の消化そのものは、おおむね順調であった。白川郷から高山に戻ろうとしたさいに雨のために通れず、反対方向に自動車で向かい北濃から越美南線で美濃太田までと、ほぼ元に戻ってから、高山本線で富山に向かったくらいであろう。

不快

これに対して、旅全体を通底する不快な要素がある。まず、とくに旅館で感じる便所からの臭気である。次に、タウトをスパイ扱いしたのか、各所で刑事から尋問を受けたり、見張られたりしたことである。新潟から鶴岡への列車では、尋問してきた警官に群馬県知事から新潟県知事への紹介状を見せても、他の警官のように非礼を詫びるわけでもなかった。このように県の嘱託として群馬県知事から各県の知事への紹介状がそれほど効果がないことが、三点目である。とくに、秋田県では群馬県知事から秋田県知事への紹介状は全く効果がない。タウトが秋田に再訪したのは、

「飛騨から裏日本へ」と題するタウトの旅行記が『日本評論』誌に連載され、こうした事情を記した部分がちょうど出たばかりのことであった（一九三六年一月）。そのさいに秋田の主要新聞（『魁新報』）が、タウトのためにこの点を問題にした記事を載せていたことを彼は知らされている。

この旅の印象のまだ強かったであろう六月一四日にタウトは『日本の家屋と生活』の原稿に着手する。

第九章　日本との別れ

1　日本における建築活動

有島生馬からの依頼

タウトは、本業の建築となると、設計に携わる機会はほとんどなかった。生駒山上の住宅地の話が立ち消えになった後、一九三四年七月一一日にタウトは井上房一郎とともに、小説家の有島武郎《ありしまたけお》の弟、画家の有島生馬の自宅を訪ねる。この建物に隣接する有島の所有地に一群の建物を建設することが計画され、タウトに「日本における建築の皮きり」として建築することが求められたのである。二八日と二九日にスケッチを有島に届けているが、有島が交渉してトルコ大使館を建設しようという話になっていたようである。結局は、有島の交渉はうまくいかなかったと八月二八日の日記に記してある。有島は、費用を支払おうと申し出、銀行家の川崎に建築家としてのタウトを紹介している。

二軒の川崎邸

タウトの日記によると建築を依頼してきた川崎は二人いる。そのうち一人であろう川崎八右衛門《かわさきはちえもん》（二代目）の長男守之助《もりのすけ》の妻は、有島生馬の娘暁子《あきこ》であり、そうした縁でタウトに話がいったのであろう。

有島からタウトを紹介された川崎とは、トルコ大使館の話が潰えてから、一一月二二日に会っている。タウトは、一二月一日には設計図を携えて井上とともに上京する。この最初の日本風家屋の設計にタウトは満足し、川崎とその息子もそのようだとし、手ごたえを感じている。タウトはフルネームを記していないが、帝国火災保険会社社長などを務めた川崎肇《かわさきはじめ》であろう。翌年一月一六日に訪問したら、方角はよいのだが、建築の年として今年はよくないだろうという鑑定結果だったと告げられる。一月二九日の日記には、川崎の息子からヨーロッパに行くが、帰国後にタウトがまだおれば、建築するつもりであるという手紙をうけとる。

この話とは別に、一二月四日には川崎が「より裕福なおじ」八右衛門のところにタウトを連れて行き、こちらも息子のためにより豪華な自宅を建てようとしていた。こちらの川崎は、その年に長男の守之助の自宅の設計をレーモンドに依頼し、彼の結婚した次男大次郎のために住宅をタウトに設計を依頼することを考えていた。翌三五年三月四日の日記によると、大次郎も、いとこのためにタウトが設計した住宅を気に入ったようで、父親に内緒でタウトのもとを訪れて、三万円の予算で住宅設計を依頼しようとした。タウトは細部の処理は久米に任せようとするが、八右衛門は、銀行となじみのある建築家である矢部又吉《やべまたきち》（一八八八～一九四一年）に任せようとする。

タウトはこちらの川崎宅の設計を二日で仕上げ、その出来に満足している。三月一五日と一七日付の図面が残っているが、二階建てで一階に食堂、居間、台所が、二階に寝室が三つ設けられ、本体に斜めに離れのような構造物が接続し、そこには風呂やトイレも設けられ独立して生活できるようになっている。基本的に直線的なモダニズム建築だが、庇や縁側が設けられることにより、日本家屋のような趣が醸し出されている。

大次郎はタウトの設計で住宅を建てたがっていたが、父親のあいまいな態度に、タウトはこの設計も葬り去られることを悟る。

この二軒の川崎邸の設計に取り組んでいた時期は、東京郊外のジードルング建築計画である「等々力住宅計画」と大倉邸設計へも関与しており、日本滞在中でもタウトが比較的建築家としての仕事ができた時期であった。

等々力ジードルング計画

等々力住宅は、一九三五年に目蒲電鉄（現 東急）の沿線、等々力渓谷沿いの目蒲電鉄所有地に計画された住宅地であり、一六名の建築家の参加で三一戸の住宅地が計画された。渋谷から電車で三〇分もかからず到達するところで、そこに今も自然の残る一キロほどの長さの渓谷が存在する。当時は郊外のこの地域に住宅建設が始まりつつあり、等々力ジードルングの計画もその流れで誕生したものである。複数の建築家の協力したモデル住宅地という点で、タウトもかつて関与したヴァイセンホーフ・ジードルングを想起させる。蔵田周忠、久米権九郎、吉田鐵郎、土浦亀城、山脇巌、山口蚊象《やまぐちぶんぞう》（一九〇二〜七八年）、齋藤寅郎といったモダニズム建築を志向し、タウトがすでに知り合っていた建築家たちと共同作業ができるはずであった。久米の義兄が、目黒蒲田電鉄創設者の五島慶太《ごとうけいた》であり、こうしたつながりから生じた話であろう。

タウトにこの話が来たのは、日記によると一九三五年一月一六日にミラテス開店準備のために東京に行った折のようである。それをうけ、久米と蔵田のために東京近郊の「ジードルング」の略図(三〇戸)を最上級の和紙に記した。タウトが示した全体構想は、参加する建築家たちに、わずかの変更だけで受け入れられたと二月一七日の日記には記してある。等々力ジードルングの全体配置については当時の建築雑誌に掲載された。わずかの変更とは、一戸建て住宅の第二番目の列に至る狭い歩く道のかわりに三メートル幅の車道を設けたことである。これは、警察が要望したものであり、居住者が望むであろうからである。三一戸あり、それぞれの建築費は三〇〇〇円から四〇〇〇円であるが、東横電気鉄道会社が費用の半分を負担する。地域単位で暖房施設が設けられる。樹木を伴う美しい谷は、タウトの提案で残されたという。一五人の建築家がそれぞれ二戸分担し、タウトは一戸を担当する。他の建築家はタウトに「ナンバー一」を割り当てようとするが、彼はそれを固辞し、ジードルングを貫く大通り沿いの「ナンバー一」は吉田鐵郎が担当することになった。

車道の設置や地域暖房といった、当時の日本にあっては先進的な試みが導入されている。自然を残したり、取り込んだりした上で住宅地を設計するのは、タウトがドイツで設計したジードルングでよく見られた手法といえる。それよりも思い起こさせるのは、フィシュタールのジードルングであろう。フィシュタールは森のジードルングのそばにある谷間であるが、そのすぐ脇に、モダニズムによる森のジードルングと対抗すべく、四五度の角度の屋根をもつフィシュタールのジードルングが建てられたことはすでにふれた。

　タウトが設計した住宅は、計画された土地区画のうち四号地を予定していた。等々力渓谷に向かって建物は南面している。二階建ての直線的なデザインで設計されている。屋根も陸屋根でモダニズム建築による一戸建て住宅の典型的なものといえる。ただ、三方に設けられた縁側、窓の上の庇、高い位置の窓は、日本の気候を配慮したものである。

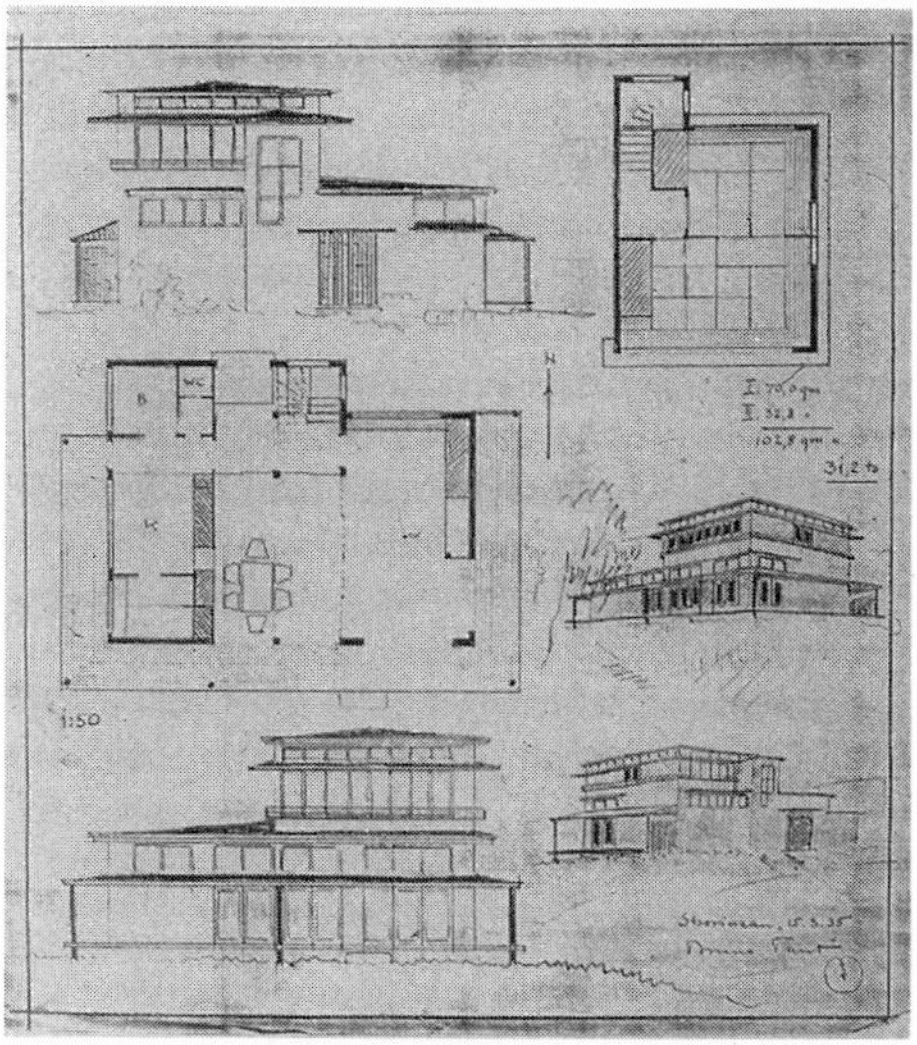

タウト設計の等々力ジードルングの住宅

　三月一七日の日記には、翌日に二つ目の川崎邸とジードルングの住宅案を持って上京することにふれられている。結局失望するのではないかという不安も語っている。

　その不安は、結局現実のものとなる。川崎邸の運命はすでにふれたが、三月二四日の日記には「「ジードルング」からは何も生じないらしい。鉄道会社は、出来合いの設計図による家屋を売ろうとしている」と記してある。結局は蔵田設計の四戸だけが等々力ジードルングとして建てられた。

大倉邸

大倉邸の方は、タウトの関わった部分は一応実現している。大倉とは、前年の五月から一カ月ほどタウトが働いていた大倉陶園の経営者の和親のことで、等々力ジードルングについての打ち合わせの後に久米に連れられて大倉に会いに行っている。久米が建築に取り組んでいる大倉邸の建設について、家具や建築について協力してほしいのだという。もっとも、設計はほとんど大倉の頭から生じており、大体一〇室の、小さな部屋からなるもので迷宮のようである。変更は許されないので、建築家が関わる部分はほとんど残っていない。タウトは大倉原案で久米が仕上げた設計に庇をつけることで自分らしい独自性をもたらそうとした。

二日間で仕上げた川崎邸と同時並行で作業をし、タウトは大倉邸のために四枚の水彩図面を作成する（三月八日の日記）。三月一八日から二一日にかけての東京滞在中に、タウトが改善案を大倉に見せたようである。彼はその改善案が実現することは考慮に入れておらず、井上工房への家具注文の儀礼上作成したつもりであった。工務店との契約はすみ、建築は開始していたにもかかわらず、タウトに詳細な図面が依頼されることになる。

六月二〇日から二一日にかけて東京滞在中に、久米のもとで大倉と設計について長いこと話をした。細部をのぞいて一致を見た。タウトが席を外しているときに、大倉は久米に報酬について聞いたらしい。タウトは、日本でそれまでよく経験したように、報酬や条件をうやむやにされることはなく、十分な報酬がくることを期待したであろう。

一一月一五日から二一日までの一週間、丸善の二階で井上工房の小工芸品展覧会が開催され、大倉は夫人とともにその最初の入場者だったそうである。それをきっかけに一一月二〇日にタウトは、久米とともに建築現場を訪れている。実物を見た印象は、全体が施工主自らの図面による素人細工であり、作品は「繊細」には程遠いというものであった。タウトが関心をもったのは、窓といくらかの内部施設だけである。

大倉邸

一二月一〇日に現場を訪れると、タウトは、大倉が色彩の指示を台無しにして、「いかもの」にしていることに気がつく。色彩にこだわるタウトにとっては大問題であるが、現場を仕切っているはずの久米の立場が弱い。

年が明けて、一月八日に現場を訪れたときも状況は変わらない。このときにきつく修正を申し出たのであろう。一月三一日に久米と井上と一緒に訪問したときには、「いかもの」の部分が後退したので悪くないと記してある。広間がとくによく、食堂もよい、と記してある。そして、自分が「発見した」日本の気候に合わせた庇は、非常に素晴らしいと記す。

五月五日の日記には、四月二八日に久米とエリカとともに大倉の新邸を訪れたことが記されている。この建物についてタウト自身は合理的な思索の帰結ゆえ「モダン」と認識しているが、大倉は日本的であると感じている。

一九三四年末から数カ月の間、十分なものではなかったとはいえ、タウトは、建築家としての仕事にエネルギーを割くことができた。そうした作業を通して、日本の環境に合わせて庇や縁側を設けて変化をつけるようになった。内装については熱海の日向邸で日本における見聞を集大成させた。

2　日向邸

日向利兵衛

タウトが日向利兵衛《ひゅうがりへえ》（一八七四〜一九三九年）と出会ったのは、三五年四月五日のことであった。日向は、ミラテスでタウトのランプを購入し、タウトに会いたがっていた。タウトに日向を引き合わせてくれたのは、外務省の柳澤健である。日向は、中国や東南アジア方面への貿易で活躍した商人で、東京の麻布に本宅があり、熱海に別荘を建てようとしていた。地上に建てられた主屋は、木造二階建ての和風建築であり、設計は渡辺仁《わたなべじん》（一八八七〜一九七三年）である。渡辺は、共同で建築事務所を開設するなど久米とつながりが深い建築家であり、和風、歴史主義、モダニズム、表現主義と幅広い建築様式を手掛けていた。代表的な建築は、ルネサンス様式の銀座の服部時計店である。別荘の主屋は、タウトと日向が出会う一年前の一九三四年二月に竣工していたが、庭園の地下の部分の設計をタウトに依頼しようとした。

タウトは、熱海を「日本のアマルフィ」とも「日本のリヴィエラ」とも評するが、そこにある日向の別荘に四月一六日から一九日にかけて滞在したときから作業が始まる。日向は、タウトには、山に登らなくともよいように別荘に「夏の部屋」をつくってほしいのだと伝えている。

五月からのタウトの日本海側旅行の間、吉田鐵郎が、設計の詳細を、彼の監督のもと数名の若い建築家に担当させることになった。

宮大工佐々木嘉平

日本海側旅行からちょうど五週間たった頃、タウトは、不思議にゆっくりと事態が進んでいる状況を知ることになる（六月一四日の日記）が、ほぼ同じ時に、別邸を工事する佐々木嘉平《ささきかへい》（一八八九〜一九八三年）と相談した。佐々木は、宮大工の家系の生まれで、他にも多くの寺社の修復に従事している。佐々木とは、二時間ほど「話し」たことが日記に記されている。佐々木は英語を喋れないいし、タウトは日本語はできないが、図面と鉛筆は、国際的なもので、十分話が通じた。

日向は、工事の監督と海水浴のために別邸の近く、熱海のそばの海沿いに一軒家をタウトのために借りてくれた。この多賀の家には、七月一九日から九月九日までの二カ月弱、二度少林山に二、三日戻っただけで、滞在している。

建材について日向とタウトの間に食い違いが生じている。日向は、三つの部屋の一番奥の日本間の天井の建材を桐とすることの効果は認めつつ、使用することには反対した。安物の下駄を連想するからである。

多賀滞在も最後になって、日向は熱海の家の建築のさいには、タウトの意向に正確に従うと約束し

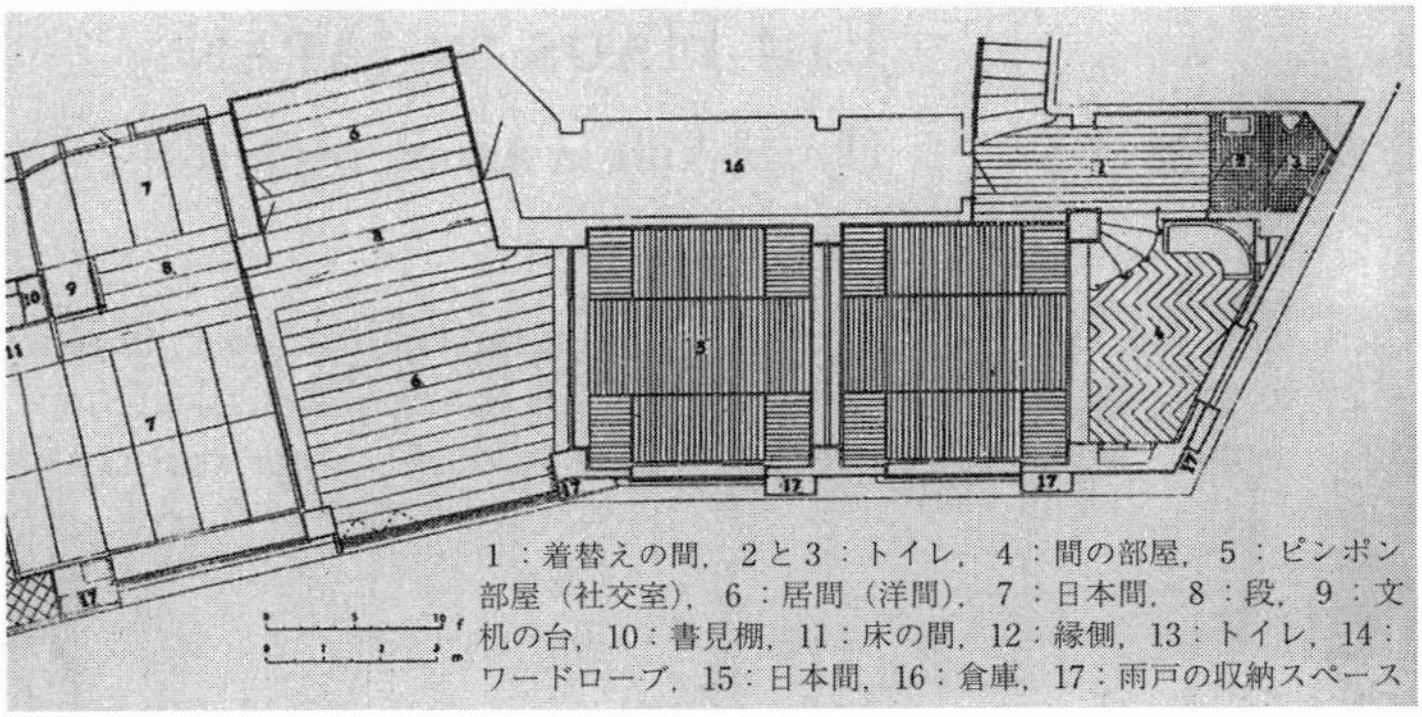

日向邸（平面図）

てくれた。

九月九日に少林山に戻ってからは、東京に出かけた折に大倉邸の進捗状況と一緒に日向邸の進捗状況を見に行っている。一一月一七日（日曜日）には、仙台の鈴木、一二月八日に吉田、一九三六年四月一五日に上野を伴って立ち寄っている。上野は群馬県工芸所の所長に任命され、このときは高崎に移動する途中であった。

七月後半には地下室は竣工したようである。七月一六日には、日向が謝金の支払いをジェントルマン的に対応してくれたと記してある。七月二四日には日向が、竣工祝いのディナーを催してくれた。

地下室

この地下室は、斜面から張り出した形の地上の庭園を支える構造体に設けられたものである。崖の形状に合わせたもので、設計を任された右半分と左半分は、直線ではなく微妙な角度がついており、左半分の奥の方には岩盤の形状に対応して、手前と奥で高低差が生じていた。

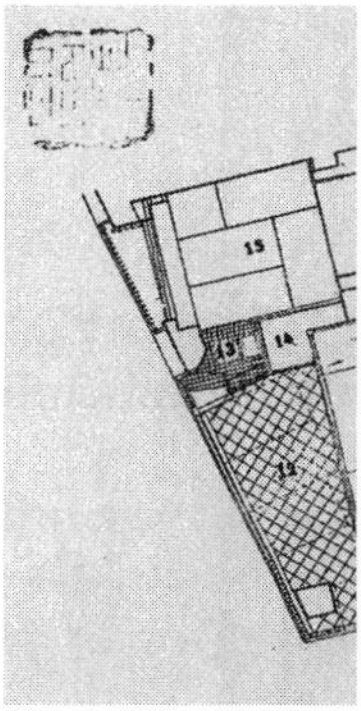

日向邸（社交室）

地下室に至る階段を下りると正面に竹の格子が嵌め込まれ、そこで左に向きを変える。地下室には竹の手すりの付いた四段の周り階段で入っていく。竹を効果的に使っているのは、日本到着直後に訪れた藤井厚二教授設計の聴竹居での見聞や日本の竹製の工芸作品の影響であろう。最初の部屋は右半分全体を使った社交室である。広い部屋に入ると小さな椅子が置かれ、天井には二列に電球が並んでいる。真ん中の部屋が板の間の居間で、後ろの方には部屋の幅の五段の階段があり、その上にもスペースがある。一番奥が日本間でここにも奥に五段の階段が設けられている（口絵4頁）。日本間の一番奥には縁側が設けられ、タウトが、縁側が日本家屋の特徴として重要とみなしていたことを反映している。

海側には全面大きな窓が設けられ、相模灘の光景を十分に堪能できる。タウトのこだわりのある色彩についても、社交室が、淡黄色の漆喰壁と素材を生かした桐材で落ち着いた雰囲気であるのに対して、居間は壁に深紅の色彩が施されたり、階段の蹴上げの面の色彩が段ごとに異なる点で、多様な色彩が生かされている。日本間は、灰色を帯びた鶯色の土壁で、部分的に柿色が用いられている。

直線と曲線を巧みに組み合わせた設計や効果を考慮に入れた色彩はタウトのドイツ時代からの設計を踏まえたものであり、それに日本的な工夫を巧みに盛り込んだものといえる。そこに置くことになる家具類は、群馬の工房で水原などの手で作られた。

友人たちへのお披露目

九月二〇日日曜日には、一群の友人と『アサヒグラフ』の編集者やカメラマンとともに、日向邸を訪れている。タウト自身も、(一応)できあがった構造物、照明や家具の主な部分を見るのは初めてで、満足している。明快で、落ち着いており、真面目で、厳格という雰囲気である。

タウトは三つの部屋について、地上からの階段から入って手前から、「卓球、あるいはダンス部屋、モダンな居間、和風の居間と和風の縁側は音階となっている。古めかしい表現でいえば、それぞれベートーヴェン、モーツアルト、バッハである」と表現し、釣り合いの点でも、細部、材料と色彩の点でも成功したとタウトは受け止めている。タウトは、一年半前に日向から任されたときには、日本の部屋の構成に少しばかりの不安があった。それに対して吉田に教えられ、共に探求し、研究したと述べ、吉田との共同作業を高く評価している。「新しい古典」にもかかわらず、床の間に掛けてある複製の雪舟はその場にふさわしい。一五〇〇年頃の昔の日本人が一人のドイツ人の作った新日本に溶け込んでいる。

社交室でブブノワとワルツを踊り、二番目の部屋で、この部屋の利用形態の変更可能性や雰囲気を検証するために「ティーパーティ」を開催する。モダンな部屋の床の間に設けた絵画用のガラス戸棚に水原がさっと書いて「エッチング」のようなものを置いた。

評価

設計に協力した吉田は、「徹頭徹尾同氏の意思通りに設計できたと言ふ点で恐らく同氏が日本滞在中に残した最も重要な作品であり、又我国の建築界に寄与した点も決して少なくはあるまいと思ふ」（『国際建築』一九三六年一二月号）と評価している。日向邸建設の過程でタウトに身近な関係になかった建築家の受け止め方は違った。水原は後年日向邸について「タウトの思うままに作ることができた」と吉田と同様のことを述べ、「タウトの東西融合の志も、それ以上に厳正な建築への願いもまさに歴史的な作品である」と評するが、周囲の反応については「私の知る限りでは称賛の声はなかった。タウトに陰に陽に好意をよせていた人たちの間でも好評ではなかった」と回顧する。当時実際に日向邸を訪れた人がいたかどうかわからず、そうした印象は写真を介したものであろうが、齋藤寅郎が、大倉邸ともども「単なる日本への好奇的感情が残されている」と評している。タウトの建築として期待されていたのが、ドイツでつくっていたようなモダニズム建築と桂離宮のような日本の建築を融合したものだった。世界的にモダニズム建築の呪縛が解けた一九七〇年代以降になって、日向邸が再評価されたのは、この建物が日本の工芸を取り入れてモダニズムを超えようとした点からであろう。

施工主の日向は、竣工後三年の一九三九年に亡くなり、その後民間企業の保養所として利用された。

3　体調の悪化

以上でタウトの日本での活動はほぼ辿ったといえるが、あとふれるべきは高崎で生活をするようになって二年目の春から明らかに健康を害したことであろう。

ぜんそくの悪化

タウトが日記に不調をはっきり書いたのは一九三六年四月一三日のことである。タウトは、二月二三日から四月一二日まで日記を記していない。その間、東京では二・二六事件が起こり、三月六日には苦労してその東京に出かけ、八日には熱海に立ち寄っている。ここで立ち上がれなくなり、ぜんそくがひどくなり病床につくことになる。少林山には戻らず、ブブノワの家で床に臥せったのである。その間何度か窒息するのではないかと感じ、医者に夜中に往診してもらわなければならなかったのも、一度や二度ではない。医者がアドレナリンを注射するとのどが楽になり、眠れるのだが、効力が五時間しか続かない。

ヒムロード・キュアという、薬草だけから作られたアメリカのぜんそく用吸入薬品をゴロフシチコフとフィッシャーから紹介してもらい、それを試したところ快方に向かった。ほかにも、手紙、果物籠、花、お見舞いといった形でタウトを心配する人々の好意が示された。三週間でようやく立ち上がることができたが、体は衰弱し、仕事は最小限にとどめ、歩行や行動はゆっくりせざるを得ない。

四月二日からは一年前に夏に滞在した多賀に移り、二六日まで滞在、東京に一泊したのち、二七日にようやく少林山に戻っている。日記にはぜんそくの症状が日本を出るまでよくなることがなく続いている様子が記されている。少林山を離れる一カ月前の九月一一日には少林山の裏山に散歩して「私の」道を辿ったが、これは冬から初めてのことであったという。すでに書いたように、タウトは裏山の散歩を好んでいたので、その間、よほど体調が悪かったのである。

さらにタウトにとってショックだったのは、彼が忌み嫌っている東京でぜんそくの症状が治まるのに対して、少林山に戻るとそれがぶり返すことであろう。

浅間山の噴火

少林山近辺の自然環境が一九三五年から変化を見せており、そうした状況がタウトの健康に大きな影響を与えたのかもしれない。一九三五年四月二〇日に浅間山の噴火が日記に記されている。それ以前から噴火活動は始まっていたが、この日、「雷鳴、いやそれより大砲の響きようなものが聞こえた。なんだ。浅間山だ」と大音響とともに噴火が起こったことが記されている。空全体に長い、大きな雲が広がり、太陽は黄色みのある赤に変じたと観察している。その後小さな石の粒が二時間降り続けることになる。夜になったら、赤い空に浅間山が大規模な噴煙を上げるが、山容はうかがえない。四月二四日の日記には浅間山の噴火はここ四〇年来最大のものであり、噴煙の高さは一二キロに及んだと記してある。タウトが日本を離れるまで、一カ月に数度の噴火が続く。火山灰が常に舞っている環境がタウトのぜんそくによかったとは思われない。

一九三五年九月二四日から二六日の台風

少林山周辺の自然環境に影響を与えたものとして、日本を離れる一年前の一九三五年九月二四日からの台風の影響でこの地域に大きな水害があったことも考えられる。二四日には「土砂降りの雨が降り、激しい音がする。天が泣き、その涙が洪水を引きおこすだろう」と記し、二五日も「土砂降りが続く」のであった。二五日から二六日にかけての夜は、「日本において私たちが経験したもっとも異常」なものであった。もはや雨ではなく、土砂降りの連続であり、稲妻と雷鳴が伴い、そして暑かった。家の外からは、波打つ大砲の轟音のようなもの、半鐘や人の叫び声が聞こえてくる。床に就こうとする前に、ものが壊れる大音響が聞こえ、それは近くの橋が壊れて流される音であった。その一時間前に水原がその橋を渡って帰ったところであった。

山中では土石流や山崩れが至るところで発生し、碓氷川とそれが合流する烏川をはじめ各所で洪水・反乱が発生して大きな被害をもたらした。群馬県全体で人的被害では死者二一八人、負傷者一九〇人、行方不明者三九人、家屋では全壊四六七戸、半壊四六〇戸、流出八五九戸、床上浸水四〇一一戸、床下浸水一万三三二〇戸の大災害であった。

一夜明けて、台風一過、太陽が照らした光景はもっとも無残な荒廃であった。橋はすべて壊れ、少林山のたもとの土手や橋のたもとの石垣も崩れ、そこにあった一軒の家は流出、二軒目が残っていた。田んぼや桑畑が荒れ果てていたが、川の水は夜中よりも引いていた。タウトは東京に出かけなければならなかったので、碓氷川を渡るために少し上流の信越本線の鉄道橋を渡ることにした。そこまで行く間も道は川となり、小川の木橋は壊れ、田んぼの間の道は沼地となっていた。鉄道橋も、土手は崩れ、線路が枕木をつけたまま宙に浮いていたが、バランスをとってようやく対岸に出ることができた。そこで車をつかまえて市内に向かったが、至るところで水が家屋の中に入り、泥だらけになり、庭が沼に、建物の中は泥と芥でいっぱいである。住民は畳を上げ、バケツで泥を掻き出す。この地域でも多くの命が失われ、救助にあたった六人の兵士もなくなった（実際は七人）。川に女性の遺体が流れていた。タウトが後から聞いた話では（一〇月一八日の日記）、住民は二階に避難していたが、夜中の三時に全員退避の指示があり、子供を上に掲げて、胸まで水につかって学校に向かった。少林山は丘の上にあるので洪水の被害は免れたが、それでも石段の三段目まで水が来ていた。

タウトの観察によると、台風のあと一週間は雨が降らなかったものの、周囲はすっかり破壊されてしまった。とはいえ、四日後にはロープを張って軽い船でまだ激しい流れの中で渡し船が始まり、手すりのない歩行者用の橋がかけられた。一〇月一四日の日記によると、堤防が壊れたところには、竹を組んでその間を石で詰めた粗朶が作られている。タウトは義援金を贈ることにした。篠田の日記の訳注によると、その金額は五〇円でそのうち三〇円がタウトの名前の記されたバケツの購入に当てられ、被災者に贈られた。

台風のさいには上流から大量の土砂や石が流されてきて、それが氾濫とともに少林山の周囲にもまき散らされ、植生が大きな被害を受けたのである。

軍国主義の高まり

他にも、彼の気持ちを圧迫するような動きがあったことも指摘したい。少林山から東に二キロほどのところに高崎の第一五連隊の練兵場があった。国際フレンド会館に住んでいた頃ほどではないにしても、軍隊の訓練を身近に感じることはあったであろう。そうした記述は二年少しの高崎滞在でもそれほど出てくるわけでもないが、一九三五年一二月三日の日記には、たぶん裏山で日光浴をしていたところ、一団の士官が地図を持って来たのに出くわしている。

そうした状況の最たるものが二・二六事件であろう。日記を記すのを再開した四月一三日にいの一番で以下のように記している。

「雪が積もったまま残り、黒と白が我々の景色であったが、二月二六日に赤が付け加えられた。黒白赤である。「事件」によって国家が（一日だけで）七一万六千円と数名の暗殺された大臣を犠牲にした。暗殺者たちは、叛徒と呼ばれたが、彼らは、老首相を取り逃がしたものの、新しい「より強い」内閣を作るのに成功した。民衆の間の最大の興奮にかかわらず、新聞は事件についての本当の説明をしていない。公的には事件についてのあらゆる発言が禁じられている。こうしている間に、「事件」の範囲の中で隠れて、戦争がまさに進み始めているようである」。

4 離日へ

マルティーン・ヴァーグナーの手紙

こうして心身ともに大きな不安を抱えているときに到来したのが、一九二〇年代のベルリンでともに住宅建設に従事したマルティーン・ヴァーグナーの手紙であった。当時イスタンブルの市の建築顧問として活動していたヴァーグナーは、空席となったイスタンブル芸術アカデミーの教授への着任を打診してきたのである。ウィーン出身の建築家エルンスト・アルノルト・エクリ（一八九三～一九七四年）がスイスに移るのをきっかけにハンス・ペルツィヒが後任として赴任する途上に亡くなり、その代わりとしてである。

タウトは高崎滞在中にほかにも二度ほど招聘の誘いを受けている。

京都府庁からの話

まず、様々な住宅建設に関わっていた一九三五年の三月一七日に上野から、京都府庁が工芸品制作の顧問として一年間従事することを望んでいるという知らせが到来する。四月になって上野と一緒に京都府庁に訪れ、主要な点では話は一致した。

この京都滞在中、京都府立医科大学の飯塚直彦教授の診察をうけ、そして如意ヶ嶽の大文字の送り火（四月三日）を見ている。送り火は、例年は、八月一六日に行われるものであるが、前年九月の室戸台風で被害を受けた京都の東山の木々のために、このとき特別に点火されたものである。京都府庁の人々と都ホテルでコーヒーと洋酒で歓迎の宴が開かれたが、その都ホテルから、タウトは送り火を見ている。

ところが、七月半ばになって、中心となって話を進めていた府庁の中村が異動になってしまったので、結局、この話は立ち消えになってしまう。

コロンビアからの打診

次に、一九三六年の六月七日、コロンビア大使からできるだけ早く東京に来るようにとの電報があり、翌日東京に向かい「ドミンゴ・エスゲラ・プラタ」公使に会った。そこで、本国政府からの電報を見せられた。それは、建築の仕事のために直ちに、そしてどのような条件ならば、首都のボゴダに来ることができるかという問い合わせであった。しかし、六月二五日に

少林山での別れの宴

はコロンビア政府はタウトとの契約を「さしあたり中止する」という連絡をよこす。

コロンビア行きの期待が消えた直後の七月二日、ヴァーグナーからの手紙をうけとった。朝まだ床についていたタウトにエリカがこの手紙を持ってきたところ、タウトの目から滝のような涙が流れたと日記には記してある。

その後話はとんとん拍子に進み、九月一一日にはヴァーグナーからの手紙が届き、タウトがペルツィヒの後任となることが議論されていることが知らされた。タウトは即座に電報を打ち、ヴァーグナーに契約の交渉を進めるように依頼した。九月三〇日の朝食の席にイスタンブルから電報（「契約締結すぐ発てヴァーグナー」）が届く。

高崎での別れ

まず高崎の工芸所の所長をしていた上野に報告する。彼は、五月五日の着任以来孤軍奮闘しており、重要な後ろ盾を失うことになるのだが、タウトが日本における閉塞的な状況から解放されることに大いに喜んだ。井上は満洲国への旅行から帰る途中で、水原は彼を迎えるために京都に出かけており、会えなかった。上野が一緒に前橋まで行って県知事に会い、知事は高級官吏数名とお別れの昼食の席を設けてくれた。その足で東京に向かい、ミラテスで井上と水原に会う。それから数日東京に滞在して出発の準備をしている。

高崎駅での別れ

一〇月四日に少林山に戻り、一〇月八日に東京に出発したが、その間、井上、少林山、高崎市内の料亭でお別れの宴が催された。高崎市内の宴には、工芸所の所員、その所長の上野、井上、前島知事が出席した。少林山を立つ日。朝食は、住職や寺の人たちと、昼食は寺でとった。その後、上野、儘田、浦野が来て、洗心亭でコーヒーを飲み、お別れの時間になる。

みんな笑顔の後ろに悲しみをたたえているとタウトは感じている。碓氷川に架かる橋を渡ると、対岸には八幡村の全村の人が集まり、子供たちは日本とトルコ、そしてわずかのドイツの国旗を手にし、タウトは村長に貧しい人のための義援金を一封渡す。上野が「万歳」と音頭をとると、みんな「万歳タウトさん、奥さん」といい、タウトは「万歳八幡村、万歳少林山」と答える。高崎駅まで自動車で移動すると、見送りのために多くの人が集まっていた。その中には水原の父親、井上、知事がいた。

東京での別れ

東京では九日から一一日までの三日間で旅行代理店や領事館での手続きを行い、別れの宴や訪問客への応接に追われる。

一〇日は井上が呼び掛け、上野、吉田、蔵田、齋藤が幹事となった大きな別れの宴が開催される。篠田の翻訳によると、会場は朝霞の幸楽で、約五〇人が参加した。和食の食事はよくなかったが、スピーチはその分心に響くものであった。上野に始まり、日向、蔵田、吉田、水原と続いた。日向がタウトの隣に座り、右側にはエリカ、日向夫人、ブブノワ、少林山の敏子と並び、それから著述家と建築家が向かい合わせに座った。食後も、名残を惜しむ人たちとお茶をする。

一一日には四〇人ほどの来客があり、昼食は東京の最善の料亭に山本有三《やまもとゆうぞう》とその友人と一緒に行く。夜遅くまで来客があり、彼らから贈り物をうけとった。最後の晩、敏子と会議で東京に来ていた上野がブブノワ宅に泊まり、上野はタウトと同じ部屋に床を取った。

一二日には午前中はドイツ大使館に行き、資生堂で昼食をとったのちミラテスで新しく出た『日本文化私観』五〇部にサインする。東京駅には今ひとたび彼の友人が集まっていた。タウトは一〇〇人くらいだろうとみている。列車が出発すると、一緒に走る人がいた。ここでも「万歳」の声が上がり、タウトは「万歳日本文化！」と答える。

横浜までは敏子と平野夫人が同行した。敏子は、心が張り裂けんばかりに泣き、エリカも泣き、タウトにも涙が流れる。タウトは、エリカは敏子にとって第二の母のようなものであったという。横浜駅には久米夫妻が花束を持ってきており、久米からの餞別も渡される。京都まではブブノワも同行し、ともに下村宅に泊まる。

前列：エリカとタウト，後列（左から）：下村正太郎，上野リチ，上野伊三郎

京都、そして日本との別れ

京都では、「幸いにもお別れの喧騒はなかった」。タウトは、京都や大阪の知人に送った離日の知らせは届いたのだろうが、彼らの返事がタウトのもとにもう届かなかったのだろうと考えている。その分、日本の最後の数日は下村と親密に過ごしている。一三日は神戸に赴き、クック旅行社と中華民国領事館を訪問している。この日にブブノワと京都の夜の散歩を楽しむ。一四日は、詩仙堂と曼殊院を訪れる。曼殊院の庭園は小堀遠州の作ともいわれ、タウトに、日本からの別れは小堀遠州からの別れと思わせる。昼食は、下村の別荘でとり、茶の湯を楽しむ。それから、自動車で琵琶湖に行き、山上からの琵琶湖の眺望を楽しんだ後、湖畔の料亭で

日本食の晩餐を楽しむ。
一五日は東京駅とは異なり、ブブノワと上野夫人のほか、下村と運転手の島田だけがタウトを京都駅で見送った。列車は、夜に下関に到着。釜山行きの汽船に乗船する。

5　日本人やドイツ本国の人々との関係

最後にタウトと、日本人や本国の家族との関係について記しておきたい。

日本人との関係

すでにふれてきたように、タウトの日本における人間関係は不安定なものであった。高崎で受け入れてくれた井上との契約関係がはっきりしないので、蔵田と久米に間を取ってもらった。モダニズム建築家である山口蚊象と画家前田青邨の令嬢の結婚式の招待状を一九三四年一月一六日にうけとるが、来日一年目に東京の建築家と人間関係がうまくいかないことがあったのはすでに述べた。彼らの中に不可解な対応をとる者がいると感じたことから、二一日には出席しないことを決める。タウトに挑戦的な態度をとっていると思った石本喜久治と山口がライバル同士であり、どちらかと親密な関係をもちたくないからであった。

一九三四年の年賀状を五〇通したためたが、日本人の反応を不可解に思う。久米は、三語のしみったれたお礼を書いてよこしただけだし、蔵田からは返事もない。ほかの人は刺激的で美しい手紙を送ってきたが、この二人についてはなんでだろうといぶかしがる。翌年は、仙台の人たちから年賀状がこないことを日記に記しているが、その仙台で親しくしていた鈴木道次が、一九三五年の九月二一日と二二日にタウトのもとを訪れている。彼は、前年からベルリンに留学し、弟のマックス、息子のハインリヒ、共同経営者のフランツと親しくしていた。当初は気遣って口が重かったのだが、多くを語り、多くの写真と新聞を見せてくれた。雄々しく強い新聞の見出しの背後に、タウトは、ナチスの影響力が拡大しているという真実を読み取っている。

その鈴木についても一九三六年六月一日の日記には、自分のキャリアや支えてくれる兒島教授のために、距離を取っているようだと記している。兒島は、仙台ではタウトにとって理解ある友人であったが、関係がうまく構築できなかった工芸指導所所長國井の友人である。こうした事情から、タウトと関わることに鈴木がネガティヴな気持ちをもっているのではないかと邪推している。

全体的に、終始信頼を寄せていたのが京都の下村と上野、高崎の水原、敏子など手伝いに来た人々、住職くらいで、関わってきた人々の多くに不審の念を抱いている。蔵田や久米あたりは、基本的に頼りにしてはいるが、中止になったはずの等々力ジードルングの計画の一部として蔵田の設計した住宅が建てられたことを聞くと、ショックを受けている。

何か悪意があったというよりは、タウトが日本語を解さず、日本人の側もドイツ語や英語を十分に話せる人がそれほどおらずコミュニケーションが十分成り立たないことが多かったのが大きな要因であろう。

レーモンドとヴォーリズ

日本に滞在して建築家として仕事をしているレーモンド（一八八八〜一九七六年）に対してもかなり思うところがあった。レーモンドは、ベーメン生まれで、一九一〇年にアメリカに移住し、フランク・ロイド・ライトの建築事務所で働き、ライトが帝国ホテル設計のために来日したさいに行動を共にした。その後日本で独立し、一九三七年まで日本でモダニズム建築家として活動を続けた。

大倉陶園における仕事がひと段落しつつあった、一九三四年の六月六日にレーモンドの招待で事務所を訪れている。タウトは、彼について、日本でも実際多くの建築をしてきたが、結局は実践家、商売人、宣伝屋であると断じている。六月一七日には葉山に住んでいたレーモンドの「海岸のそばにあるこざっぱりした夏の家」を訪問している。レーモンドと建築について大いに語ったが、陳腐と評価する。

最初から気質が合わないことを感じ取っていたが、レーモンドのほうはタウトと一緒に仕事をする意図をもっていたようで、九月六日には洗心亭のタウトのところをレーモンド夫人が訪れ、タウトの図面をしきりにほめている。

日記によると、その後、タウトがレーモンドと出会ったのは、一度だけである。一九三五年の夏はタウトは上多賀に滞在していた。途中、数日少林山に戻ったとき、八月五日に軽井沢のミラテスにいたところ、彼から声をかけられたのであった。そのときもル・コルビュジエの模倣者と日記には記して、積極的に評価していない。一九三三年にレーモンドが自分の別荘として軽井沢に建てた「夏の家」がル・コルビュジエの図面の模倣であったことが物議をかもしたのは、タウトの耳にも入っていたのであろう。日記にレーモンドの話が出てくるのは、一九三六年の三月にタウトが病に臥せったとき、花を送ってくれた人の名前に出てくる程度である。

これに対して、一九三四年五月一一日の下村邸での晩餐でヴォーリズと一緒になったとき、メンソレータムや建築で収益を得ている彼を「建築家の装いをした商売上手な聖職者」と特色を見抜きつつも、悪い印象は抱いていない。

本国に残した家族への思い

一方、タウトは本国に残してきた家族への思いを強く感じていた。数こそ多くないにせよ、日記にも母国に残した子供や共同経営者の弟マックスやホフマンへの思いが再三語られる。日記自体、カーボン紙を挟んで複製したものを本国の人々に送っており、そうした文言によってタウトは彼らに対する気持ちを表現したものといえる。

タウトの日記で家族についての重大な情報が知らされたのが、亡命の最初の年（一九三三年）の六月一〇日のことである。タウトは、五月一八日から東京に出かけており、三週間ぶりに京都の下村宅に戻ってきた。簡潔に「マックスからママ、フランツ、そしてライトについての手紙」とだけ記してあるが、タウトの母はその年の四月三〇日にケーニヒスベルクで亡くなっているので、訃報が記されていたであろう。六月一〇日に同時に読んだ別の人からの手紙ではエーリヒ・バロンの訃報（四月二六日）が記されており、タウトはこの晩のことを「恐ろしい夜」としている。バロンは、ユダヤ人であり、『都市の冠』の共著者の一人であったが、国会議事堂放火の日に逮捕され、刑務所の中で命を

タウトとフランツ・ホフマン

落としている。

日記には、いまだ法律上の妻であったヘートヴィッヒにふれることはないが、彼女との子ハインリヒとエリーザベト、エリカの連れ子エミー、エリカとの子クラリッサへの思いは語られる。一九三三年一〇月二六日の日記には、「クラリッサ、ハインリヒ。君たちが心配だ」と母親の異なる二人を一緒に扱っている。タウトは、エリーザベトにも日本に到着した五月に手紙を送っていたが、彼女から返事が来なかったのを残念に思っていた。

建築事務所設立記念日

日記には建築事務所の共同経営者であるフランツ・ホフマンへの強い思いが書かれている。とくに一九三四年八月一日に事務所設立二五周年を迎えるので、電報を打とうとし、それとともにホフマンへの深い感謝を日記に記している。一九三六年の八月一日にも、ヴァーグナーからイスタンブルの話が来た後だが、事務所の二七周年と記し、かつては「ベルリンの」、現在は「ベルリンと東京」、そして新たな土地が追加されようとしているが、新しい状況への期待であろう「がんばろう Toi, Toi, Toi」と記されている。弟のマックスをはじめドイツの知人と手紙のやり取りがある様子が日記には記されている。

本国の家族の置かれた状況

一九三四年二月二八日には、フランツが知らせてきたタウトへの誹謗中傷や嫌疑についての長い手紙をしたためている。こうしたことでタウトの心をもっとも痛めたと思われるのが、三四年一二月一一日の日記に記してある、エミーからの手紙であろう。エミーとクラリッサは、エリカの母親とともに、ダーレヴィッツのタウトの自宅のそばに一九一九年に購入していた住宅に住んでいた。悪いうわさが広まっているために、彼女はダーレヴィッツを離れて、この家を「売却」したいという。

実際は悪いうわさどころではなく、ゲシュタポが家宅捜査にやってきて、エリカの母親のベッドすら解体してしまう。家の前ではヒトラー・ユーゲントの集団が、抑揚をつけた誹謗中傷の言動をとった。結局、エミーとクラリッサは、ダーレヴィッツを離れ、エミーはハイデルベルクで医学を学び、クラリッサはボーデンゼーで看護師として仕事をする。

本国に残った家族で一番大変な思いをしたのが、ヘートヴィッヒであった。彼女は、二万三〇〇〇ライヒスマルクの帝国出国税の支払いを余儀なくされていた。これは、もともとは裕福な人の海外移住を思いとどまらせるために一九三一年に導入されたものであったが、ナチスの時代にはユダヤ人など海外移住せざるを得なくなった人々の財産を吸い上げるために用いられた。

第一〇章　トルコ

1　タウトの置かれたトルコ社会

ドイツ時代のタウトの知り合い

タウトは、朝鮮半島、北京、ハルビン、イルクーツクなどを経由して一一月一〇日にトルコ共和国に到着している。第一次世界大戦中にドイツ・トルコ友好会館のためのコンペでイスタンブルを訪れて以来のことであった。

トルコ共和国は、第一次世界大戦におけるオスマン帝国の敗北とその解体ののち、ムスタファ・ケマル（アタチュルク）のもと独立戦争を経て、一九二三年に建国した。この国家のもとでトルコ社会では、イスラム色を払拭し、アルファベットの採用をはじめ、政治制度、文化など様々な側面で西欧風の近代化が推し進められた。そうした動きの中トルコ共和国は、西ヨーロッパからの人材を積極的に登用しようとしていた。とくに一九三三年のナチス政権誕生後は、スイス経由でトルコ共和国に亡命するルートがつくられたため、ドイツ人やオーストリア人でナチス政権と合わない人材がトルコに流れ込んでいた。教授や学者だけでも二〇〇人が共和国の学問的土台づくりを期待されていた。一九二〇年代ベルリンにおけるタウトの盟友ヴァーグナーも、イスタンブル市の建築顧問として活動していた。ヴァーグナーは、タウト到着の翌年にはアメリカ合衆国のハーバード大学に都市計画担当の教授として招聘され、トルコを離れている。

他にドイツ時代のタウトと縁のある人物をあげると、まずコリーン以来の知人であり、芸術のための労働評議会でも活動を共にした彫刻家ルードルフ・ベリンクがいる。彼は、プロイセン芸術アカデミーの会員であったが、一九三七年に辞め、イスタンブルに亡命し、イスタンブル芸術アカデミーで教鞭を執ることになった。イスタンブルに来たのはタウトよりも後であったが、ベリンクは、タウトと交流を深め、タウトの埋葬の日（一九三八年一二月二五日）に芸術アカデミーでエリカにお悔やみの言葉を述べている。一九二〇年代にベルリンの交通制度の改善に従事し、のち西ベルリン市長となるエルンスト・ロイター（一八八九～一九五三年）も、一九三五年六月以来アンカラで活動していた。ベルリンの病院シャリテの外科医・教授であったルードルフ・ニッセン（一八九六～一九八一年）は、ユダヤ人の出自のためにナチス政権誕生直後にトルコに亡命し、イスタンブル大学で教鞭を執っていた。彼はイスタンブル滞在中のタウトのホームドクターとなり、タウトは彼の自宅の設計を行っている。

これにとどまらず、ヘートヴィッヒとの子ハインリヒとエリーザベト、エリカとの子クラリッサがイスタンブルまでタウトを訪ねてきた。

トルコ共和国の西欧化の中でも、建築の領域はそれが顕著に表れたものの一つといえる。そのさいに、積極的に導入されたのが、モダニズム建築であった。ドームや尖塔にアーチなどを交えたイスラムの宗教建築と、直線が主体のモダニズム建築が一線を画すのは言うまでもない。一般の家屋も、イスタンブルでは二階の部分が一階よりも前に出ている形のものが多くみられ、モダニズム建築とは趣が異なる。モダニズム建築の採用は、西欧文化の導入を可視的に示すという意図があったのであろう。

一九二〇年代では、トルコの伝統的な建築様式を取り入れたモダニズム建築が建てられていたが、一九三〇年代になると欧米で大きな流れとなっていたこの建築様式に徹した建築物が建てられるようになっている。とりわけ、共和国になってから、人口二万人台の都市から首都になったアンカラでは、多くのモダニズム建築がみられた。タウトが住むことになるイスタンブルでも、古代以来の街の発展により入り組んだ都市構造の中でモダニズム建築が建てられている。

住居

タウトは、イスタンブル芸術アカデミーの近くのオルタキョイに住居を定めた。オルタキョイは、ボスポラス海峡沿いに位置し、トルコ人、ギリシア人、ユダヤ人、アルメニア人が混在していた。海沿いには、一九世紀の建造であるオルタキョイ・モスクが建っており、地域の象徴的存在となっている。タウトの住まいは、オルタキョイ・モスクに近い場所にあったエミン・ウアファイの森という公園のところにあった。モダンな設計の二階建ての一戸建てであった。タウトが住んでいた頃はボスポラス海峡をのぞむ静かな住宅地であっただろう。

スタッフ

タウトのトルコ到着時点でスタッフとして一緒に仕事ができたのは、前任者エクリのトルコ人スタッフのアーリフ・ヒクメト・ホルタイとセダト・ハック・エルデムであった。彼らに加え、赴任直前に亡くなったペルツィヒは、助手をあらかじめトルコに送っており、ツィンマーマン、ムント、そしてルンゲといった人物がいた。

タウトの考えを理解して、設計の作業などを一緒に進められる人材は必要であり、そのためドイツ時代の協力者を呼び寄せている。一九一四年以来タウト・ホフマン事務所で仕事をしていたハンス・グリムは、一九三七年五月二五日とタウトの到着後半年でトルコに来ている。GEHAGの設計部門の長であったフランツ・ヒリンガーはカール・レギーンの設計などでタウトと協力し、シャルロッテンブルク工科大学でもタウトの助手であったが、ユダヤ人であったためにドイツにいられなくなり、グリムに少し遅れ七月八日に到着している。彼はタウトの協力者として活動したのみならず、その死後、進んでいたプロジェクトの完成につとめた。タウトと同時代にマクデブルクの都市計画局に勤務していたコンラート・リュールも短期間であるがイスタンブルに滞在していた。そのほか、フランクフルト式厨房をつくりあげたマルガレーテ・シュッテ＝リホツキーとその夫ヴィルヘルム・シュッテも一九三八年八月にトルコに移住してきていた。

もっとも、招聘がうまくいかない例もあり、一九二〇年代にベルリンで建築を学んだヴァルター・シーガル（一九〇七〜八五年）は、ユダヤ人の出自ゆえ一九三六年にロンドンに亡命していた。彼をアカデミーの助手として招くつもりであったが、実現していない。マクデブルクで実際に建物に色彩を施した、クライルの招聘もうまくいかなかった。

他にも、シャルロッテンブルク工科大学で学んだエユプ・キョミュルジュオールをはじめ、トルコ人スタッフも加えて、タウトの設計チームは、エクリ時代よりも大きなものとなっていた。タウトは、日本の状況と比べようがないほどの環境を手に入れたといえる。日本にいる間の「建築家としての休暇」を補うかのように、タウトは、イスタンブル芸術アカデミーの教授として、また文部省の建築局のために旺盛な活動を展開する。

2　トルコにおけるタウトの建築

言語・歴史・地理学校の校舎

タウトは亡くなるまでの二年少しの間に全部で二四の建築物を設計したという。トルコにおけるタウトの建築活動の重点は、文部省の建築局のために活動することを求められたため学校建築に置かれる。たとえば、トラブゾンの男子高等学校やアンカラのアタチュルク高等学校があるが、タウトのトルコ時代の建築の代表は、現在はアンカラ大学に統合されている、一九三五年建設の言語・歴史・地理学校の校舎である。

当時、アンカラは、トルコ共和国の首都にふさわしい都市とすべく、ドイツ人の建築家ヘルマン・ヤンセン（一八六九〜一九四五年）が一九三二年に作成した都市計画案に従って都市改造を施していた。旧来の市街地があり、その南に新たな市街地を設け、新旧の市街地を南北につなぐアタチュルク通り、東西に貫く鉄道線路に並行する二本の道路が都市構造の骨格となる。言語・歴史・地理学校の校舎は、アタチュルク通りおよび東西の鉄道と直接並行する道路の交わる箇所に、アタチュルク通りに建物の正面を向けて立っている。ここは、元の街と新しい地域の境界に位置する。この建物は、アンカラの都市計画上重要な位置に置かれているといえる。

タウトはトルコ到着後一カ月たたないうちにこの建物の設計に取り組む。一一月三〇日から一二月五日にかけてタウトはアンカラに赴いたが、文部省の建築局でエーリヒ・ツィンマーマンに出会う。彼は、亡くなったペルツィヒの助手として先にトルコに到着していたが、代わりに着任したタウトと一緒に仕事をすることになった。ツィンマーマンはすでにこの建物の設計に着手しており、一二月二四日に一〇〇分の一の縮尺のスケッチをタウトに手渡した。

タウトは、高等教育を管轄する官吏のジェヴァト・ドゥルスンオール（一八九二〜一九七〇年）と協力してツィンマーマンの設計を再検討して、自分独自の設計を行った。ドゥルスンオールはヴァーグナーやペルツィヒの招聘に尽力した人物である。タウトは、ドゥルスンオールとともに一九三七年一月にアンカラで言語・歴史・地理学校の学校長との面談などを経て、自分の設計を承認してもらうことに成功した。ドゥルスンオールが、ツィンマーマンに電話で彼の案が採用されないことを伝えた。彼はそれに不服であったが、タウトが説得してその後も一緒に設計の仕事に取り組んでいく。

タウトは、亡くなる直前まで、イスタンブルとアンカラの間を頻繁に往復しながら、言語・歴史・地理学校の校舎の設計や施工に従事する。一番大きな障壁は、当時のアンカラの都市計画案を作成したヤンセンとの間に意見の対立があったことであろう。一九三七年三月にはタウトの設計がヤンセンに送られたが、彼はそれにかなり不満であった。タウトが設計したような一つの大きな建物ではなく、複数の建物に分けて学舎を建てたかったという推測もある。タウトとヤンセンの交渉は不調に終わったが、ドゥルスンオールが七月一六日に知らせてきたところによれば、建築局の局長がヤンセンの異議を認めず、ドイツ人同士の意見の相違はトルコ政府の高官の判断で決着をみた。

この建物の設計の作業は、一九三八年一一月一〇日、中断する。アタチュルクが亡くなったのである。その後、タウトはアタチュルクの葬儀の棺台設計にかかりきりになり、それがひと段落ついたところで本人が亡くなる。中断の時点で基本的な部分はできあがっていた。

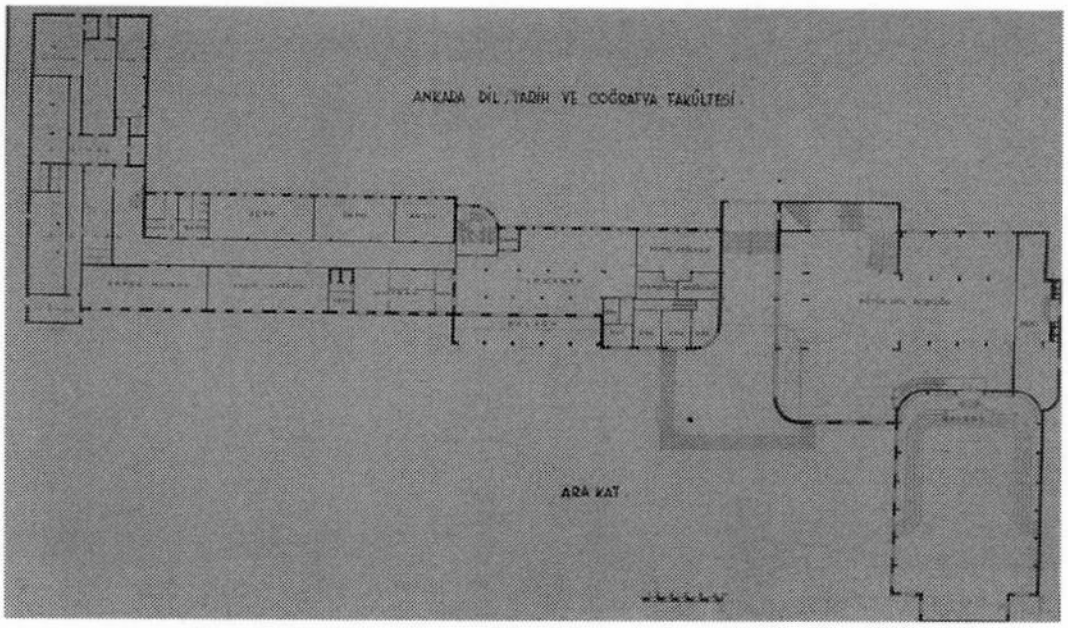

アンカラ大学の平面図（中２階）

建物全体は、アタチュルク大通りに南北に並行している正面が長いL字型の六階建ての建物である。メインエントランスのある部分が、両翼よりも微妙に前にせり出した形になっている。三階以上は同じ大きさの窓が等間隔に並んでいる。壁面の一番上に「私たちの人生の真のメンターは科学です」と記した部分が上に張り出している。メインエントランスは、二階までの高

アンカラ大学（正面）

さのある大きなガラス張りの壁面の下部にドアが設けられている。エントランスから入ると小さなホールがあり、それから右手の方に広いエントランスホールがつながる。広いエントランスホールの奥には、校舎の二階より上に上がっていく広い階段があり、手前には大きな講義室に入っていくための階段が設けられている。

エントランスへ入っていく部分は、右側（南側）と左側（北側）の壁が円を描いて別の壁面につながっている。丸い壁面を両側に使うことで、人を中に誘導する雰囲気をつくろうとしていると思われ、丸い壁面の位置をずらすことにより、シンメトリーを避けようとしている。この部分全体に大きな屋根をかけることでメインエントランスの構造物がかなり大きなものとなっている。

両翼も窓の形が違ったりしているだけではなく、右翼では二階の高さの大きな講義室を設けた建物が手前にせり出しており、右翼と左翼で左右対称とはなっていない。左翼にはさらに、建物の正面のラインを微妙にずらして建物が続いている。右翼の部分は広めの教室が割り当てられており、中央部と延長部も含めた左翼には、事務、教員の研究室、演習室、学生用の部屋が割り当てられている。左翼の延長部分の先のL字の横棒の部分は講義棟である。

この建物の設計には、直線を中心に曲線や構造物のずれなどを取り入れる、タウトが慣れた手法によっている。それにとどまらず、日本やトルコの建築や文化もこの建物に反映している。

トルコからの影響

トルコからの影響についてみると、建物の一階部分に大きな窓を設けたり、メインエントランスの構造物を大きくしたりすることに、スィナン設計のモスクの影響が指摘されている。ミマール・スィナン（一四八九〜一五八八年）は、モスクや公共建築などに従事したオスマン帝国最高の建築家と目される人物であり、イスタンブルでもシェフザーデ・ジャーミイやスレイマニエ・モスクの設計、アヤソフィアへの耐震補強やミナレット二基の設置も行った。イスタンブルで生活しつつ、タウトもスィナンの業績を身近に目にしていた。

トルコからの影響ということでより顕著なのは、外壁の装飾である。中央部の基盤と一階が粗い石材、二階からが切り石積みであり、両翼部分は切り石で基本的につくられ、両脇にレンガが用いられる。建物の脇と後ろは、アンカラの石材の色合いに合わせて薄茶色で塗られる。この建物の外装は、オスマン帝国初期の石とレンガを混ぜる石積の技術を利用したという点で、トルコの建築技術を応用したものと指摘されている。

日本からの影響

日本からの影響として指摘できるのは、広いエントランスホールから大講義室に入っていく階段の手すりである。その一番端の部分の支柱がらせん状になっている点に、タウトが日本でふれていた工芸の影響があるとされる。建物の外観で目立つのが、屋根の庇

アンカラ大学
（手すりの下の端の支柱）

のような部分が全体的につけられていることであろう。ドイツ時代のタウトの建築では、とくに陸屋根の場合、こうした構造物がつけられることはそれほどなく、日本での見聞や、大倉邸の設計などでも取り入れた経験が生かされたものであろう。庇は、ほかにアンカラのセベシの中等学校やトラブゾンの男子学校では、窓の上から三分の一のところにつけられている。

タウトは彼にもしものことがあれば、弟のマックスに完成まで担当してほしいと願っていたが、それは実現せず、助手であるヒリンガーによって翌一九三九年に完成している。

自邸

タウトの日本における見聞がより強く反映しているのが、オルタキョイの彼の自邸であろう。トルコに移り住んで以来住んでいた家のすぐ近くに、同じようにボスポラス海峡にのぞむ斜面の中腹に建てられた。現在は、一九七三年に建設されたボスポラス大橋がそばを通っているが、もともとは海峡沿いの自然豊かな環境にあった。斜面に一五メートルの高さのコンクリートの柱が設けられ、その上に基本一階建てで一部二階建ての自邸が建てられた。建物全体が斜面から南に向かって海峡の方向に張り出している。二階建てのその張り出した部分がきわめて印象的なデザインとなっている。

張り出した部分の二階の部分は書斎に用いられるはずであったが、八角形をしている。一階部分はサロンと考えられていたが、海側の外壁は二階の八角形を少し広げた形となっている。一階部分も二階部分も海に向いた部分は全面ガラス張りとなっているので、ボスポラス海峡を越えて、対岸のユスキュダル地区や南の方のマルマラ海まで十分見通すことができたであろう。一階の窓は、下の方の大きな窓に対して、上には障子のさんのようなものにガラスをはめた窓である。二階と一階それぞれに建物の形状に合わせた屋根がつけられている。一階の上下の窓の間にも庇がつけられているので、外からみたらこの部分は三重塔のようにみえる。この三重塔のような部分はコンクリートの柱に支えられて完全に宙に浮かんだ感じになっている。

イスタンブルの自邸

建物の残りの部分は、四角い構造をしており、真ん中の廊下を挟んで東側に台所と食堂と居間、西側に寝室と客間と浴室が設けられている。建物の張り出し部分の庇がそのまま続いた形で建物の側面につけられている。

一九七六年にイスタンブルを訪れてタウトが住んでいた家や設計した自邸を調査した笹間一夫は、対応してくれたイスタンブル美術大学のハンダン教授が、後者を「Japanese house」と呼んでいる話を紹介している。一般的に広まった話かわからないのだが、この建物を見たトルコ人の中には日本建築の影響を受けた建物と感じた人がいたのであろう。笹間はこの建物を「日本風」とするには違和感があったようで、洋館や、トルコの豪邸の庭園に設けられた見晴らしのよい建物であるキオスクの影響を指摘する。キオスクは、多角形で窓を大きくしている。タウトがキオスクを念頭に置いてこの部分を設計したのは確かであろう。

とはいえ、タウトが庇を設けるようになったのは、日本滞在以降である。日本到着直後に京都の東寺と奈良の法隆寺で五重塔を見、法隆寺では八角形の建物である夢殿も見聞している。日本の見聞の影響も否定できない。

建物の一番目立つところに日本やトルコの要素を取り入れているが、全体として直線を主体とした設計や廊下を軸にした合理的な部屋の配置を試みている。こうした点で、自邸は、一九二〇年代のモダニズム建築の流れを汲んだものといえる。

八角形の構造物が斜面の中腹に浮かぶようにつくられた自邸は、アルプスの頂上に象徴的な建物を建てようという『アルプス建築』の構想を現実のものとしようとしたと理解できよう。こうした点は、崖の上端の構造物に自分の好きなように内装を施した日向邸とも相通ずるものがある。

棺台　タウトの最後の作品は、アタチュルクの棺台である。アタチュルクが亡くなったのは一九三八年一一月一〇日午前九時五分、イスタンブルのドルマバフチェ宮殿の居室においてである。この宮殿は、一八四三年に建てられ、以来トプカピ宮殿にかわってオスマン帝国の王宮として利用されてきたが、トルコ共和国時代になってからも、アタチュルクは、イスタンブルで政務を行うさいに利用した。一一月一六日から一九日にかけてこの宮殿の大儀式の間に彼の棺が置かれ、その間多くの人がアタチュルクとの別れのために訪れたという。

棺は国旗に覆われ、独立戦争に従軍した将校四名と戦闘用の軍服を着た兵二名に守られ、背後には六つのたいまつが高く掲げられた。六つのたいまつは、アタチュルクがとった政策、ケマリズムの六つの原則、共和主義、世俗主義、民族主義、民衆主義、国家統制主義、革命主義を体現していた。

一一月一九日には、アタチュルクの棺は、ショパンのピアノソナタ第二番第三楽章の「葬送」が奏でられる中、ドルマバフチェ宮殿からトプカピ宮殿やギュルハネ公園の先のサライブルヌまで六頭の馬で引かれて行進し、そこから船でイズミルに運ばれた。イズミルから、鉄道で葬儀が執り行われるアンカラまで移動し、二〇日の午前一〇時に到着した。アタチュルクの棺は、トルコ大国民議会の前の棺台に丸一日置かれたが、その棺台の設計がタウトに任されたのである。

アタチュルクが亡くなった時点でタウトの健康はかなり損なわれていたので、当初は、当時アンカラの墓地や銀行建築に従事していたマルティーン・エルゼサーに棺台の設計が依頼されたが、結局はタウトが担当することになった。一一月一五日には棺台についての下案がクレヨンで描かれ、それがトルコ政府に受け入れられることになる。棺台は基本的にこのスケッチに基づいて制作されたが、タウトは三日間徹夜で棺台の図面を作成した。

そうしてできあがった棺台は、将校四名と兵士二名による警護、棺を覆うトルコ共和国国旗、そし

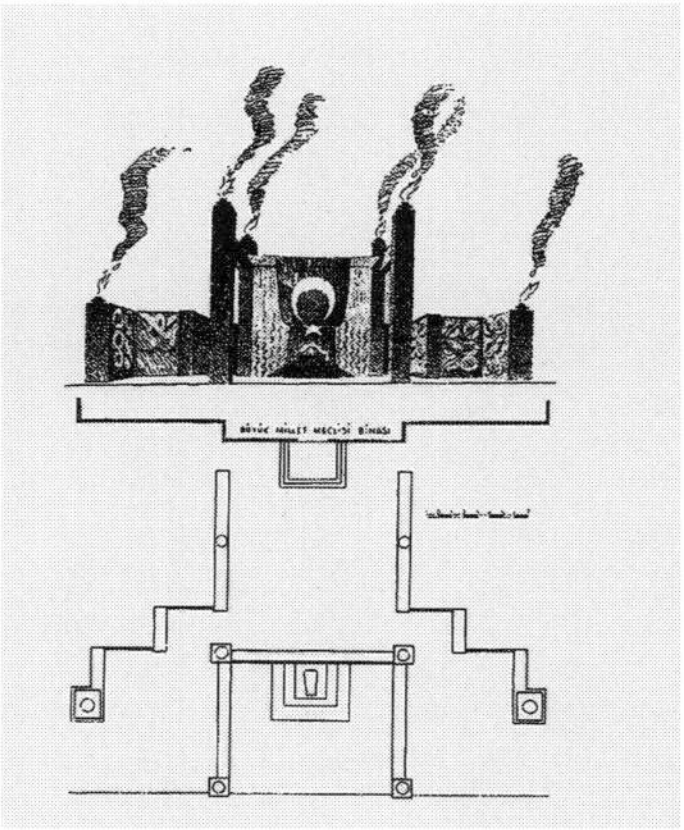

アタチュルクの棺台

てケマリズムを象徴する六基のたいまつといった基本的な部分は、ドルマバフチェ宮殿の大儀式の間の棺の扱いと同じである。アンカラの棺台では、アタチュルクの棺は、一四メートルの高さの蔦で覆われた柱に囲まれた四角のスペースの奥の方に置かれ、背後には大きなトルコ共和国国旗が掲げられた。奥の柱の間には、蔦を這わした白い布がはられ、それは棺の頭上にも伸ばされ、屋根のような機能を果たした。背後にあるトルコ大国民議会の入り口からの軸線上に棺台が設置された。四角のスペースの両脇には、七メートルの高さの花で覆われた壁が屏風のように配置された。それぞれの壁は九〇度の角度で配置される。棺を囲む四本の柱と、両脇の壁のそれぞれ一番外側の柱の上にはたいまつが合計六つ燃やされた。

オスマン帝国の伝統の色濃いイスタンブルではなく、新首都アンカラで葬儀が行われ、世俗的、かつ西洋的な統治機構のトルコ大国民議会の前に棺台が設けられたことには、オスマン帝国の伝統を否定し西洋化を進めようとしたアタチュルク時代のトルコ共和国の方向性が反映している。タウトの設計した棺台も、基本的に直線による設計で、当時トルコに導入されつつあったモダニズム建築を見た者に想起させる。タウトの最後の著作は、アタチュルクの葬儀の一カ月後に刊行されたが、そこにもこの棺台の図版と写真が掲載されている。そこでは図版の番号は記されておらず、刊行直前に急遽掲載することになったことがうかがえる。

このタウトの最後の作品であるが、二一日の午前一〇時四五分にその後しばらく安置されるアンカラ民族学博物館に向かって棺が出発すると、解体され、その後の行方は不明である。一時的な建築物として、かつての「鉄のモニュメント」や「ガラスの家」と同じ運命を辿った。アタチュルクの遺体の方は、国際コンペを経て採用された設計に基づいて五三年に建てられたアタチュルク廟に移されることになる。

正式の霊廟の場所を選定するためにトルコ政府の委員会が、葬儀から二週間後の一二月六日に開かれ、そこで外国人の専門家を加えることが決議された。そこで呼ばれたうちの一人がタウトであり、一二月一六日の委員会に参加する。結局、これがタウトの最後の公的な活動のようである。

3　建築教育改革と教科書

建築教育の改革

トルコにおいてタウトが取り組んだ別の仕事は、建築教育の改革である。すでにイスタンブル芸術アカデミーではエクリの転出以来一年ほど建築部門の担当者の不在の状態が続いていた。芸術アカデミーの学長ブルハン・トプラクは、抑制的な改革だけを望み、基本的に改革にブレーキをかけ、外国人の影響に極度の不信でもって対応した。とはいえ、このトプラクとトルコ政府内の高等教育を担当するドゥルスンオールから、エクリ時代からアカデミーの建築部門の状況が悪化しているという認識が伝えられ、教育の改革はタウトに求められていた。

タウトの改革の中核は、教育課程の効率化と五年間の教育課程の創設であり、そこでは学生は意味のない作業から解放され、同時に建築実践に変更が加えられた。そのためにタウトは、バウハウスの教育課程を参照した基礎課程を導入した。たとえば、材料学やフリーハンドの製図などが含まれていた。タウトにはアカデミーの教育課程が硬直的で柔軟性に欠けるように思われたので、卒業研究のための柔軟性が、新たに導入したプロジェクトセミナーによってもたらされることを期待した。タウトはこうした教育で自立したトルコ人の建築家を養成することを目指した。

建築アカデミーの問題は、教員の相互の協力関係の欠如にあると一九三八年の段階でタウトは文部省に報告している。そうした中でタウトの立場はきわめて支配的なものと感じられ、同僚からの怒りを買った。一九三八年の四月にタウトは同僚の教師の学問性の欠如を批判する報告書を出すが、これも状況を悪化させた。他方、当時の学生や同僚からも「意識的な建築教育は、タウト教授でもってようやくはじまった」と言及されている。タウトが行った改革として顕著なものが、学生と協力して作成するジードルングの計画のセミナーであろう。アンカラの行政地区の近くを想定している四〇〇戸の官吏用の住宅地に関する二人の学生がそれぞれ設計した図面を見ると、個々の部分を微妙にずらした帯状住宅建築や地形に合わせた全体の構造という点で、ドイツ本国での経験をもとにタウトが指導したと思しき内容となっている。

様々な抵抗に直面しながらタウトは、自分の望んだ方向でのアカデミーの改革を進めた。一九三八年四月には新たな契約を結び一連の改革を永続的なものにしようとした。タウトが望んだ契約は、一〇年の契約期間、病気の場合の給料の支払いの保証、および政府建築の建造費の一パーセントの報酬を主な内容としていた。外国人の専門家との契約期間が通常一〜三年であったことを考えると、はるかに安定した立場を保証するものであった。結局、九月には、望んでいた期間の半分ではあったが、タウトからの解約告知権を伴う五年契約を結ぶことができた。建築の報酬についての規定は当初は拒否されたが、一〇月にはアンカラの医学部建築の契約のさいに認められた。

教科書

トルコにおけるタウトの業績として他に欠かせないのは、教科書の執筆である。当時トルコの大学に職を得ていた外国人は、契約のさいの条件で教科書の執筆が義務付けられていた。すでにタウトにヴァーグナーからトルコに来るように打診があった時点で、その点は言及されていたようで、タウトの返事でも教科書に着手していることにふれられていた。というのも、『日本の家屋と生活』の完成後、一九三五年一一月頃から執筆を始めた建築に関する「考察」の文章があったからである。イスタンブル芸術アカデミーにおける講義を踏まえてこの草稿に手を入れたと思われるが、トルコ到着の翌年の一九三七年の八月二七日にはドイツ語原稿が完成した。その後、トルコ語に訳された上で一九三八年一二月末に出版された。日本語版が『建築芸術論』と題して出版されたのは、戦後になって一九四八年のことであった。

自分の直接の経験や文献から知りえた情報を交え、タウトの建築をめぐる思索の集大成ともいうべき内容となっている。日本文化に関しては、建築のみならず、工芸、絵画、文学にまで話が及び、タウトの日本滞在中の見聞が顕著に反映されている。日本の建築と古代ギリシアの建築は、しばしば対比的にとらえられ、たとえば、形式的には全く異なるが、「すべての芸術的なものが技術に裏付けられているように見え」るという点で共通していると位置付けている。日本とギリシアの建築に加え、本書を執筆中に日常的に目にしていたイスタンブルのモスクについてもふれることで、タウトは自分の議論が時代や地域を越えて普遍的な意義をもつものとして議論を展開することが可能となっている。

本書で主張されているのは、「建築とはプロポーションの芸術」ということである。「プロポーション」とは、「比例」とも「均衡・均整」ともとれる言葉であるが、建築の分野では「美しい分割や量的調和、つまり均整の意味で用いられなければならな」いとして、技術、構造、機能、質、そして社会それぞれについて様々な地域・時代の事例をとりあげて章立てして具体的に論じている。この原則が、様々な文化や芸術の潮流を経験したタウトがこの時点で辿り着いたものであった。

地域ごとに理想的なプロポーションは異なってくる。当時のトルコの建築の方向性は、欧米風のモダニズム建築をそのまま導入する風潮から、トルコの風土に適合的な要素を取り入れる発想に転換しつつあった。タウトのこうした議論は、当時のトルコの建築界の風潮に適合的なものであった。

土地に合わせた建築ということでは、ギリシアの神殿が、大理石に黄や赤、ウルトラマリンを塗装されていたことが、「ギリシア人は、ギリシアの澄んだ空気と明るい陽光にふさわしい美的効果を、より重要視した」ゆえであることをタウトが指摘したことにふれておきたい。ギリシア建築は彩色がほどこされるものであったが、近代のヨーロッパ人は、理想のギリシア建築は大理石の素材を生かしたものと考え、古代から残っていた塗料をはがして、わざわざ建物を「白く」した。二一世紀にはいって古代の建築や彫像が彩色されていたことが注目されているが、一九三〇年代の時点でタウトがギリシア建築の彩色をとりあげているのは注目に値する。これは、タウトが建物への色彩を重視する建築家であったことが背景であろうが、置かれた環境の中で彩色を施したギリシア人の判断を正当なものと認めたものであろう。

急死

トルコに到着して二年。一九三八年の一二月二四日、タウトは、年来苦しんできたぜんそくに伴う心臓発作により、イスタンブルの自宅で急死する。日本滞在の最後の時期ですでにかなり健康を害しており、トルコ滞在中も体調が劇的に改善したわけではない。アタチュルクの棺台の仕事がタウトの生命に最後の打撃を与えたのかもしれない。

タウトの遺体は芸術アカデミーに運ばれ、海の方に張り出している部屋に安置された。ニコ・アマルというユダヤ人のヴァイオリニストがバッハの小品を演奏し、葬儀ののちエディルネ門殉教者墓地に埋葬された。ここには、二〇世紀以降、国家のために戦って命を落とした軍人を中心に埋葬されたが、タウトは、現在でも唯一の非ムスリムとしてここに眠っている。弟のマックスが、墓の案を持って向かったが、二四時間以内に埋葬しなければならなかったために、それは用いられることはなかった。タウトの墓は、横たわった四角の石にシンプルに彼の名前と生没年月日を記したものとなっている。

終章　日本文化の中のタウト

1　日本文化の再発見者

篠田英雄訳の問題

タウトと日本文化の関連を問題にするとき、「日本文化の再発見者」としての側面がまず念頭に浮かぶであろう。「日本文化の再発見者」という日本におけるタウトに関する一般的イメージは、タウト滞在中から連綿と読み継がれてきた日本文化に関する彼の文章によって形作られてきた。タウトの日本時代に書かれた『ニッポン』『日本文化私観』『日本の家屋と生活』、離日後の編纂ものである『日本文化の再発見』、戦中戦後に出版された全集や著作集によってタウトのイメージが規定されたといえる。全集や著作集といっても、収録されている大部分はタウトが日本文化について書いた文章である。戦後には、タウト最後の著作『建築芸術論』、日本滞在中の『日記』『画帖　桂離宮』といった著作が新たに出版された。近年までドイツ時代に書かれた文章は、『アルプス建築』をはじめとするいくつかの文章だけが翻訳されており、ドイツ語を解するごく一部の人間だけが内容にふれることができた。

タウト作品の翻訳に大きな役割を果たしたのが篠田英雄である。もともとはカント学者であった篠田は、一九三四年五月二六日に初めてタウトに出会う。その後もタウトとの関係は続き、タウトの死後、エリカから日本へ亡命して以降のタウト関連の資料を託されている。篠田はそうした資料の中から新たな翻訳を生み出したのみならず、ほかの人によって訳されたタウトの文献の改訳も試みており、戦前から読み継がれてきたタウトの日本文化に関する著作の多くは篠田によって訳されている。

ただ、彼の翻訳には問題があることが再三指摘されてきている。たとえば、一九九一年に刊行された高橋英夫のタウトの評伝では、桂離宮も扱う『日本の家屋と生活』最終章のタイトル「永遠なるもの」についての考察が行われている。このタイトルの原語は、Das Bleibende であり、直訳すると「とどまるもの」となる。これを篠田のように訳すのは、彼の理解・解釈が入り込んでいる。

タウトの『日記』

タウトの日本滞在時についての本書の基本資料となっている『日記』にも同様の問題が指摘できる。一九五〇年代になってエリカから託された資料から翻訳したものである。今世紀になって刊行されたドイツ語版の『日記』と突き合わせると問題が浮かび上がってくる。まず、無理やり日記という体裁にするために、数日まとめて書かれた記事の情報があたかも毎日書いたかのように振り分けられる。たとえば、二・二六事件についての印象的な記述を、タウトはぜんそくの症状がひどくなって、それが落ち着いた四月一三日に日記に記している。篠田訳では、二月二六日の日付がふされている。

もともと日記を記述するさいにカーボン紙を挟んで複数作成し、それらを本国の家族や知り合いに送っていた。彼らが理解すればよいという意図で書かれた文章なので、意味の読み取れない部分も多々あるが、全体的に根拠の確かではない意訳が散見される。日本到着早々の下村邸に到着した箇所でドイツ語版で「アメリカの建築家」とだけ記されている。これは、この建物の設計者を記したか、ヴォーリズ本人がその場に来たのか二つの可能性があるが、根拠を明示しないまま後者と判断している。

とはいえ、篠田訳の『日記』は、タウトの日本滞在中に関わりをもち、翻訳のさいにまだ存命中の当事者たちにいろいろ確認できた人物の訳であり、裏をとれている箇所をはじめ貴重な情報を提供してくれるのは確かである。

篠田の訳業全体がかなり彼のバイアスがかかったものであり、連綿と読み継がれてきた作品群は、極端な言い方をしてしまえば、タウトと篠田の作品として理解する必要がある。今後日本滞在中のタウトに関する研究を進めるさいには、タウトの著作のドイツ語校訂版や岩波書店所蔵（現在は早稲田大学に寄託）の資料に立脚して論じていく必要があることを強調したい。

2 タウトが日本に残したもの

ライフラインの未整備

そうした観点で作業を進める手掛かりとして、タウトが日本に残したかもしれないものを少し考えたい。建築家・都市計画家のタウトに日本とヨーロッパの違いを認識させたのは便所から漂う臭気である。タウトの生まれた時点でヨーロッパの大都市では上下水道の整備に伴い水洗トイレが普及しており、タウトにとってはこうした臭気は過去の遺物のように感じられたであろう。日本におけるモダニズム建築受容は、第二次世界大戦以前は、同潤会アパートを除くと公共建築中心である。これは、モダニズム建築による集合住宅が成立する前提条件の一つに、上下水道、電気、ガス、公共交通機関といったライフラインの整備があり、日本では、下水道を中心にライフラインの未整備がモダニズム建築による住宅建設の浸透を妨げたからである。タウトの設計するような集合住宅が実現する条件は整っていなかった。日本でも、「団地」という形でこの建築様式が定着するのは、戦後しばらくたってからである。

タウト批判

これに加え、実際に設計が実現したものがほとんどなかったこともあり、タウトの建築が日本社会に大きな影響を与えたとはいいがたい。日向邸にしても、個人宅であり、直接触れることのできた人は限られていた。水原は、タウト没後の一九三九年三月一六日に東京の学士会館であったタウト追悼の会の様子にふれている。その席上の話題がほとんどタウト批判であり、

「日本は今日最早タウトに学ぶべきものはない」といった発言が出ていることにブブノワが怒りを感じていたことを紹介している。これは、ブブノワの気持ちに託して、水原の感想を述べたものであろう。

これにとどまらず、水原の後年の回想では、実際にタウトが不当な批判にさらされているさまが紹介されている。水原は、とくにタウトがユダヤ人であるという風説が広がっていることに憤りを感じている。タウトがトルコで生活していた一九三八年（昭和一三）に群馬県の議会である議員が「猶太系の外国人」を群馬県の工芸所で厚遇したことを批判している。洗心亭に建てられた石碑には傷がついているという。これは、戦時中に教師につれられた小学生が、洗心亭に以前ユダヤ人のスパイが住んでいたという授業の説明を受けてみんなで石を投げたからであるという。

タウトと関わったモダニズム建築家

とはいえ、タウトとじかに接した建築家の多くは、戦中から戦後にかけて日本のモダニズム建築を支えた人物である。かなり密に関わった蔵田、吉田、久米はもちろん、等々力ジードルングに関わったこの三人に加え、土浦、山脇、山口、齋藤も、日本滞在中タウトと関わりをもち続けた。タウトとの関係がどの程度影響を与えたのかを見定めるのは難しいが、等々力ジードルングの図面を囲んだ話し合いをはじめ、タウトと交流をもったことが彼らにとって有益な財産となったであろう。

彼らと対極的なのが、上野伊三郎である。上野は、タウトが亡くなってから一九三九年に群馬県工芸所を辞め、陸軍の嘱託建築技師として一年間満洲に滞在した。戦後は、摂南工業専門学校（現 大阪工業大学)、ついで、京都市立美術大学(現 京都市立芸術大学)で教鞭を執る。一九四六年には建築事務所を閉じてしまい、その後建築家としての関心は維持しつつも、リチとともに工芸や建物の内装の方に活動の重点を移す。タウトの工芸品制作指導の姿を見て何か思うところがあったのかもしれない。

一方で、上野とともにインターナショナル建築会で活動した大阪市土木部建築課所属の伊藤正文《いとうまさぶみ》(一八九六〜一九六〇年)は、学校建築の分野でタウト風の建築物をいくつか設計している。彼が一九三〇年から設計した大阪市立の大阪商科大学(大阪市立大学を経て、現 大阪公立大学)の学舎のモダニズム建築群は、直線を主体としつつ、曲線の取り入れや建物の構造をずらすなど、タウトのモダニズム建築と共通した特徴を有している。その後も、一九三四年の室戸台風で倒壊した小学校校舎を鉄筋コンクリートで建て直すさいに、窓の上から三分の一のところに設ける遮光庇を取り入れた。トルコ滞在中のタウトが学校建築で取り入れた庇と同じ手法をとっている。一九三九年完成の上宮中学校では棟と棟が交差するところに円柱の構造物を設けるのも、タウトの生駒山上の設計したホテルを連想させる。タウトの日記を見る限り、伊藤とは一九三三年に一回会ったきりである。直接の影響は想定できないかもしれないが、伊藤はタウトと同じ発想のもと活動していたといえる。

工芸

工芸をみると、仙台を離れるまでで特筆すべきは、二月二六日に訪問した盛岡の小泉工房で素晴らしいものと評価した六角形と円を精妙に結び付けた鉄器である。これは、御釜屋で現在も作り続けられている。高崎でも、木工についてはタウトの作品の作り方が途絶えたように見える。それに対して、竹工は戦後の高崎に影響を残した。水原によると、もともと高崎は竹皮による下駄表製作の技術があり、タウトの指導のもと竹皮編みが考案された。そのさいに技術的な中心が中《なか》原泰護《はらたいご》という人物であった。とはいえ、当時の高崎では下駄表の制作の需要が十分にあり、より手間のかかるタウト作品の製造に転じる職人はほぼおらず、中原も下駄表指導のために朝鮮に移り住み、数名受け継いでいた職人も、戦争の激化の中その伝統は途絶えた。戦後水原がその伝統の復活をはかり、帰国してきた中原に竹皮編みの復活を勧めたところ、彼を中心に次第に販路が拡大した。その頃は、下駄表の仕事がほぼなくなり、職人たちがタウト流の竹皮編みの制作に従事するようになった。需要の拡大に伴い、人手が足りなくなったので、講習会を開催して編み方を広め、材料を貸してできあがった製品を買い取る方式がとられ、一九五六年頃には四〇〇人くらいの職人が竹皮編み制作に従事していたという。その後日本人の生活が変化し竹皮編みの伝統は途絶え、現在はただ一人だけが、一九八〇年代に復活させた技術を継承しているという。

他方、工芸ではないが、秋田ではマジパンの製法を地元のお菓子屋（かほる堂）に伝えている。残念ながらそれに基づいた日本流マジパンは作られなかったようである。

地方社会の中の亡命者タウト

最後に、当時の日本の地方都市で外国人が暮らすことの難しさを考えたい。東京や関西などの大都市圏であれば、様々な立場で外国人が住んでおり、そこに出自を超えたコミュニティが出現しても不思議ではない。高崎でそうした人間関係が存在したことは、少なくとも日記からはうかがえない。ここで改めて述べておきたいのは医者にかかるときに京都府立医科大学の教授や東京の聖路加病院（現　聖路加国際病院）に受診し、歯医者も東京に行って治療してもらっていることである。外国人への医療は、宣教活動の一環として幕末から病院が設けられたりしたが、言語の壁もあってなかなか確立しなかった。聖路加病院もそうした宣教活動の一環としてつくられた病院である。そうした病院がつくられたとしても大都市圏ばかりであり、高崎では外国人も受診できる病院・医院をつくる需要はもともとなかったであろう。健康に不安を抱えていたタウトにとっては高崎で生活することへの心理的負担も大きかったものと思われる。他にも生活習慣の相違、食材の調達、気候の違いなどタウトは容易に想像できない緊張状態の中で生活していたといえる。しかも彼は亡命者というきわめて特殊な存在であった。

こうしたタウトの存在そのものから、想像力をえらく刺激された人たちがいた。

まず、小説家坂口安吾《さかぐちあんご》が一九四二年に『現代文学』に発表した文章で、タウトの日本文化論全体にかみついているのである。坂口安吾は、新潟出身であったが、タウトが日本海側旅行の途中に立ち寄ったさい、この街を「日本における最も俗悪な都市」と評している。坂口は、タウト「の蔑み嫌うところの上野から銀座への街、ネオンサインを僕は愛すという」。桂離宮などタウトが称賛するものなど見たことがないというが、日本文化は了解しているとする。タウトのいうのとは異なる「日本文化」の在り方を強調する。坂口はタウト批判の意味を込めてこの文章に「日本文化私観」と同じ題名をつけたのである。

石川淳の『白描』では、タウトをモデルとするクラウス博士が描かれていることは本文中でも述べた。日本を離れていく先がペルシアになっているなど変更されている点はあるが、日本文化に新たな見方をもたらしつつ、建築家としては仕事ができず、工芸指導に従事する人物として描かれている。登場人物の多くがどのような方向に進むかわからない不安を抱えた状況下、クラウス博士はそうした状況を象徴する存在を割当てられている。作中クラウス博士が暴漢に襲われた事件をきっかけに登場人物たちがそれぞれの方向に旅立っていく。作品全体が第二次世界大戦前の日本の不穏な状況を背景としているが、それにタウトの置かれた不安定な状況がはめ込まれた形となっている。

高崎滞在中のタウトを取り上げたのが、映画監督黒澤明の脚本『達磨寺のドイツ人』（一九四二年）である。助監督時代の黒澤が監督をするためにはじめて書いた作品である。浦野の書いた『回想』に触発され、そのエピソードを利用しながら構想している。時代設定をタウトの滞在時期よりも後にずらして、一九三九年の独ソ不可侵条約前後の時代となっている。ノモンハン事件で日本と戦火を交えたソ連と手を結んだドイツ出身の人物を敵視する日本の人々の視線が組み込まれ、ドイツと日本との関係の変化で揺れ動く一ドイツ人の姿が描かれている。時局柄フィルムが回されず、映画化はされなかった。

直接関わりをもたなかった小説家や映画人の想像力にタウトという存在が大きな影響を与えた。これが、タウトと直接関わった人々、とくに当時異邦人にふれる機会がそれほどなかったであろう地方の人々にタウトがもたらしたものは、彼らの人生に少なからず意味があったであろう。工芸指導所も群馬県も組織としてはタウトの記憶を抹消しようとした観があったが、漆工の職人であった水原が工芸全般に視野を広げたのにはタウトとの関わりによるものであろうし、仙台の鈴木や剣持もタウトと過ごした経験の記憶を抱きながらその後の活動を続けたであろう。秋田を本拠に国内の展覧会に出品していた版画家勝平が、戦後欧米も視野に入れて活動するのは、タウトの作品の挿絵に使われ世界に作品が紹介されたのみならず、異文化の人間に自分の作品が興味をもたれたという経験が確実にあったであろう。

洗心亭に顔を出した小学校の教師は、その後タウトと出会ったことをどのように記憶したのであろうか。正体を隠した人々が街を練り歩く天神祭りの日に、異邦人が街を歩いているのを目撃した鶴岡の人はどのように思ったのだろうか。タウトからマジパンのレシピを受け取って秋田の菓子屋は実際に作ってみたのだろうか。タウトという異邦人が、日本社会に残した痕跡を、日本文化論、工芸、建築といった側面だけではなく広く社会史的にとらえていきたい。

参考文献

タウトによる著作

〈ドイツ時代〉

Taut, Bruno, *Alpine Architektur*, Hagen 1919（邦訳『アルプス建築』水原徳言訳、「全集」第六巻）.

Taut, Bruno, *Die Stadtkrone*, Jena 1919（邦訳『都市の冠』藤島亥治郎訳、「全集」第五巻：『都市の冠』杉本俊多訳、中央公論美術出版、二〇一一年）.

Taut, Bruno, *Der Weltbaumeister. Architektur-Schauspiel für symphonische Musik*, Hagen 1919.

Taut, Bruno, *Die Auflösung der Städte oder Die Erde eine gute Wohnung oder auch. Der Weg zur alpinen Architektur*, Hagen 1920.

Taut, Bruno, *Frühlicht. Eine Folge für die Verwirklichung des neuen Baugedankens.* 4 Hefte in Faksimile-Ausgabe（Herbst 1921, Winter 1921/22, Frühling 1922, Sommer 1922), Berlin 2000.

Taut, Bruno, *Die neue Wohnung. Die Frau als Schöpferin*, Leipzig 1924（邦訳『新しい住居——つくり手としての女性』斉藤理訳、中央公論美術出版、二〇〇四年）.

Taut, Bruno, *Ein Wohnhaus*, Stuttgart 1927（邦訳『一住宅』斉藤理訳、中央公論美術出版、二〇〇四年）.

Taut, Bruno, *Bauen der neue Wohnbau*, Leipzig/Berlin 1927.

Taut, Bruno, *Modern architecture*, London 1929.

Taut, Bruno, *Die neue Baukunst in Europa und Amerika*, Stuttgart 1929（邦訳『新建築』藤島亥治郎訳、「全集」第五巻）.

〈日本時代〉

『ニッポン――ヨーロッパ人の目で見た』森儁郎訳、明治書房、一九三四年（現在は講談社学術文庫に所収）、篠田英雄訳「著作集」第一巻、一九五〇年（ドイツ語版 Taut, Bruno, *Nippon mit europäischen Augen gesehen*. Geschrieben Juni-Juli 1933, herausgegeben, mit einem Nachwort und mit Erläuterungen versehen von Manfred Speidel, Berlin 2009)。

『日本文化私観』森儁郎訳、明治書房、一九三六年（現在は講談社学術文庫に所収）（ドイツ語版 Taut, Bruno, *Japans Kunst mit europäischen Augen gesehen*, herausgegeben, mit einem Nachwort und Erläuterungen versehen von Manfred Speidel, Berlin 2011)。

Taut, Bruno, *Houses and People of Japan*, Tokyo 1937（邦訳『日本の家屋と生活』吉田鉄郎・篠田英雄訳、雄鶏社、一九四九年：篠田英雄訳、「著作集」第五巻、一九五〇年：篠田英雄訳、岩波書店、一九六六年：ドイツ語版 Taut, Bruno, *Das japanische Haus und sein Leben*, herausgegeben von Manfred Speidel. 4. Aufl., Berlin 2005)。

『日本　タウトの日記』篠田英雄訳、岩波書店。一九五〇年から五九年に五巻本で刊行され、一九七五年に三巻に編集しなおされている（ドイツ語版 *Taut, Bruno in Japan. Das Tagebuch*, herausgegeben und mit einem Vorwort versehen von Manfred Speidel, 1. Bd.: 1933, 2. Bd.: 1934, 3. Bd.: 1935-36, Berlin 2013-2016)。

ブルーノ・タウト『画帖桂離宮』篠田英雄訳、岩波書店、一九八一年。

Aufzeichnungen aus seiner Hütte von 3 Metern im Quadrat: Ho - djo - ki -von Kamo no Tschomee, 簗瀬一雄編『方丈記　外国語訳』（碧冲洞叢書、第一〇輯）、一九六一年。

ブルーノ・タウト『日本美の再発見』岩波新書、一九三九年（増補改訂版一九六二年、沢良子編、篠田英雄訳『図説精読日本美の再発見――タウトの見た日本』岩波書店、二〇一九年）。

「全集」育成社弘道閣、全六巻（ただし第四巻は未完）、一九四二～四三年。

「選集」育成社、一九四六～四八年。

「著作集」春秋社、一九五〇～五一年。

ブルーノ・タウト『忘れられた日本』篠田英雄訳、創元文庫、一九五二年（中公文庫、二〇〇七年）。

ブルーノ・タウト『建築とは何か』篠田英雄訳、鹿島出版会、一九七四年。

ブルーノ・タウト『続建築とは何か』篠田英雄訳、鹿島出版会、一九七八年。

〈トルコ時代〉

Taut, Bruno, *Mimari bilgisi*, tercüme eden Adonan Kolatan, Istanbul, Güzel Sanatlar Akademisi, 1938（ドイツ語版 Taut, Bruno, *Architekturlehre. Grundlagen, Theorie und Kritik, Beziehung zu den anderen Künsten und zur Gesellschaft*, Hamburg 1977; Taut, Bruno, *Architekturlehre, Architekturüberlegungen*, Herausgeber der Architekturlehre Manfred Speidel. ARCH+, 2017：日本語版『建築芸術論』篠田英雄訳、岩波書店、一九四八年：『タウト建築論講義』沢良子監訳・落合桃子訳、鹿島出版会、二〇一五年）.

〈資料集〉

Whyte, Iain Boyd und Romana Schneider（Hg.）, *Die gläserne Kette.*（*Eine expressionistische Korrespondenz über die Architektur der Zukunft*）. *Briefe von Bruno Taut und Hermann Finsterlin, Hans und Wassili Luckhardt, Wenzel August Hablik und Hans Scharoun, Otto Gröne, Hans Hansen, Paul Goesch und Alfred Brust*, Stuttgart 1996.

Taut, Bruno, *Moskauer Briefe 1932-1933. Schönheit, Sachlichkeit und Sozialismus*, Berlin 2007.

Taut, Bruno, *Ich liebe die japanische Kultur. Kleine Schriften über Japan*, herausgegeben und mit einer Einleitung versehen von Manfred Speidel, 2. Aufl., Berlin 2004.
Taut, Bruno, *Ex Oriente lux. Die Wirklichkeit einer Idee. Eine Sammlung von Schriften 1904-1938*. herausgegeben von Manfred Speidel, Berlin 2007.

タウトと同時代の日本人による関連書籍

井上房一郎「久米さんとブルーノ・タウト」『久米権九郎　追憶誌』久米建築事務所、一九六六年。

浦野芳雄『ブルーノ・タウトの回想』長崎書店、一九四〇年。

勝平得之「秋田におけるタウトさん」『東北へのまなざし　一九三〇―一九四〇　Eyes on TOHOKU』日本経済新聞社、二〇二二年。

蔵田周忠『欧州都市の近代相』六文館、一九三二年。

蔵田周忠『ブルーノ・タウト』相模書房、一九四二年。

坂口安吾「日本文化私観」『堕落論・日本文化私観』岩波文庫、二〇〇八年。

『上州路』一九七五年九月号（特集：ブルーノ・タウトと群馬）。

『上州路』二〇〇〇年一一月号（特集：蘇るブルーノ・タウトの世界）。

鈴木道次「タウト提言についてのメモ」『デザイン』三一、一九六二年。

竹内芳太郎「タウト回想」『年輪の記――ある建築家の自画像』相模書房、一九七八年。

藤島亥治郎『ブルーノ・タウト』彰国社、一九五三年。

水原徳言「タウトと洗心亭」『新建築』五三―七、一九七八年。

タウトに関する研究（外国語）

Atatürk için düşünmek : iki eser : Katafalk ve Anıtkabir : iki mimar : Bruno Taut ve Emin Onat = Für Atatürk gedacht = Thinking for Atatürk, İstanbul 1998.

Brenne, Winfried, Viola Beil, Thomas Krayl, *Gartenstadt-Kolonie Reform,* Magdeburg 1995.

Bruno Taut : 1880 - 1938, Ausstellung der Akademie der Künste vom 29. Juni - 3. August 1980, 1. Auflage, Berlin 1980.

Bruno Taut. 2 Bände. Hrsg. vom Stadtplanungsamt Magdeburg. 1. Band: Nippa, Annegret, *Bruno Taut in Magdeburg. Eine Dokumentation. Projekte - Texte - Mitarbeiter*; 2. Band: *Symposium Bruno Taut. Werk und Lebensstadien. Würdigung und kritische Betrachtung,* Magdeburg 1995.

Deutscher Werkbund Berlin e. V.（Hg.）, *Bruno Taut. Meister des farbigen Bauens in Berlin,* Berlin 2005.

Dündar, Murat, *A study on Bruno Taut's way of thought. Taut's philosophy of architecture,* LAP Lambert Academic Publishing 2011.

Die gläserne Kette. Visionäre Architekten aus dem Kreis um Bruno Taut 1919-1920（Ausstellungskatalog）, Berlin 1963.

Hörner, Unda, *Die Architekten Bruno und Max Taut. Zwei Brüder — zwei Lebenswege,* Berlin 2012.

Hufeisensiedlung Britz 1926-1980. Ein alternative Siedlungsbau der 20er Jahe als Studienobjekt, Berlin 1980.

Ikelaar, Leo（Hg.）, *Paul Scheerbart und Bruno Taut. Zur Geschichte einer Bekanntschaft. Scheerbarts Briefe der Jahre 1913-1914 an Gottfried Heinersdorff, Bruno Taut und Herwart, Walden,* Paderborn 1996.

Junghanns, Kurt, *Bruno Taut, 1880–1938. Architektur und sozialer Gedanke*, 3., überarbeitete und erg. Aufl., Berlin 1998.

Musielski, Ralph, *Bau-Gespräche. Architekturvisionen von Paul Scheerbart, Bruno Taut und der "Gläsernen Kette"*, Berlin 2003.

Nerdinger, Winfried ... [et al.] (Hg.). *Bruno Taut, 1880–1938. Architekt zwischen Tradition und Avantgarde,* Stuttgart 2001.

Nielsen, David, *Bruno Taut's design inspiration for the Glashaus,* London 2016.

Pitz, Helge, Winfried Brenne, *Bezirk Zehlendorf. Siedlung Onkel Tom, Einfamilienhäuser 1929. Architekt Bruno Taut,* Berlin 1980.

Speidel, Manfred, Karl Kegler, Peter Ritterbach, *Wege zu einer neuen Baukunst, Bruno Taut 'Frühlicht',* Berlin 2000.

Vier Berliner Siedlungen der Weimarer Republik. Britz, Onkel Toms Hütte, Siemensstadt, Weiße Stadt. Eine Ausstellung vom 24. 10. 1984–7. 1. 1985 im Bauhaus-Archiv, Museum für Gestaltung, Berlin 1987.

Whyte, Iain Boyd, *Bruno Taut and the architecture of activism,* Cambridge University Press, 1982.

Wilson, Christopher S., *Beyond Anitkabir. The funerary architecture of Atatürk. The construction and maintenance of national memory,* Routledge 2016.

Zöller-Stock, Bettina, *Bruno Taut. Die Innenraumentwürfe des Berliner Architekten,* Stuttgart 1993.

タウトに関する研究（日本語）

井上章一『つくられた桂離宮神話』弘文堂、一九八六年（講談社学術文庫で一九九七年刊）。

海老澤模奈人『ジードルンク――住宅団地と近代建築家』鹿島出版会、二〇二〇年。

『SD』一七一号（特集＝ブルーノ・タウト再考――一九三三～三六滞日期間の活動を中心に没後四〇年記念特集）、一九七八年。

加藤隆子『勝平得之――創作版画の世界』秋田魁新報社、二〇二一年。

北村昌史「ブルーノ・タウトとベルリンの住環境――一九二〇年代後半のジードルンク建設を中心に」『史林』九二巻一号、二〇〇九年。

北村昌史「『史料』に住む――ブルーノ・タウト設計の『森のジードルング』」『団地再生まちづくり　四――進むサステナブルな団地・まちづくり』水曜社、二〇一五年。

北村昌史「ブルーノ・タウトのジードルングの社会史――『森のジードルング』を手掛かりとして」中野隆生編『二〇世紀の都市と住宅――ヨーロッパと日本』山川出版社、二〇一五年。

北村昌史「ブルーノ・タウトの集合住宅」尾関幸編『ベルリン――砂上のメトロポール（西洋近代の都市と芸術五）』竹林舎、二〇一五年。

北村昌史「ブルーノ・タウトに関する研究の動向」『史林』一〇〇巻三号、二〇一七年。

北村昌史「嫌われた住宅地の社会史――ブルーノ・タウト設計『森のジードルング』」大場茂明・大黒俊二・草生久嗣編『文化接触のコンテクストとコンフリクト――EU諸地域における環境・生活圏・都市』清文堂、二〇一八年。

北村昌史「トルコ共和国におけるブルーノ・タウト」『フェネストラ　京大西洋史学報』第二号、二〇一八年。

北村昌史「日本の大学キャンパスから見た世界の歴史――関西学院大学上ケ原キャンパスと大阪市立大学杉本キ

ヤンパス」『関学西洋史論集』第四一号、二〇一八年。

北村昌史「ブルーノ・タウトのジードルングと大阪市立大学のモダニズム建築群」（特集：建築から歴史を語る——ドイツ現代史学会第四一回シンポジウム）『ゲシヒテ』一二号、二〇一九年。

『建築家ブルーノ・タウトのすべて——日本美の再発見者 Bruno Taut 1880-1938』武蔵野美術大学、一九八四年。

酒井道夫・沢良子『タウトが撮ったニッポン』武蔵野美術大学出版部、二〇〇七年。

笹間一夫「ブルーノ・タウトの跡を尋ねて——イスタンブール」『建築界』二五—六、一九七六年。

笹間一夫『今昔「飛騨から裏日本へ」タウトの見たもの』井上書院、一九七九年
沢良子「ブルーノ・タウトの熱海旧日向別邸——建築手法及び理念からみた位置づけ」『武蔵野美術大学研究紀要』二八、一九九七年。

沢良子『「ブルーノ・タウト遺品および関連資料」に関する調査研究』文部科学省科学研究費補助金研究成果報告書、基盤研究(B)、二〇〇八年。

『シンポジウム「タウト再考」』武蔵野美術大学、一九八六年。

『仙台市博物館調査研究報告』第五号（特集：ブルーノ・タウト指導の照明器具）、一九八四年。

高橋英夫『ブルーノ・タウト』新潮社、一九九一年（もとは、『新潮』八八—七、一九九一年に掲載され、のち講談社学術文庫、一九九五年、ちくま学芸文庫、二〇〇五年）。

田中辰明『ブルーノ・タウト——日本美を再発見した建築家』中央公論新社、二〇一二年。

田中辰明『ブルーノ・タウトと建築・芸術・社会』東海大学出版会、二〇一四年。

田中辰明・柚本玲『建築家ブルーノ・タウト——人とその時代、建築、工芸』オーム社、二〇一〇年。

土肥美夫・ポーゼナーほか『ブルーノ・タウトと現代——「アルプス建築」から「桂離宮」へ』（生松敬三・土

肥美夫訳)、岩波書店、一九八一年。

長谷川章『ブルーノ・タウト研究——ロマン主義から表現主義へ　世紀転換期ドイツのモダニズムと神秘主義』ブリュッケ、二〇一七年。

長谷川章『田園都市と千年王国——宗教改革からブルーノ・タウトへ』工作舎、二〇二一年。

長谷川章『桂離宮のブルーノ・タウト——ドイツ・ロマン主義と禅の精神世界』工作舎、二〇二二年。

「日向別邸——ブルーノ・タウト」『JA』二九号、一九九八年。

藤森照信「旧日向別邸/ブルーノ・タウト」(藤森照信の「日本のモダン建築　二〇世紀の名作住宅」File 2)『Modern Living』二二七、二〇一六年。

『ブルーノ・タウト　一八八〇—一九三八 Nature and fantasy』トレヴィル、一九九四年(ドイツ語版 *Bruno Taut - Natur und Phantasie*, Ernst, Wilhelm & Sohn 1995)。

『ブルーノ・タウト　桂離宮とユートピア建築』オクターブ、二〇〇七年。

『ブルーノ・タウトの工芸——ニッポンに遺したデザイン =The craft works of Bruno Taut: Taut's design legacy in Japan』庄子晃子監修、LIXIL出版、二〇一三年。

『ブルーノ・タウトの工芸と絵画』群馬県立歴史博物館、一九八九年。

『ブルーノ・タウトの世界』群馬県立歴史博物館、二〇二一年。

堀田典裕『〈山林都市〉——黒谷了太郎の思想とその展開』彰国社、二〇一二年。

緑の椅子リプロダクト研究会編『ブルーノ・タウトの緑の椅子——一脚の椅子の復刻、量産化のプロセス』Opa Press、二〇一八年。

宮島久雄「ブルーノ・タウトと日本の工芸」懐徳堂記念会編『異邦人の見た近代日本』和泉書院、一九九九年。

おわりに

終章の最後で山形県鶴岡市の天神祭りに少しふれた。ブルーノ・タウトは、正体を隠した「得体のしれない人たち」が心に残り、街そのものにはあまり良い印象を抱いていないことは本文でもふれた。その鶴岡市が私の生まれ故郷である。街の外でタウトは、一九七五年に廃止された鶴岡と湯野浜を結ぶ電車から広大な田んぼの田園地帯越しに鳥海山を遠望している。街の印象がこちらで決まればよかったのにと思う。私は、高校卒業まで鶴岡で育ち、大学入学前の一年間は仙台で過ごし、新潟大学に奉職し、そして弘前出身者と家族となった。タウトは、私と縁のある土地をあまり気に入っていなかったということになる。

一方、タウトが気に入っていた京都で私は、大学生、大学院生、助手の一二年間を過ごした。だが、大丸社長の下村正太郎や宮大工の家出身の上野伊三郎の案内でタウトが経験した京都は、五〇年後の二〇代の人間がふれた京都とは少しずれている。タウトが見学した寺社仏閣のたぐいの大部分は私も見学している。とはいえ、たとえば、タウトがあわせて五回観に行った都をどりや鴨川をどりの存在は知っていても、私はわざわざ観に行こうとは思わなかった。京都で住んでいた北白川の少し坂を上ったところに日本バプテスト病院があったが、それほど病気に縁のない若い頃の私は足を運んだこともなかった。この病院の建物が上野の設計になるもので、タウトも見学したことを知ると、行っておけばよかったと思ったが、残念ながら、二〇一一年に解体された。

終章で紹介した坂口安吾のように、タウトの知らない日本を自分は知っていると嚙みつくのではなく、タウトの見た日本について日本に住む人が感じるであろう違和感について説明を試みるのが、本書の第六章以降の立脚点の一つである。

その際、ドイツにおけるタウトの活動が、日本、ソ連、トルコにおける活動に与えた影響も意識している。もともと近代ドイツの住宅問題を研究し（北村昌史『ドイツ住宅改革運動——一九世紀ドイツの都市化と市民社会』京都大学学術出版会、二〇〇七年）、その研究を発展させるためにヴァイマル期のタウトのジードルングの研究を進めた私がとるべき立場といえる。実際のタウト建築についての私の見聞が、こうした立場の重要性を裏書きしているように思う。たとえば、二〇一〇年四月四日に私は、本書の六〇頁でも紹介したトレビーンのフライエ・ショレのジードルングを訪れた。田園的環境の中、長細い菱形の広場の周りに配置された建物群は、緩やかに形成された集落のようにみえた。屋根が切妻であることもあり、緑の中で合掌造りが並ぶ白川郷と似ているように感じた。建物の構造もちがえば、集落の規模もちがうが、タウトもこのジードルングと白川郷に同じ雰囲気を感じたのだろうかとふと思ったものであった。

日本におけるタウトを調べるために周囲の人の手を煩わせた。仙台でタウトが訪れた「五城園」がわからなかったので、仙台にゆかりのある同僚の東洋史学専修の平田茂樹先生と渡辺健哉先生に質問し、渡辺先生から「榴岡公園」の可能性を示唆していただいた。タウトがマジパンの製法を教えたという話について書いたときは、迷わず秋田出身の大阪大学の進藤修一先生に、マジパンみたいなお菓子はあるかと問い合わせた。弘前の話を書いているときは、一緒に暮らしている弘前出身の大阪大学の栗原麻子先生にいろいろ聞いた。

ロシア語の人名表記については同僚の東洋史学専修の濱本真実先生に、トルコ語の人名表記については同じく東洋史学専修の上野雅由樹先生にお聞きした。タウト研究には、ロシア語やトルコ語の習得が必要であり、自分の不勉強を恥じるばかりである。

第一次世界大戦の軍事史関連の情報については、大谷大学の前田充洋先生と関西大学大学院の高岡佐登美さんに問い合わせた。生駒山上住宅地オタクを自認される生駒市職員の森康通さんのお名前は、一度だけご講演を聞いただけであるが、そのときの話の内容は本書にも反映しているのでとくに記しておきたい。お茶の水女子大学名誉教授の田中辰明先生からは、タウトをめぐる現在の様々な動きの情報を紹介していただいた。

タウトの研究に取り組み始めた頃、勤務先の大阪市立大学の在外研究制度により、二〇一〇年三月から二〇一一年一月にかけてベルリンに滞在することができた。その機会にタウトの設計した森のジードルングに住むことができ、生活のレベルからタウトの仕事を実感できたのは貴重な経験であった。タウト関連の文献や資料の調査も行い、ベルリンのタウトのジードルングもすべて実際に見学できた。

こうした研究を実現できたのは、快く在外研究に送り出していただいた西洋史学専修の井上浩一先生や大黒俊二先生をはじめ大阪市立大学大学院文学研究科の方々、およびドイツで研究上の便宜を図っていただいた諸機関のおかげである。

この在外研究から帰国してすぐにミネルヴァ書房の岡崎麻優子さんから「日本評伝選のシリーズにタウトで書きませんか」というお話をいただいた。そのときは、在外研究の成果を論文にまとめたらすぐに着手して、数年程度で書けると思っていたのだが、結局は一〇年以上かかってしまった。その間、一時大木雄太さんが担当してくださった時期があったが、おおむね岡崎さんから励ましていただきながら、ようやくここまでこぎつけることができた。

お話をいただいたときは、日本で出版されているタウトについての文献に、一九八〇年代以降のドイツ本国における研究が十分反映されていないという状況のもと、本国の最近の研究に基づいた着実な情報を提供する伝記が一番必要であろうと考えていた。この間、日本におけるタウト研究も進捗しているが、タウトを総体的にとらえた伝記の必要性はまだ十分あると判断して、当初の方針通りに執筆を進めた。

日本においてタウトへの関心も以前より高まっているように思われる。象徴的なのは、横山秀夫原作の『ノースライト』が二〇二〇年暮れにＮＨＫでドラマ化されたことであろう。ブルーノ・タウト設計の椅子が物語をつなぐ軸となる人間ドラマである。西島秀俊さん、北村一輝さん、伊藤淳史さんといった錚々たる顔ぶれが、「ブルーノ・タウト」「タウト」と自分の書いている本のタイトルを連呼するのはなにか不思議な感じがしたものである。原作やドラマを通じてタウトに関心をもった方が、本書を通じてこの建築家が生きた時代への興味を広げてくだされば と思う。

二〇二三年五月

北村昌史

ブルーノ・タウト略年譜

西暦	齢	関係事項	一般事項
一八八〇	0	5・4ブルーノ・タウト生まれる。	ビスマルクの辞職と「新航路」政策の開始。
一八八四	4	5・14弟マックス生まれる。6・13フランツ・ホフマン生まれる。	
一八九〇	10		
一八九七	17	アビトゥーア取得（クナイプホーフ・ギムナジウム）。建築業で働くとともに、建築専門学校に通う。	
一九〇二	22	フリッツ・ノイゲバウアー（アルトナ）とフランツ・ファーブリィ（ヴィースバーデン）のもとで修業。	
一九〇三	23	ブルーノ・メーリング（ベルリン）のもとで修業。コリーンのヴォルガストの居酒屋で、「コリーン・サークル」と交流するとともに、ヘートヴィッヒ・ヴォルガストと知り合う。	
一九〇四	24	テオドーア・フィッシャー（シュトゥットガルト）のもと	

		で修業。	
一九〇六	26	4・27ヘートヴィッヒと結婚。ウンターリーシンゲンの古い村の教会の内装の改修。	
一九〇七	27	2・25長男ハインリヒ生まれる。11・10父亡くなる。	10・6ドイツ工作連盟設立。
一九〇八	28	9・12長女エリーザベト生まれる。ハルコルト工場の水力発電所（ヴェッター）：初めての独力の作品。テオドーア・ゲッケ（シャルロッテンブルク工科大学）のもとで修業。	
一九〇九	29	ホフマンと建築事務所をベルリンで開業。	
一九一二	32	ファルケンベルクとレフォルムの設計を依頼される。	ドイツ社会民主党が帝国議会選挙で第一党となる。
一九一三	33	ライプツィヒの国際建築博覧会「鉄のモニュメント」設計。弟マックスが建築事務所に参加。	
一九一四	34	ドイツ工作連盟博覧会（ケルン）「ガラスの家」設計。	6・28サライエボ事件。7・28第一次世界大戦開戦。
一九一五	35	ブランデンブルクの火薬工場で建築監督官。	
一九一六	36	3月プラウエの軍事上の建築事務所で働く。この頃からユートピア著作群を構想。	2・21ヴェルダンの戦い。
一九一七	37	ベルギッシュ・グラートバッハのシュテラ工場で焼鈍炉の設計図を引く仕事をする。エリカ・ヴィッティヒと出会う。	ロシア革命。

一九一八	38	10・24エリカとの子クラリッサ生まれる。芸術のための労働評議会結成。	11・3ドイツ革命。11・11休戦協定。
一九一九	39	『アルプス建築』と『都市の冠』出版。「ガラスの鎖」グループの活動。	2・11エーベルト大統領就任。6・28ヴェルサイユ条約。8・11ヴァイマル憲法制定。バウハウス設立。
一九二〇	40	『宇宙建築家』と『都市の解体』出版。『燭光』発行。ベルリン南郊ダーレヴィッツに住居を構える。	3・13カップ・リュトヴィッツ一揆。
一九二一	41	6・1マクデブルクの都市建築顧問官就任。	
一九二二	42	労働のための中部ドイツ博覧会（ＭＩＡＭＡ：7・1〜10・21）の展示ホール「農村と都市」設計。	
一九二三	43	アイヒヴァルデのジードルング設計。	9・1関東大震災。10・15レンテンマルク導入よるインフレーションの収束。ハイパーインフレーション。ハウス・アム・ホルン建設から屋根戦争始まる。トルコ共和国建国。
一九二四	44	『新しい住居』刊行。マクデブルクの都市建築顧問官退職、ベルリンに復帰。シラーパルク設計。	家賃税の導入。ＧＥＨＡＧ設立。ドーズ案。
一九二五	45	トレビーン、アイヒカンプ、ヴァイガントウーファー、ライネ通りの集合住宅、ブュシュアレー、馬蹄形ジードルング設計。	2月ナチ党再建。5・12ヒンデンブルク大統領就任。12・1ロカルノ条約調印。

一九二六	46	ダーレヴィッツの自宅、シェーンランク通りの集合住宅、森のジードルング設計。	9・8ドイツ国際連盟加盟。
一九二七	47	『一住宅』および『新住宅』刊行。グレル通り設計。	ヴァイセンホーフ・ジードルング（シュトゥットガルト）建設。
一九二八	48	カール・レギーン、フリードリヒ・エーベルト・ジードルング設計。	フィシュタールのジードルング建設。
一九二九	49	『近代建築』および『ヨーロッパとアメリカの新建築技術』刊行。	10・24世界恐慌。ヤング案発効。
一九三〇	50	シャルロッテンブルク工科大学特任教授就任。	
一九三一	51	プロイセン芸術アカデミーのメンバーになる。	満洲事変。
一九三二	52	3・19モスクワ着。	3・1満洲国建設。五・一五事件。11月国会議員選挙でナチス第一党になる。
一九三三	53	2・15モスクワ発。3・1ベルリン発。3・10スイスに到着。4・30タウトの母亡くなる。5・3敦賀着。5・4桂離宮訪問。5・18東京。5・20日光。6・10京都に戻る。7・21葉山。9・4国立工芸指導所展覧会に行く。9・13東京に移動。9・25京都へ移動。10・1生駒山上住宅地の依頼・伊勢神宮見学。11・4京都出発ののち東京滞在。11・10国立工芸指導所顧問（仙台）。12・15東京。12・24	1・30ヒトラー首相就任。2・27国会議事堂放火事件。3・23全権委任法。日本とドイツが国際連盟脱退。

		京都。	
一九三四	54	2・2東京。2・8仙台に戻る。2・14国立工芸指導所退職の話をつけるために東京に。2・15商務省で退職について相談。児島教授に連れられて柳宗悦に会う。2・16仙台に戻る。3・7工芸指導所を退職し、東京に。4・8京都滞在。5・7桂離宮再訪。桂のアルバム作成。5・16東京に移動し大倉陶園の顧問となる。5・25バーナード・リーチに会う。6・9～10高崎と草津に赴き、井上房一郎と仕事について打ち合わせ。6・15大倉陶園顧問の仕事完了。6月『ニッポン』刊行。7月東京帝国大学での講演。有島生馬関連の設計の話。8・1高崎にて井上房一郎のもとで顧問となる。11・20群馬県の嘱託となる。11月一軒目の川崎邸の設計。12月二軒目の川崎邸の設計。	8月ヒンデンブルク大統領の死去とヒトラーの総統就任。9・21室戸台風。
一九三五	55	1～3月等々力ジードルング設計。2・12ミラテス（銀座）開店。3月大倉邸の設計。4月日向邸の設計。5・16～29日本海側旅行。7・19～9・9日向邸建築のため多賀に滞在。9・24～26台風のために周囲に甚大な被害。	9・15ニュルンベルク法（ユダヤ人の公民権剥奪）制定。ドイツ再軍備宣言と徴兵制復活。
一九三六	56	2・6～11秋田再訪。3・8～4・12ぜんそくの悪化。4・2～28多賀に滞在。7・2マルティーン・ヴァーグナーからのイスタンブル芸術アカデミー教授就任打診の手紙。	2・26二・二六事件。3・7ドイツのラインラント進駐。8月ベルリンオリンピック。11・25日独防共協定。

一九三七	57	7月日向邸竣工。9・20日向邸のお披露目。9・30「契約締結すぐ発てヴァーグナー」という電報。10・8高崎出発、東京滞在。10・12東京発、京都着。10・15京都発、下関から釜山行きの汽船で離日。10月『日本文化私観』刊行。11・10トルコ到着。*Houses and People of Japan* 刊行。	7・7盧溝橋事件。
一九三八	58	11月アタチュルクの棺台設計（二〇～二一日に棺が安置）。12・24タウト逝去。12月 *Mimari bilgisi*（『建築芸術論』）刊行。	3・12ドイツのオーストリア併合。9月ミュンヘン会談。11・10アタチュルク逝去。11月「水晶の夜」事件。

田園都市運動　10, 22
展示ホール「農村と都市」　43
ドイツ工作連盟　8, 10
「ドイツ・トルコ友好会館」のコンペ　34
『都市の解体』　36, 37
『都市の冠』　32, 36, 152
途中村　129
等々力ジードルング計画　195
トレビーン　60

な　行

七木田村　129
『日記』　243, 244
日光東照宮　111
『ニッポン』　111, 147, 148, 243
二・二六事件　206, 210
日本海側旅行　181
『日本の家屋と生活』　105, 243, 244
『日本文化私観』　180, 214, 243
『日本文化の再発見』　243

は　行

ハウス・アム・ホルン　53
バウハウス　52
馬蹄形ジードルング　70
ハルコルト工場の水力発電所　13
日向邸　200
表現主義　26, 27
平泉　131
ファルケンベルク　22, 23
フィシュタールのジードルング　80, 196
フィシュタールの祭り　83
フランクフルト式厨房　47
「プログラム」　135

ま　行

都をどり　105
ミラテス　167, 178, 179, 214, 218
モダニズム建築　ii, 1, 90, 225
盛岡　132
森のジードルング　74

や・ら　行

家賃税　51
屋根戦争　77
『ヨーロッパとアメリカの新建築技術』　85
ライネ通りの集合住宅　62
レフォルム　22, 25

欧　文

GAGFAH（職員の住宅のための公益的株式会社）　81
GEHAG（公益的住宅・貯蓄・建築株式会社）　48, 58, 226
Houses and People of Japan　180
MIAMA（社会扶助，ジードルング，そして労働のための中部ドイツ博覧会）　42

事項索引

あ 行

アイヒヴァルデ 59
アイヒカンプ 39, 48, 61, 95
アタチュルクの棺台 234
『新しい住居――作り手としての女性』 46, 101
『アルプス建築』 31-33, 36, 108, 168, 234, 244
生駒山上の住宅地 122, 152
イスタンブル芸術アカデミー 210, 237
伊勢神宮 121
『一住宅』 55, 58, 85
『インターナショナル建築』 102
インターナショナル建築会 102
ヴァイセシュタット 53
ヴァイセンホーフ・ジードルング 79
『宇宙建築家』 36, 37
大倉邸 198
大倉陶園 142
大阪電気軌道株式会社 122, 152
帯状建築様式 70

か 行

カール・レギーン 67
『画帖 桂離宮』(「桂のアルバム」) 148, 243
桂離宮 103
鴨川をどり 105
ガラスの家 11, 29
「ガラスの鎖」 33, 36, 40
雁木 189
祇園祭 115
木村産業研究所 190
『近代建築』 85
群馬県工芸所 168, 202
芸術のための労働評議会 35
ケーゼグロッケ(鐘型チーズ入れ) 43
言語・歴史・地理学校の校舎 227
『建築芸術論』 105, 243
国際フレンド会館 143, 155
国立工芸指導所 117
コットブサーダム 20
コリーン・サークル 9

さ 行

斎川村 129
彩色実験 40
ジーメンスシュタット 54
シェーランク通りの集合住宅 64
自宅(ダーレヴィッツ) 55
自邸(イスタンブル) 232
「質の問題」 138
少林山達磨寺 157
『燭光』 36, 40
シラーパルクのジードルング 65
白川郷 183
『新住宅』 85
スターリン様式 90
洗心亭 157

た 行

大ベルリン 52
竹皮編み 249
聴竹居 107, 203
鉄のモニュメント 11, 28

ミッゲ，レーベレヒト　58
水原徳言　167, 170, 172, 173, 205, 217, 246, 247, 251
ムッツェンバッハー，フランツ　11, 46
メーリング，ブルーノ　7, 8
メンデルゾーン，エーリヒ　43

や　行

柳宗悦　139, 144, 151, 178
山口蚊象（文象）　195, 216, 247
山脇巌　110, 195, 247
山脇道子　110
ヤンセン，ヘルマン　227, 229
吉田鐵郎　112, 113, 195, 196, 201, 205, 247
米川正夫　150

ら　行

ライト，フランク・ロイド　ⅱ, 1, 110
リーチ，バーナード　144, 178
リュール，コンラート　226
リュビーモフ＝ランスコイ，エフセイ　91
ルートヴィヒ，エーミール　9
ル・コルビュジエ　ⅰ, ⅱ, 1, 18, 79
レーモンド，アントニン　194, 218
ロイター，エルンスト　224

シュタム，マルト　79
シュッテ，ヴィルヘルム　226
シュッテ=リホツキー，マルガレーテ　47, 226
スィナン，ミマール　231
鈴木道次　117, 125, 137, 140, 217, 251
世良延雄　141, 143, 144

た・な　行

タウト，エリーザベト　14, 38, 39, 97, 220, 224
タウト，クラリッサ　34, 38, 89, 90, 98, 220, 221, 224
タウト，ハインリヒ　12, 38, 39, 97, 168, 220, 224
タウト（ヴォルガスト），ヘートヴィッヒ　10, 12, 34, 38, 39, 221
タウト，ヘンリエッテ・アウグステ・ベルタ　3, 219
タウト，マックス　5, 9, 13, 30, 36, 48, 61, 79, 85, 219, 220
タウト，ユーリウス・ヨーゼフ　3, 6, 14
タウト，リヒャルト　4, 14
高村鍵造　114, 147
武田吾一　107
ツィンマーマン，エーリヒ　226, 228
土浦亀城　195, 247
テッセノウ，ハインリヒ　24, 25, 80, 81
ドゥルスンオール，ジェヴァト　228, 229, 238
トプラク，ブルハン　237
中尾保　102, 152
中西六郎　102
南部春邦　118
ニッセン，ルードルフ　224

は　行

バイムス，ヘルマン　39, 41
濱田庄司　139
バロン，エーリヒ　219
ハワード，エベネザ　22
ハンマーシュタイン=エクヴォルト，クルト・フォン　96
ハンマーシュタイン，マリア・テレーゼ　96, 97
日野厚　142-145
日向利兵衛　200
ビューニンク，ヴィルヘルム　54
ヒリンガー，フランツ　67, 88, 226, 232
廣瀬大蟲　160, 217
廣瀬敏子　159, 160, 164, 215, 217
フィッシャー，オスカー　46
フィッシャー，テオドーア　10
フォークト，アルトゥル　19
藤井厚二　107, 203
ブブノワ，ワルワーラ　123, 205, 206, 247
ベーネ，アードルフ　9
ベーレンス，ペーター　18
ベックマン，マックス　9
ヘリンク，フーゴ　54, 74
ベリンク，ルードルフ　9, 224
ペルツィヒ，ハンス　80, 82, 211
ボーナツ，パウル　10, 98, 99
ホフマン，フランツ　17, 31, 39, 49, 85, 95, 219, 220

ま　行

マイ，エルンスト　11, 47, 90
マイヤー，ハンネス　53
前川國男　190
牧野正巳　110
儘田郁彦　163
マルテンス，ジョン　8
ミース・ファン・デル・ローエ，ルートヴィヒ　i, ii, 1, 18, 19, 53, 78, 99

人名索引

あ 行

アーレンツ，ブルーノ　54
アウト，J. J. P.　79
アタチュルク　223, 229, 234
有島生馬　166, 193
石川淳　179, 250
石本喜久治　110, 114
伊藤正文　248
井上房一郎　145, 166, 167, 170
ヴァーグナー，マルティーン　39, 52, 53, 70, 210, 212, 224
ヴィッティヒ，エミー　34, 38, 98, 220, 221
ヴィッティヒ，エリカ　34, 39, 89, 98
上野伊三郎　96, 101, 108, 181, 217, 247
上野リチ　102, 248
ヴォーリズ，ウィリアム・メレル　102, 219
浦野芳雄　162
エルゼサー，マルティーン　11, 235
大川亮　190, 191
大倉和親　142, 145, 198
小倉強　129, 130
オストハウス，カール・エルンスト　37, 38
小野アンナ　123

か 行

勝平得之　184, 252
ガルニエ　103, 151
川崎肇　194
川崎八右衛門　194
岸田日出刀　148
木下杢太郎（太田正雄）　127
木村隆三　190
楠瀬日年　118
國井喜太郎　117, 125, 137, 140
久米権九郎　99, 113, 141, 195, 216, 217, 247
クライル，カール　40, 227
蔵田周忠　108, 111, 195, 216, 217, 247
グリム，ハンス　226
黒澤明　251
グロピウス　1, 19, 36, 53, 79, 99
ゲーデリッツ，ヨハネス　45
ゲッテル，ヤーコプス　33, 36
ケマル，ムスタファ　→アタチュルク
ケンネマン，エドヴィーン　43
剣持勇　125, 251
兒島喜久雄　125, 141
ゴシュ，パウル　46
ゴロフシチコフ，ウラジーミル・アレクサーンドロヴィチ　123

さ 行

齋藤寅郎　110, 195, 205, 247
坂口安吾　250
佐々木嘉平　201
ザルフィスベルク，オット・ルードルフ　53, 74
シーガル，ヴァルター　226
シェーアバルト，パウル　27, 29, 31
篠田英雄　150, 244
下村正太郎　102, 215, 217
シャロウン，ハンス　54, 79

《著者紹介》
北村　昌史（きたむら・まさふみ）
1962年　生まれ。
1992年　京都大学大学院文学研究科博士後期課程退学。
1995年　博士（文学）（京都大学）。
現　在　大阪公立大学大学院文学研究科教授。
主　著　『ドイツ住宅改革運動――19世紀の都市化と市民社会』京都大学学術出版会，2007年。
「近現代ヨーロッパにおける都市と住宅をめぐって」『西洋史学』253，2014年。
『はじめて学ぶドイツの歴史と文化』（共編著）ミネルヴァ書房，2020年。

ミネルヴァ日本評伝選
ブルーノ・タウト
――「色彩建築」の達人――

2023年９月10日　初版第１刷発行　〈検印省略〉

定価はカバーに
表示しています

著　者　北　村　昌　史
発行者　杉　田　啓　三
印刷者　江　戸　孝　典

発行所　株式会社　ミネルヴァ書房
607-8494 京都市山科区日ノ岡堤谷町１
電話代表（075）581-5191
振替口座 01020-0-8076

共同印刷工業・新生製本

ISBN978-4-623-09600-8
Printed in Japan

刊行のことば

歴史を動かすものは人間であり、興趣に富んだ人間の動きを通じて、世の移り変わりを考えるのは、歴史に接する醍醐味である。

しかし過去の歴史学を顧みるとき、人間不在という批判さえ見られたように、歴史における人間のすがたが、必ずしも十分に描かれてきたとはいえない。二十一世紀を迎えた今、歴史の中の人物像を蘇生させようとの要請はいよいよ強く、またそのための条件もしだいに熟してきている。

この「ミネルヴァ日本評伝選」は、正確な史実に基づいて書かれるのはいうまでもないが、単に経歴の羅列にとどまらず、歴史を動かしてきたすぐれた個性をいきいきとよみがえらせたいと考える。そのためには、対象とした人物とじっくりと対話し、ときにはきびしく対決していくことも必要になるだろう。

今日の歴史学が直面している困難の一つに、研究の過度の細分化、瑣末化が挙げられる。それは緻密さを求めるが故に陥った弊害といえるが、その結果として、歴史の大きな見通しが失われ、歴史学を通しての社会への働きかけの途が閉ざされ、人々の歴史への関心を弱める危険性がある。今こそ歴史が何のためにあるのかという、基本的な課題に応える必要があろう。評伝という興味ある方法を通じて、解決の手がかりを見出せないだろうかというのも、この企画の一つのねらいである。

狭義の歴史学の研究者だけでなく、多くの分野ですぐれた業績をあげている著者たちを迎えて、従来見られなかった規模の大きな人物史の叢書として、「ミネルヴァ日本評伝選」の刊行を開始したい。

平成十五年（二〇〇三）九月

ミネルヴァ書房

ミネルヴァ日本評伝選

企画推薦
梅原猛
ドナルド・キーン
佐伯彰一
角田文衞

監修委員
上横手雅敬
芳賀徹

編集委員
石川九楊
伊藤之雄
猪木武徳
今谷明
今橋映子
熊倉功夫
佐伯順子
坂本多加雄
武田佐知子
竹西寛子
西口順子
兵藤裕己
御厨貴

上代

*俾弥呼　古田武彦
日本武尊　西宮秀紀
*仁徳天皇　若井敏明
雄略天皇　吉村武彦
継体天皇　若井敏明
*蘇我氏四代　遠山美都男
*推古天皇　義江明子
聖徳太子　仁藤敦史
斉明天皇　武田佐知子
*小野妹子・毛人・毛野　大橋信弥
*額田王　梶川信行
弘文天皇　遠山美都男
天武天皇　新川登亀男
持統天皇　丸山裕美子
阿倍比羅夫　熊田亮介
*藤原四子　木本好信
役小角　脊古真哉
*柿本人麿　古橋信孝
*元明天皇・元正天皇　渡部育子
聖武天皇　本郷真紹
光明皇后　寺崎保広
*孝謙・称徳天皇　勝浦令子
藤原不比等　荒木敏夫
橘諸兄・奈良麻呂　遠山美都男
吉備真備　今津勝紀
*藤原仲麻呂　木本好信
道鏡　吉川真司
*藤原種継　木本好信
*行基　吉田靖雄

平安

*桓武天皇　井上満郎
嵯峨天皇　西別府元日
宇多天皇　古藤真平
醍醐天皇　石上英一
村上天皇　京樂真帆子
花山天皇　上島享
*三条天皇　倉本一宏
藤原薬子　中野渡俊治
*藤原良房・基経　瀧浪貞子
*紀貫之　神田龍身
*安倍晴明　斎藤英喜
*藤原道長　朧谷寿
*藤原伊周・隆家　倉本一宏
藤原定子　山本淳子
*藤原彰子　朧谷寿
藤原頼通　末松剛
清少納言　三田村雅子
和泉式部　ツベタナ・クリステワ
大江匡房　小峯和明
*阿弖流為　樋口知志
坂上田村麻呂　熊谷公男
*源満仲・頼光　元木泰雄
平将門　西山良平
*藤原純友　寺内浩
源義家　大津雄一
最澄　吉田一彦
空海　武内孝善
円珍　岡野浩二
*空也　石井義長
奝然　上川通夫
*源信　小原仁
慶滋保胤　吉原浩人
安倍貞任　野中哲照
*後白河天皇　美川圭
*式子内親王　奥野陽子
建礼門院　生形貴重
藤原頼長・師長　樋口健太郎
*藤原秀衡　入間田宣夫
平時子・時忠　元木泰雄
平維盛　根井浄
木曾義仲　樋口州男
守覚法親王　阿部泰郎
藤原隆信・信実　山本陽子

鎌倉

*源頼朝　川合康
*源義経　近藤好和
源実朝　神田龍身
*九条兼実　加納重文
九条道家　上横手雅敬
*北条時政　野口実
熊谷直実　佐伯真一
*北条政子　関幸彦
*北条義時　岡田清一
曾我十郎・五郎　杉橋隆夫
後鳥羽天皇　兵藤裕己
北条時頼　山本隆志
北条時宗　近藤成一
平頼綱　細川重男
竹崎季長　堀本一繁
西行　西澤美仁
鴨長明　浅見和彦
藤原定家　赤瀬信吾
*京極為兼　今谷明
*兼好　島内裕子
重源　横内裕人
*運慶　根立研介
快慶　井上一稔
法然　今堀太逸
*栄西　中尾良信
明恵　西山厚
*親鸞　末木文美士
恵信尼・覚信尼　西口順子
覚如　今井雅晴
*道元　船岡誠
叡尊　細川涼一
*忍性　松尾剛次
*日蓮　佐藤弘夫
一遍　蒲池勢至
夢窓疎石　原田正俊
*宗峰妙超　竹貫元勝

南北朝・室町

後醍醐天皇　上横手雅敬

＊護良親王　新井孝重
＊懐良親王　森茂暁
＊赤松氏五代　渡邊大門
＊北畠親房　岡野友彦
楠正成　兵藤裕己
＊楠木正行・正儀　生駒孝臣
＊新田義貞　山本隆志
＊光厳天皇　深津睦夫
足利尊氏　市沢哲
＊足利直義　亀田俊和
佐々木道誉　下坂守
細川頼之　亀田俊和
円観・文観　田中貴子
足利義詮　早島大祐
＊足利義持　吉田賢司
足利義教　秦野裕介
足利持氏　植田真平
足利義政　木下昌規
三条西実隆　前田雅之
＊日野富子　田端泰子
＊大内義弘　平瀬直樹
伏見宮貞成親王　松薗斉
＊山名宗全　山本隆志
細川勝元・政元　古野貢
畠山義就　呉座勇一
足利成氏　阿部能久
世阿弥　西野春雄
雪舟等楊　河合正朝
宗祇　鶴崎裕雄
一条兼良　田村航
＊満済　森茂暁
一休宗純　原田正俊

蓮如　岡村喜史

戦国・織豊

北条早雲　家永遵嗣
＊北条氏綱　黒田基樹
＊北条氏政　黒田基樹
＊大内義隆　藤井崇
＊斎藤氏四代　木下聡
＊毛利元就　岸田裕之
＊毛利輝元　光成準治
＊小早川隆景・秀秋　光成準治
＊六角定頼　村井祐樹
＊今川義元　小和田哲男
＊武田信玄　笹本正治
＊武田勝頼　笹本正治
＊真田氏三代　笹本正治
＊三好長慶　天野忠幸
松永久秀　天野忠幸
＊宇喜多直家・秀家　渡邊大門
＊上杉謙信　矢田俊文
＊大友義鎮　鹿毛敏夫
島津義久・義弘　福島金治
細川幽斎　鈴木元
＊長宗我部元親・盛親　平井上総
＊最上氏三代　松尾剛次
浅井長政　長谷川裕子
蠣崎・松前氏五代　新藤透
吉田兼倶　西山克
山科言継　松薗斉
＊雪村周継　赤澤英二

正親町天皇・後陽成天皇　神田裕理
＊足利義輝・義昭　山田康弘
織田信長　三鬼清一郎
織田長益　八尾嘉男
織田信雄　柴裕之
＊明智光秀・秀満　小和田哲男
豊臣秀吉　藤井譲治
豊臣秀次　矢部健太郎
＊北政所おね　田端泰子
＊淀殿　福田千鶴
筒井氏三代　片山正彦
蜂須賀正勝・家政　三宅正浩
前田利家　東四柳史明
＊山内一豊・忠義　長屋隆幸
＊黒田如水　小和田哲男
＊蒲生氏郷　藤田達生
大谷吉継　石畑匡基
石田三成　堀越祐一
＊細川ガラシャ　田端泰子
＊支倉常長　田中英道
千利休　熊倉功夫
＊長谷川等伯　宮島新一
＊顕如　神田千里
教如　安藤弥

江戸

＊徳川家康　笠谷和比古
板倉勝重　谷徹也
本多忠勝　柴裕之

本多正純　小川雄
柳生宗矩　福田千鶴
＊徳川家光　野村玄
柳沢吉保　福留真紀
徳川吉宗　横田冬彦
＊後水尾天皇　久保貴子
＊光格天皇　藤田覚
＊春日局　福田千鶴
宮本武蔵　渡邊大門
＊池田光政　倉地克直
保科正之　八木清治
シャクシャイン　岩崎奈緒子
＊田沼意次　藤田覚
細川重賢　安高啓明
松平治郷　小林准士
＊二宮尊徳　小林惟司
末次平蔵　岡美穂子
＊高田屋嘉兵衛　生田美智子
沢庵宗彭　芳澤元
＊林羅山　鈴木健一
吉野太夫　渡辺憲司
熊沢蕃山　川口浩
＊山崎闇斎　澤井啓一
山鹿素行　前田勉
＊北村季吟　島内景二
＊伊藤仁斎　澤井啓一
貝原益軒　辻本雅史
関孝和　佐藤賢一
＊ケンペル　B・M・ボダルト＝ベイリー
新井白石　大川真
＊雨森芳洲　上田正昭
石田梅岩　高野秀晴

白隠慧鶴　芳澤勝弘
前野良沢　松田清
平賀源内　石上敏
本居宣長　田尻祐一郎
杉田玄白　吉田忠
木村蒹葭堂　有坂道子
＊大田南畝　沓掛良彦
菅江真澄　赤坂憲雄
＊鶴屋南北　諏訪春雄
＊山東京伝　佐藤至子
＊滝沢馬琴　高田衛
平田篤胤　山下久夫
国友一貫斎　太田浩司
シーボルト　宮坂正英
本阿弥光悦　岡佳子
＊狩野探幽・山雪　山下善也
尾形光琳・乾山　河野元昭
＊二代目市川團十郎　田口章子
伊藤若冲　狩野博幸
＊浦上玉堂　高橋博巳
＊佐竹曙山　成瀬不二雄
葛飾北斎　岸文和
酒井抱一　玉蟲敏子
孝明天皇　青山忠正
＊和宮　辻ミチ子
徳川慶喜　大庭邦彦
島津斉彬　原口泉
＊横井小楠　沖田行司
＊古賀謹一郎　小野寺龍太
＊永井尚志　高村直助
＊岩瀬忠震　小野寺龍太

＊栗本鋤雲　小野寺龍太
＊大村益次郎　竹本知行
岩倉具視　斎藤紅葉
河井継之助　小川和也
松平春嶽　大石学
＊西郷隆盛　家近良樹
＊由利公正　角鹿尚計
＊橋本左内　角鹿尚計
＊塚本明毅　塚本学
松平容保　白石烈
＊山岡鉄舟・高橋泥舟　岩下哲典
三条実美　奈良勝司
＊月性　海原徹
＊吉田松陰　海原徹
＊高杉晋作　海原徹
＊久坂玄瑞　一坂太郎
ペリー　遠藤泰生
ハリス　福岡万里子
オールコック　佐野真由子
アーネスト・サトウ　奈良岡聰智

近代

＊明治天皇　伊藤之雄
＊大正天皇　F・R・ディキンソン
＊昭憲皇太后・貞明皇后　小田部雄次
大久保利通　三谷太一郎
山県有朋　鳥海靖
木戸孝允　落合弘樹
井上馨　伊藤之雄

＊松方正義　室山義正
榎本武揚　醍醐龍馬
北垣国道　小林丈広
板垣退助　小川原正道
長与専斎　笠原英彦
大隈重信　五百旗頭薫
伊藤博文　坂本一登
井上毅　大石眞
＊井上勝　老川慶喜
三浦梧楼　大澤博明
＊桂太郎　小林道彦
東郷平八郎　金澤裕之
＊渡邉洪基　瀧井一博
＊乃木希典　佐々木英昭
星亨　小林道彦
林董　奈良岡聰智
＊児玉源太郎　小林道彦
＊高宗・閔妃　木村幹
山本権兵衛　室山義正
＊金子堅太郎　松村正義
高橋是清　鈴木俊夫
小村寿太郎　簑原俊洋
＊犬養毅　小林惟司
原敬　季武嘉也
＊加藤高明　櫻井良樹
牧野伸顕　小宮一夫
田中義一　黒沢文貴
内田康哉　高橋勝浩
平沼騏一郎　堀田慎一郎
＊鈴木貫太郎　小堀桂一郎
宇垣一成　北岡伸一
＊宮崎滔天　榎本泰子
＊浜口雄幸　川田稔

幣原喜重郎　西田敏宏
関一　玉井金五
水野広徳　片山慶隆
＊広田弘毅　井上寿一
安重根　上垣外憲一
＊グルー　廣部泉
＊永田鉄山　森靖夫
東條英機　牛村圭
今村均　前田雅之
蒋介石　劉岸偉
近衛文麿　庄司潤一郎
＊岩崎弥太郎　武田晴人
伊藤忠兵衛　末永國紀
＊五代友厚　田付茉莉子
大倉喜八郎　村上勝彦
＊安田善次郎　由井常彦
＊渋沢栄一　武田晴人
中野武営　佐賀香織
山辺丈夫　宮本又郎
＊大川平三郎　四方田雅史
武藤山治　阿部武司・桑原哲也
池田成彬　松浦正孝
西原亀三　森川正則
小林一三　橋爪紳也
大倉恒吉　石川健次郎
大原孫三郎　猪木武徳
＊河竹黙阿弥　今尾哲也
イザベラ・バード　加納孝代
小泉八雲　斎藤英喜
＊林忠正　木々康子
＊森鷗外　小堀桂一郎

＊二葉亭四迷　ヨコタ村上孝之
＊正岡子規　井上泰至
＊夏目漱石　佐々木英昭
＊徳冨蘆花　半藤英明
巌谷小波　千葉信胤
樋口一葉　佐伯順子
＊島崎藤村　十川信介
泉鏡花　東郷克美
上田敏　小林茂
＊有島武郎　亀井俊介
志賀直哉　小林幸夫
北原白秋　平石典子
菊池寛　山本芳明
芥川龍之介　高橋龍夫
＊宮沢賢治　千葉一幹
高浜虚子　坪内稔典
与謝野晶子　佐伯順子
＊種田山頭火　村上護
＊斎藤茂吉　品田悦一
＊高村光太郎　湯原かの子
石川啄木　先崎彰容
＊原阿佐緒　秋山佐和子
＊狩野芳崖・高橋由一　古田亮
川村清雄　落合則子
＊小堀鞆音　小堀桂一郎
竹内栖鳳　北澤憲昭
黒田清輝　高階秀爾
中村不折　石川九楊
横山大観　高階秀爾
＊橋本関雪　西原大輔
土田麦僊　天野一夫
岸田劉生　北澤憲昭

濱田庄司　濱田琢司
＊山田耕筰　後藤暢子
松旭斎天勝　川添裕
中山みき　鎌田東二
佐田介石　谷川穣
＊ニコライ　中村健之介
＊出口なお・王仁三郎　川村邦光
＊新島襄　太田雄三
新島八重　佐伯順子
木下広次　冨岡勝
山川健次郎　小宮京・中澤俊輔
嘉納治五郎　クリストファー・スピルマン
＊柏木義円　片野真佐子
津田梅子　田中智子
＊澤柳政太郎　新田義之
＊河口慧海　高山龍三
＊山室軍平　室田保夫
大谷光瑞　白須淨眞
＊久米邦武　髙田誠二
フェノロサ　伊藤豊
井上哲次郎　井ノ口哲也
三宅雪嶺　長妻三佐雄
＊岡倉天心　木下長宏
志賀重昂　中野目徹
徳富蘇峰　杉原志啓
＊竹越与三郎　西田毅
内藤湖南・桑原隲蔵　礪波護
＊廣池千九郎　橋本富太郎
岩村透　今橋映子

*西田幾多郎　大橋良介
*金沢庄三郎　石川遼子
*柳田国男　鶴見太郎
厨川白村　張　競
*村岡典嗣　水野雄司
大川周明　山内昌之
西田直二郎　林　淳
*折口信夫　斎藤英喜
九鬼周造　古川雄嗣
三木　清　杉山直樹
シュタイン　瀧井一博
*西　周　清水多吉
*福澤諭吉　平山　洋
加藤弘之　田中由香里
成島柳北　山田俊治
*福地桜痴　山田俊治
*村山龍平　早房長治
*島田三郎　武藤秀太郎
田口卯吉　鈴木栄樹
*陸　羯南　松田宏一郎
有賀長雄　森田吉彦
*黒岩涙香　奥　武則
幸徳秋水　馬渕浩二
長谷川如是閑　織田健志
*上杉慎吉　今野　元
*吉野作造　田澤晴子
*山川　均　米原　謙
*岩波茂雄　十重田裕一
*北　一輝　岡本幸治
*穂積重遠　大村敦志
中野正剛　吉田則昭
*荒畑寒村　川村邦光
*満川亀太郎　福家崇洋

*エドモンド・モレル　林田治男
*北里柴三郎　福田眞人
高峰譲吉　木村昌人
田辺朔郎　秋元せき
*南方熊楠　飯倉照平
*辰野金吾　河上眞理・清水重敦
*七代目小川治兵衛　尼崎博正
本多静六　岡本貴久子
*ブルーノ・タウト　北村昌史
*ウィリアム・メレル・ヴォーリズ　山形政昭・吉田与志也

現代

昭和天皇　御厨　貴
高松宮宣仁親王　後藤致人
*李方子　小田部雄次
芦田　均　矢嶋　光
吉田　茂　中西　寛
マッカーサー　柴山　太
鳩山一郎　楠　綾子
*石橋湛山　増田　弘
重光　葵　武田知己
*市川房枝　村井良太
*池田勇人　藤井信幸
高野　実　篠田　徹
和田博雄　庄司俊作
ライシャワー　廣部　泉

朴正熙　木村　幹
全斗煥　木村　幹
*田中角栄　新川敏光
宮沢喜一　村上友章
竹下　登　真渕　勝
*松永安左エ門　橘川武郎
鮎川義介　井口治夫
*出光佐三　橘川武郎
*松下幸之助　米倉誠一郎
渋沢敬三　井上　潤
*本田宗一郎　伊丹敬之
*井深　大　武田　徹
*佐治敬三　小玉　武
幸田家の人々　金井景子
*正宗白鳥　大嶋　仁
*大佛次郎　福島行一
井伏鱒二　滝口明祥
*川端康成　大久保喬樹
*薩摩治郎八　小林　茂
坂口安吾　千葉一幹
太宰　治　安藤　宏
松本清張　杉原志啓
司馬遼太郎　山本幸正
安部公房　鳥羽耕史
*三島由紀夫　島内景二
井上ひさし　成田龍一
R・H・ブライス　菅原克也
柳　宗悦　熊倉功夫
バーナード・リーチ　鈴木禎宏
*熊谷守一　古川秀昭

川端龍子　岡部昌幸
藤田嗣治　林　洋子
*井上有一　海上雅臣
*手塚治虫　竹内オサム
古賀政男　藍川由美
*吉田　正　金子　勇
武満　徹　船山　隆
*八代目坂東三津五郎　田口章子
*力道山　岡村正史
*西田天香　宮田昌明
安倍能成　中根隆行
サンソム夫妻　平川祐弘・牧野陽子
*天野貞祐　貝塚茂樹
和辻哲郎　小坂国継
*矢代幸雄　稲賀繁美
石田幹之助　岡本さえ
*平泉　澄　若井敏明
*早川孝太郎　須藤　功
安岡正篤　片山杜秀
*青山二郎　田野　勲
*島田謹二　小林信行
田中美知太郎　川久保剛
西脇順三郎　加藤孝男
前嶋信次　杉田英明
*唐木順三　澤村修治
亀井勝一郎　山本直人
*宮本常一　須藤　功
知里真志保　モコットゥナシ
竹内　好　田澤晴子
*保田與重郎　谷崎昭男
*石母田正　磯前順一

*福田恆存　川久保剛
井筒俊彦　安藤礼二
吉田　満　貝塚茂樹
佐々木惣一　伊藤孝夫
高田保馬　金子　勇
小泉信三　都倉武之
*瀧川幸辰　伊藤孝夫
式場隆三郎　服部　正
大宅壮一　有馬　学
*清水幾太郎　庄司武史
*山本健吉　井上泰至
鶴見俊輔　冨山一郎
*フランク・ロイド・ライト　大久保美春
*中谷宇吉郎　杉山滋郎
今西錦司　山極寿一

*は既刊
二〇二三年九月現在